천수경
제대로
공부하기

기도와
수행의 경전

천수경 제대로 공부하기

최세창 지음

운주사

기도하는 방법과 품위 있는 불자의 길로 인도하는 천수경

대부분의 불자들은 기도하러 절에 갑니다. 그럼에도 기도하는 법을 제대로 알고 기도하는 불자는 많지 않습니다. 또한 절에서 하는 행사는 공식행사나 비공식행사를 불문하고 『천수경』 독경으로 시작합니다. 그럼에도 『천수경』을 제대로 알고 독송하는 불자도 많지 않습니다. 절에서 행하는 공식행사인 법회보다는 비공식행사인 무슨 기도회에 동참하거나 재(齋)를 올리면서, 자신의 이름이 호명되는 축원이라도 들어야 절에 다녀온 것 같고 기도를 제대로 한 것 같고, 그런 것을 불교로 알기 때문입니다. 아쉽지만 이것이 한국불교의 현주소이자 불자들의 현주소입니다. 이제는 그런 구태에서 벗어나, 『천수경』 공부부터 제대로 해야 합니다.

『천수경』은 그 자체로 하나의 독립된 기도문이자 기도경전으로, 부처님 가르침(佛敎)을 오롯이 담고 있는 수행의 경전입니다.

한국불교는 대승불교를 표방하면서도 '옴 마니 반메 훔'이나 '신묘장구대다라니' 같은 밀교적 요소가 들어 있는 『천수경』을 모든 의식에서 지송持誦하고 있습니다. 『천수경』은 대학으로 말하면 신입생이 전공에 관계없이 배우는 기본 교양과목인 셈입니다. 이 경을 처음 대하는 불자라도 일 년만 꾸준히 법회에 참석하다 보면 거의 외울 정도입니다.

그러나 대부분의 사찰에서 발행한 법요집에 나와 있는 내용으로는 『천수경』의 의미를 파악하는 데 한계가 있습니다. 한글은 한 자도 없는데다가 전부가 한자漢字와 범어梵語로 되어 있기 때문입니다. 특히, 진언이나 '신묘장구대다라니' 부분은 우리말도 아닌 범어인데 다 구두점도 없어서 어디서부터 어디까지 읽고, 어디서 끊어 읽어야 할지 모릅니다. 다라니 부분은 대부분의 재가불자들은 물론이고 출가자들도 무슨 뜻인지도 모르면서 독송하고 있는 실정입니다. 일찍이 부처님께서는 "남의 소를 세는 것과 같다"는 말씀을 하셨습니다. 뜻도 모르면서 브라만교 성전인 『베다』를 열심히 읽는 사람들을 향해 하신 말씀입니다. 뜻도 모르고 다라니를 독송하고 불경을 읽는 사람들에게도 해당되는 말씀이 아닐까요?

예전에, 저 역시 무슨 뜻인지 알고 싶어 스님들이 운영하는 인터넷 홈페이지나 카페에 질문을 올렸다가 다소 황당한 답변만 들은 경험이 있습니다. 전통적으로 주문呪文의 뜻은 묻지도 답하지도 않는 것이 원칙이라는 것이었습니다. 어떤 스님은 '주문을 해석하면 지옥 간다는 얘기도 있다'고 겁(?)을 주었습니다. 참으로 해괴한 답변이었습니다.

인도의 세계적인 불교학자 로케쉬 칸드라(Lokesh Candra)는 이미 1988년에 '신묘장구대다라니'에 대한 분석을 시도하여 『The Thousand Armed Avalokitesvara』는 제목의 책을 출판한 바 있습니다. 이 책은 진언의 이면에 감추어진 고대 인도의 신화적 배경과 진언의 언어적 특성을 분석한 세계 최초의 저서로 알려져 있습니다.

국내에도 이미 '신묘장구대다라니'나 '능엄신주'에 대한 언어학자들의 해설판이 출판되었음에도 불구하고 아직도 여전히 구습에 젖은

애기를 하는 분들이 있으니, 관세음보살님께 너무나도 죄송할 뿐입니다.

『천수경』의 핵심이 진언이므로 독송 그 자체만으로도 의미가 있다고 합니다. 그러나 경전을 독송하는 것은 관세음보살님의 가르침을 암송하여 그 뜻을 몸에 익히는 데 있습니다. 관세음보살님의 가르침을 올바로 알고 몸에 익히고자 발원하는 그 마음이 '원해여래진실의願解如來眞實意'입니다. 『천수경』 첫머리 개경편에 나오는 게송입니다.

아무 뜻도 모르고 경전을 지송하는 것은 하나의 독송 행위에 불과할 뿐입니다. 29살의 나이로 출가한 수월스님은 글자 하나 모르는 까막눈이었지만 오직 '신묘장구대다라니'만 지송하여 34세의 나이에 깨달음을 얻었다고 합니다. 그러나 지금은 그와 같은 까막눈도 없으며 시대가 변했습니다. 불교는 본래부터 끊임없이 의문疑問하고 탐구해서 지혜롭고 유식해지는 종교입니다.

모든 법회에서 행하는 삼귀의나 사홍서원이 바로 끊임없이 공부하고 탐구해서 지혜롭고 유식해지겠다는 다짐입니다. 그런 다짐이 '원해여래진실의願解如來眞實意'입니다.

문자나 언어에만 의존해서는 여래의 진실한 뜻(如來眞實意)을 다 알 수 없다는 것을 알면서도 인터넷에 올라온 자료와 다수의 해설서들을 읽어보았습니다. 거기에는 잘못된 해설이 수두룩했으며, 그 내용도 '무조건 관세음보살님을 믿고 기도하면 소원을 들어준다'는 식의 내용들이었습니다.

무조건 믿고 기도나 하고 복이나 비는 시대는 이미 지났습니다. 무조건 믿는 마음은 신심信心도 아니며 불교도 아닙니다. 그런 마음은 오래 가지도 않습니다. 그래서 저는 장황한 수필식 의역보다는 '신묘 장구대다라니'를 포함한 『천수경』 구절구절이 갖는 게송의 뜻을 직역 하여 그 의미를 좀 더 쉽게 전하고자 하였습니다. 특히 신묘장구대다라 니의 해설은 물론이고 본문 해설 또한 기존에 볼 수 없는 새로운 시각의 해설입니다.

이 책은 원론적인 해설에 치중한다고 하면서도 저의 알음알이와 주관이 많이 개입되었습니다. 그러나 이 책을 읽고 나서 스님들의 법문이나 다른 경전을 보면 훨씬 이해가 쉬울 것이라는 아만도 가져봅 니다. 저의 아만이 독자들로 하여금 불법佛法에 대한 인연으로 이어지 기를 관세음보살님께 기도하겠습니다.

나무 관세음보살!
나무 관세음보살!
나무 관세음보살!

머리말
기도하는 방법과 품위 있는 불자의 길로 인도하는 천수경 • 5

1부 천수경은 어떤 경전인가[1]

『천수경』에는 수많은 서원誓願[2]이 나옵니다. 여기서 만나는 수많은 서원은 수행자의 의지이자 믿음이며, 기대이자 약속이며, 희망이자

---

1 게송 하나하나의 해설이나 한자의 자세한 해설에 앞서 『천수경』 전체의 내용을 개관하는 장입니다. 다른 경전의 공부도 그렇지만 특히 『천수경』 공부는 이와 같이 전체의 흐름을 한 줄로 꿰는 의미파악이 매우 중요합니다. 전체를 관통하는 의미의 뼈대를 세우는 것입니다. 다른 경전과는 달리 『천수경』에는 전체를 이어주는 스토리텔링(storytelling)이 없기 때문입니다.
  그렇지 않고서는 의미파악이 산만해지고 법회에 참석하여 해설을 듣는다 하더라도 들을 때뿐이고 머릿속에 남는 것이 없게 됩니다. 머릿속에 남는 것이 있어야 재미가 있습니다. 재미가 있어야 공부를 합니다. 아무리 불교공부가 좋다 해도 머릿속에 남는 것이 없고 재미가 없으면 공부를 안 하게 됩니다. 절에 열심히 다니는 신자들 중에는 『천수경』을 줄줄 외우는 사람도 많습니다. 그러나 무슨 뜻인지 정확히 알고 독송하는 사람은 많지 않습니다.
2 자리이타 중생구제의 원願을 세우고, 그 같은 수행으로 불도를 이루겠다는 다짐을 말합니다. 개인적 소원을 비는 기도는 서원이 아닙니다. 그것은 기복이자 욕심입니다.

포부입니다. 이와 같은 믿음과 기대와 희망이 수행자의 가슴속에 꿈틀대는 생명력입니다. 저는 개인적으로 신자信者라는 말보다는 수행자修行者라는 말을 더 좋아합니다. 동적이고 생명력 있게 느껴지기 때문입니다.

신심信心을 진실되게 믿는 마음이라고 풀이할 때, 신자信者라는 말은 단순히 진실하게 믿는 사람이라는 뜻이 됩니다. 그러나 수행자라는 말에는 진실하게 믿는 그 마음을 꾸준히 참구하여 행하는 사람이라는 능동적인 의미가 있습니다. 『천수경』은 그런 능동적인 의식경意識經이자 의식경儀式經입니다.

무조건 관세음보살님의 자비심과 위신력을 믿고 의지하는 마음으로 출발하여 관세음보살님의 자비심과 지혜를 배우고, 지난날을 참회하고(事懺) 앞날을 다짐하며(理懺), 스스로 관세음보살이 되어 관세음보살님의 가르침을 몸소 실천하겠다는 중생구제에 대한 대원大願³으로 『천수경』 수행의 긴 여정은 끝이 납니다.

저는 『천수경』을 독송하며 게송에 담겨져 있는 관세음보살님의 가르침을 하나하나 깨달아 가는 과정을 목적지를 정해 놓고 지도만 갖고 떠나는 여행에 비유합니다. 지도만 있으면 어떤 목적지에도 갈 수 있다는 여행자의 믿음(信)과 『천수경』 게송 속에 담겨 있는 관세음보살님의 가르침만 따른다면 '깨달음'이라는 목적지에 이를

---

3 여기서는 사홍서원四弘誓願을 말합니다. 그러나 대원이 꼭 사홍서원만 있는 것이 아닙니다. 대원大願은 대비원력大悲願力의 줄임말로, 일체 중생을 구제하고자 하는 부처님의 원력願力같은 마음이 대원입니다. 대원에는 법장보살의 48대원, 약왕보살의 12대원, 문수보살의 10대원, 보현보살의 10대원 등등이 있습니다.

수 있다는 수행자의 믿음(信)에는 차이가 있을 수 없기 때문입니다.

여행 중에 만나는 두 갈래 길 세 갈래 길에서 지도를 펴들고 바른 길을 찾아 목적지에 이르는 여행처럼, 번뇌 망상에 찌든 생활 속에서도 『천수경』을 독송하며 게송의 행간에 숨어 있는 관세음보살님의 뜻을 살펴 나아가다 보면 어느새 "깨달음"이라는 목적지에 와 있을 것이기 때문입니다. 즉 변화된 자신을 발견한다는 뜻입니다. 변하지 않으면 수행이 아닙니다.

유가儒家의 정자程子는 "『논어』를 읽고 나서도, 읽지 않았을 때와 똑 같이 변화가 없다면, 『논어』를 읽지 않은 것이다."라고 하였습니다.[4] 성현의 공부를 하면 변해야 한다는 뜻입니다. 부처님의 가르침 또한 변화를 설합니다. 변화를 바탕으로 무상無常, 무아無我, 연기의 가르침이 존재하는 것입니다. 무상, 무아, 연기(空)의 이치를 깨달을 때 비로소 중생의 마음(衆生心)은 부처의 마음(佛心)으로 변하는 것입니다.

인생(인간)은 생명이 붙어 있는 한, 시간(삶) 속에서 쉼 없이 한 단계씩 차근차근 앞으로 나아가고 성장하고 발전하는 것이며, 이것은 인간의 당위성이자 특권인 것입니다. 인간뿐만이 아닙니다. 살아 있는 존재(생물)는 발전하고 성장해야 하는 것입니다. 그 자리에 머물거나 퇴보한다면 결코 생물일 수 없습니다. 기왕 발전하고 성장할 바에는 바람직한 방향으로 발전하고 성장해야 합니다. 그것이 살아

---

4 주자朱子가 『논어집주』의 서설에서 인용한 정자程子의 말입니다. "程子曰 今人 不會讀書 如讀論語 未讀時是此等人 讀了後又只是此等人 便是不曾讀."

있는 존재(생물)의 의무입니다. 그렇게 하는 것이 또한 올바른 인생(삶)입니다.

독일의 철학자 칸트도 "사람은 누구나 착한 일을 향해서 자신을 높이고 발전시켜야 한다. 신은 우리에게 충분한 선善을 준 것이 아니다. 다만 올바르게 살 수 있는 가능성을 주었을 뿐이다. 그러므로 누구나 자신을 더 좋은 방향(善)으로 이끌도록 노력해야 한다."고 했습니다.

이렇게 더 좋은 방향으로 발전하고 성장하는 것이 바로 무상이고 무아입니다. 무상이나 무아는 염세적인 허무가 아니라, 항상 정체된 나(我)가 없고, 이렇게 긍정적으로 변화하고 발전한다는 뜻이 무상이고 무아인 것입니다. 무상이고 무아이기 때문에 수행이 가능한 것입니다. 수행이란 바로 바람직한 방향으로 발전하고 성장하는 진행태進行態입니다. 바람직한 방향으로 발전하고 성장한 만큼 자신의 그릇(이익)이 커지는 것입니다. 이 같은 이익의 싹을 틔워 공들여 더 크게 자신을 키우는 과정이 수행입니다. 실로 수행의 이익(공덕)은 쏟아지는 비처럼 허공에 가득하고 주인도 없지만, 수행의 이익은 단지 자신이 만든 그릇 크기(노력)만큼만 담는 것입니다.[5] 여기에는 한 치의 오차도

---

5 우보익생만허공雨寶益生滿虛空이며, 중생수기득이익衆生隨器得利益입니다. 의상 대사의 『법성게』에 나오는 말입니다. 세상에서 가장 큰 보배인 공기(風), 비(雨), 눈(雪), 물(水), 구름(雲), 자연의 아름다움, 성현의 말씀(道) 등등은 주인이 없습니다. 흔한 말로 지천地天에 널려 있습니다. 그러니 시도 때도 없이 능력껏 마음껏 가져다 쓰면 됩니다. 그렇다고 줄어드는 것도 아닙니다. 수행이라는 것은 바로 세상에서 가장 큰 보배를 내 것으로 만드는 과정인 것입니다. 그것도 더 크게

없습니다. 인과의 법칙이 따르기 때문입니다.

　대부분의 현대인들은 자신(我)을 잃어버린 지 오래되었습니다. 직장과 시간의 노예가 되어 허겁지겁 살고 있다는 뜻입니다. 몸이 병들면 곧바로 병원에도 가고 약국에도 갑니다. 체력단련을 위해 등산도 하고, 헬스장에도 갑니다. 그 몸을 위해 보험에도 듭니다. 그러나 그 몸의 주인인 마음을 위해서는 아무것도 하는 것이 없습니다. 이것은 무아가 아니라 망아忘我이자 자신(我)에 대한 무책임입니다. 자기를 잊고(忘我) 번뇌 망상에 찌들어 허겁지겁 세월 따라 살아가는 삶은 허망한 것입니다. 진정한 무아는 심성을 올바른 방향으로 변화, 발전시키는 것입니다. 『천수경』 공부는 바로 올바른 방향으로 발전하고 성장하기 위한 마음공부입니다. 모든 것은 마음(唯識)이기 때문입니다. 마음이 변하면 운도 따라 변합니다. 그래서 기도이자 수행입니다.

　앞에서 『천수경』은 동적動的인 의식경儀式經이라고 했습니다. 천수경의 독송에는 5분도 안 걸립니다. 좀 천천히 해도 15분 정도면 됩니다. 이 짧은 경에는 수행의 입문에서부터 서방정토에 가서 아미타 부처님을 친견하기까지의 머나먼 여정이 담겨 있습니다. 그 과정 하나하나가 수행의 연속이며, 깨달음을 향한 구도의 과정이며, 단계별로 수많은 의식儀式과 행동(실천)을 포함하고 있으므로 무척 바쁘게 움직여야 합니다. 그래서 『천수경』을 동적인 의식경이라 하는 것입니다. 이 바쁜 과정을 끝낸 수행의 결과가 참된 불자佛子[6]의 모습이며,

---

말입니다. 여기에 욕심을 내는 것이야말로 진정한 욕심이자 대의大義인 것입니다.

그 모습이 바로 심리적으로 또 종교적으로 순화純化되고, 순화馴化되고, 순화醇化된 변화일 것입니다. 앞에서도 말했습니다. 변하지 않으면 수행이 아니라고 말입니다. 순화는 변화를 말합니다.

『천수경』은 '정구업진언'으로 시작합니다. 이제 변화를 향한 첫발을 내디디는 것입니다. 변화의 시작은 입(口)으로부터 하는 것입니다. 이는 운동에 앞서 운동복으로 갈아입고 준비운동을 하는 절차와 같습니다. 그 입은 참으로 더럽습니다. 누구나 일상생활에서 할 소리 못 할 소리, 할 말 못할 말, 수많은 몹쓸 말들[7]을 쏟아 내는가 하면, 음식도 편식 과식 폭식은 물론이고, 먹을 것 못 먹을 것, 심지어 마약까지 이것저것 마구 먹기 때문입니다. 먼저 입을 깨끗이 해야 하는 것입니다.

생각(意)을 밖으로 표출하면 말이 됩니다. 따라서 입을 깨끗이 하는 '정구업진언'을 송하는 것만으로도 생각을 고쳐 잡을 수 있는 것입니다. 『대승기신론』에서는 어떤 행동이 있기 전에 먼저 그런 생각(前念)이 있고 나서, 다시 한 번 그런 생각(後念)을 하고 나서 행동에 옮긴다고 합니다. 전념에서 생각이 일어났더라도 후념에서

---

6 불자佛子란 단순히 '절에 다니는 사람'의 뜻이 아니라 '부처님의 분신'이라는 뜻으로, 부처님의 중생구제의 원력을 대신할 때, 앞서 말한 무아, 무상의 깨달음을 실천할 때, 진정한 불자가 되는 것입니다. 또한 그의 실천(방법)에는 정말로 다양한, 이 세상 사람의 수만큼이나 많을 수 있습니다. 결론은 자기만의 부처를 찾아 자기만의 길을 가는 것입니다. 『천수경』은 그 길의 안내자일 뿐입니다.

7 그 많고 많은 말들을 분석해보면 ①망어妄語 ②기어綺語 ③양설兩舌 ④악구惡口로 나눌 수 있습니다.

그치면 행(業)은 없다는 것입니다. 전념에서 의업意業은 짓더라도 후념에서 그치면 몸으로 짓는 신업身業은 없다는 뜻입니다. 따라서 '정구업진언'을 송誦하는 것만으로도 기도이며, 참회이자 수행인 것입니다. 수행이란 업(業: 行)을 닦는 것을 말합니다. 업을 닦는 것이 기도입니다. 왜 업을 닦을까요? 업을 닦아야 속된 말로 기도발을 받기 때문입니다.

'개법장진언'을 송(誦·頌)하고, 관세음보살님께 머리를 조아리고, 찬탄·귀의를 한 후부터는 매우 바쁩니다. 업장도 소멸해야 하고, 소원도 빌어야 하고, 배(반야선)를 타고 고해苦海를 건너는 항해도 해야 하며, 부처님이 계시는 원적산에 오르는 등산도 해야 합니다.[8] 그뿐이 아닙니다. 법성신法性身을 이룬 후에는 칼산에도 가야 하고, 화탕지옥에도 가봐야 합니다. 또한 아귀, 수라, 축생도 만나봐야 합니다.[9] 그들을 제도하기 위한 것이지요.

학교공부가 되었건 종교공부가 되었건 중생들의 공부는 이타利他의 중생제도[10]를 위한 것이어야 합니다. 그러기에 『천수경』에서는 칼산지옥이나 화탕지옥에 있는 중생에서부터 배고픈 아귀, 악심을

---

8 영사멸제제죄업永使滅除諸罪業 소원종심실원만所願從心·悉圓滿 원아속승반야선願我速乘般若船 원아조득월고해願我早得越苦海 원아조등원적산願我早登圓寂山 원아속회무위사願我速會無爲舍

9 아약향도산我若向刀山 아약향화탕我若向火湯 아약향지옥我若向地獄 아약향아귀我若向餓鬼 아약향수라我若向修羅 아약향축생我若向畜生

10 중생제도란 중생들로 하여금 능히 (생사를) 싫어하고(厭) (열반을) 좋아하는(樂) 마음을 일으키고, 나아가 모든 수행을 더욱 힘써 닦아(加行) 불과佛果에 이르게 채근하는 것을 말합니다. (참조: 최세창 역주, 『대승기신론 소별기』, 운주사, 2016)

품고 있는 수라, 어리석은 축생의 구제를 설하는 것입니다. 여기서 가장 중요한 것은 지혜입니다. 칼산이 무너지고, 화탕지옥이 없어지고, 악심이 조복되고, 축생까지 스스로 깨치게 하는 것은 자비의 힘이 아닌 지혜의 힘인 것입니다. 불교가 지혜의 종교라는 뜻입니다. 이를 『대승기신론』에서는 지정상(智淨相: 지혜의 모습)이라 합니다. 지혜를 바탕으로 아귀, 수라, 축생 등에까지 자비를 베푸는 것은 부사의업상(不思議業相: 불가사의한 지혜의 작용)이라 합니다. 이를 가장 극명하게 보여주는 것이 '육향육서六向六誓'입니다. 사회공부가 되었건 불교공부가 되었건 '육향육서'가 공부하는 목적이어야 하는 것입니다.[11] 개인의 출세나 영달이 공부의 목적이 아닙니다.

그리고는 아미타부처님과 관세음보살님, 대세지보살님 등 여러 불·보살님들을 모시고 '신묘장구대다라니' 독송도 해야 합니다.

다라니 독송이 끝나기가 무섭게 더러운 도량에 청소도 해야 합니다('사방찬'). 삼보천룡을 모시는데 더럽고 누추한 도량으로 모실 수가 없기 때문입니다('도량찬'). 도량청소를 마치면 업장소멸을 위해 여러 부처님들을 일일이 호명하여 깨끗한 도량에 초청도 해야 합니다('참제

---

11 육향육서는 회향을 말합니다. 같은 학교에서, 같은 스승 밑에서, 같은 과목을 공부하고, 같은 사법시험에 합격하더라도 정의를 수호하는 법조인으로 존경을 받는가 하면, 개인의 이익이나 영달만을 추구하다 스스로 단죄의 대상이 되기도 합니다. 이는 공부의 목적을 모르기 때문입니다. 공부를 하는 목적은 못 배운 사람 위에 군림하거나 등을 치는 것이 아니라 그들을 위해 자신의 공부를 써야 하는 것입니다. 심지어 축생에게조차 지혜를 깨닫게 해야 하는 것입니다. 이것이 진정한 회향廻向입니다. 따라서 육향육서는 불교공부는 물론 종교를 떠나 모든 공부의 핵심이자 목적이 되어야 하는 것입니다.

업장십이존불'). 참회의 증명법사로 모시는 것입니다. 그리고는 '십악
참회'를 하며 '참회진언'을 송합니다. 중간 중간에는 각종 진언도
독송해야 합니다. 탐진치 삼악三惡을 벗어나는 계정혜 삼학三學은
물론 모든 불법을 공부해야 합니다. 그리고 발원도 해야 합니다.

이처럼 『천수경』 공부는 몸으로 마음으로 무척 바삐 움직여야
하는 동적인 공부입니다. 불교의 어느 경전도 『천수경』처럼 이렇게
바삐 움직여야 하는 경은 없습니다. 따라서 『천수경』은 단순히 '정구
업진언'으로 시작하여 '삼귀의'까지의 독송으로 끝내는 차원이 아니
라, 『천수경』의 독송이 바로 업장소멸의 참회이자 소원성취의 기도이
며, 수행의 차제次第[12]인 것입니다. 그래서 『천수경』은 하나의 대大
서사시이자 수행(마음)의 변화를 담고 있는 대 서정시입니다. 한마디
로 팔만대장경의 압축본이라 할 수 있습니다. 이것은 저의 견해이자
저의 안목입니다.

『천수경』을 올바로 이해하고 『천수경』 기도를 하게 되면, 별도로
승려[13]들의 손을 빌려 기도를 한다거나 축원을 할 필요가 없습니다.

---

12 차제를 간단히 설명하기는 힘듭니다. 여기서는 천수경 수행을 했을 때의 변화하
    는 순서로 이해하시기 바랍니다. 즉 수행의 씨앗을 심으면 인과因果가 하나씩
    나타난다는 뜻입니다. 열심히 수행을 했음에도 아무런 변화가 없다면 그런
    공부는 할 필요가 없습니다. 『천수경』 수행은 반드시 변화가 있습니다. 변화는
    각자가 체험하고 도반들과 공유해야 합니다.

13 승려僧侶 또는 중衆이라 하면 비칭卑稱으로 인식하는 경향이 있으나, 이는 잘못된
    인식입니다. 승려는 집단, 조합, 무리(衆)라는 의미의 상가(saṁgha)의 음사인
    승가(僧家: 교단)에 속한 '무리'라는 뜻으로 존칭도 비칭도 아닙니다. 불가佛家에
    서는 상가를 화합和合 중(衆: 무리)이라는 의미로 삼보의 하나인 승보를 일컬으며,

자신의 기도나 축원은 자신이 하면 됩니다. 아니 자신이 하는 것입니다. 『천수경』의 가르침을 이해하고 실천하는 것이 올바른 기도이자 수행이기 때문입니다.[14] 그렇다고 스님들의 축원을 전혀 효과가 없다고 단정적으로 말할 수는 없습니다. 똑같은 꽃이 심어진 두 개의 화분을 놓고, 햇빛이나 수분의 공급을 똑같이 하면서, 한 쪽에는 '잘 자라라(生)'고 축원을 하고, 다른 쪽에는 '죽으라(死)'고 저주를 보냈을 때, 한 쪽은 생기가 나는데, 다른 한 쪽은 말라죽었다는 실험이 있었다고 합니다. 물(水)의 실험에서도 '사랑과 감사'라는 글을 보여주었을 때 육각수의 결정을 나타냈으나, '악마'라는 글을 보여주었을 때는 중앙의 시커먼 부분이 주변을 공격하는 듯한 형상을 보였다고 합니다.[15]

일반인의 축원과 저주에도 이럴진대, 하물며 오랜 시간 청정한 수행을 한 출가자들의 축원은 재가자들의 축원과는 분명 다를 것입니다. 분명 달라야 합니다. 그렇기 때문에 신도들이 그런 청정한 출가자들의 축원에 기대는 것입니다.[16]

줄여서 僧이라고도 합니다.

[14] 『천수경』을 이해하고 난 다음, 각자의 인연에 따라 금강경, 법화경, 화엄경, 열반경, 유마경, 대승기신론, 조사록 등의 공부로 나아가면 됩니다. 평생 『천수경』을 소의경전으로 삼아도 좋습니다. 그러나 '신묘장구대다라니'만 외우는 것은 반대입니다. 부처님 친설親說이 아닌 힌두 신들의 신화를 바탕으로 하기 때문입니다.

[15] 에모토 마사루, 양억관 역, 『물은 답을 알고 있다』, 나무심는 사람, 2004.

[16] 재가자들은 출가 수행자들을 이해하고 존중해야 합니다. 출가 수행자 역시 그들의 교리공부와 수행경험을 재가자들과 공유하면서 사부대중과 함께하는

출가 수행자에게는 필요 이상의 돈이 있어서는 안 됩니다. 돈이
수행을 방해하기 때문입니다. 불교사적으로도 재원이 풍부하던 시대
에는 불교가 시들하거나 분란이 일어났습니다. 대승불교 발기 이전에
부파불교에서 보여준 대립과 분열상이 이를 증명하고 있습니다.

퇴옹退翁[17] 성철스님은 그의 아호처럼 늘 물러나(退)[18] 있었으며,
산문山門을 나서거나 무슨 감투를 쓰겠다고 나서지 않았어도 해인총
림의 어른(방장)으로 추대되고, 마침내 종단의 최고 어른(종정)으로

공동체의 모습을 보여야 하는 것입니다.

서산대사는『선가귀감禪家龜鑑』에서 "출가하여 중(僧)이 되는 것이 어찌 작은
일이랴(出家爲僧豈細事乎)! 몸의 안일을 구하려는 것도 아니고, 따뜻이 입고
배불리 먹으려는 것도 아니며, 명예와 재물을 구하려는 것도 아니다(非求溫飽也.
非求利名也. 爲生死也). 나고 죽음을 면하고, 번뇌를 끊으려는 것이며, 부처님의
혜명을 이으려는 것이며, 삼계에 뛰어나서 중생을 건지려는 것이니라(爲斷煩惱
也. 爲續佛慧命也. 爲出三界度衆生也)."라고 하였습니다. 용화선원 선학간행회
역譯을 그대로 옮겼습니다.

[17] 속세에서 물러난 노장老壯이란 뜻입니다.

[18] '퇴退'는 '양보, 겸양의 뜻으로, 남에게 사양하고 물러나는 것(退讓)을 말합니다.
『노자』 9장에는 "공을 세우고도 스스로 물러나는 것이 하늘의 도(功遂身退天之
道)"라고 했습니다.『예기禮記』에는 공경하고 절제하고 사양하고 물러나는(恭敬
撙節退讓明禮) 뜻으로,『대학大學』에는 불선不善을 보고 거절하고 사양(見不善而
不能退)하는 뜻으로 사용되고 있습니다. 이는 불가의 다툼과 분별分別을 멀리하는
것과 다름이 없습니다. 그러니 중상모략과 피 튀기는 다툼이 난무하는 사판事判의
세계와 거리를 두어야 하는 것입니다.

가까이로는 퇴옹 성철스님(1912~1993)을 비롯하여, 멀리는 퇴계退溪 이황선생이
나『선가귀감禪家龜鑑』을 지으신 퇴은退隱 서산대사의 경우가 그렇습니다. 모두
물러나(退) 있었습니다.

추대되었던 것입니다. 그가 떠날 때 남긴 것이라곤 낡은 가사와 발우뿐이었습니다. 그럼에도 그의 사자후는 아직도 우리들의 귓가에 메아리 치고 있습니다. 근래의 법정 스님도 그러했습니다.

여기까지는 어떻게, 왜 『천수경』을 공부해야 하는가에 대한 서설이었습니다. 이어지는 개괄은 문자 그대로 『천수경』 전체를 꿰는 개괄입니다. 혹 이해가 안 되는 부분이 있다면 '본론'에서 좀더 자세히 해설하기로 하겠습니다. 아래의 개괄을 보신 후에 '본론'을, 또는 '본론'을 공부하신 후에 개괄을 보시면 그 뜻이 아주 쉽게 다가올 것입니다. 이와 같은 관점으로 잃어버린 자신을 찾아가는 『천수경』 수행의 여정을 시작하겠습니다.

1. 개경開經

1) 정구업진언淨口業眞言 – 독송자의 입과 마음을 정화하는 의식으로 덕담입니다. 이렇듯 『천수경』 공부는 덕담으로 시작합니다.

수리수리 마하수리 수수리 사바하
길상존[19]이시여, 길상존이시여, 위대한 길상존이시여! 영광된 길상존이시여! 원하는 바가 원하는 바가 이루어지이다!

---

[19] 여기서 길상존을 "관세음보살님이시여!" 또는 "부처님이시여!"라고 하셔도 됩니다.

22

❀ 길상吉祥: 청정하고 가장 영광스러운 상태. 축원祝願과 찬탄讚嘆의 뜻이
   함축되어 있습니다.
❀ 길상존吉祥尊: 더 없이 존귀한 분.
❀ 수리(sri): 영광. 길상. 찬탄과 축원하는 말. 맑고도 거룩한, 청정淸淨.
❀ 마하 수리(maha sri): 위대한 영광, 대 길상.
❀ 마하(maha): 위대한, 견줄 데 없는.
❀ 수수리(susri): 지극히 영광된 님, 광휘로운 님.

☞ 사바하(svaha: 스바하)

   기도하는 바가 (또는 원하는 바가 또는 사뢰는 바가) 모두 마음먹은
   대로 이루어지게 하여 주시옵소서!

   이렇듯 스바하(svaha)는 기도의 원만 성취를 기원하는 기도후렴구
입니다. 원래의 의미는 고대 인도에서 신들에게 공양을 바칠 때 내는
찬미의 소리였다고 합니다. 공양하고, 찬미하고, 서원誓願한 다음,
다시 한 번 "원하는 바가 원만히 이루어지게 하여 주시옵소서! 또는
이루어지이다!"라고 기도하는 것은 어느 종교를 막론하고 정형화된
기도의 형태라 할 수 있습니다.
   성현의 말씀을 기록한 것을 경經이라고 하며, 불교에서는 부처님의
말씀을 기록한 것을 불경佛經이라 합니다. 성현의 말씀은 진리의
가르침입니다. 그런 말씀은 성스럽고 소중한 것이므로 경을 펼치기
(開經)에 앞서 마음을 정갈하게 하고, 또한 정갈히 하는 진언眞言을
독송하는 것입니다. 경은 입으로 독송합니다. 그래서 경을 독송하기
에 앞서 입을 깨끗이(淨口業) 하는 것입니다.

마음속의 생각이 입을 통해 소리(말)로 표출되는 것이므로, 입을 깨끗이 하는 것은 곧 마음을 깨끗이 하는 것이 됩니다. 따라서 '정구업 진언'은 입만 깨끗이 하는 소극적인 의미의 진언이 아니라, 마음속까지 깨끗이 하는 진언이며, 경을 독송하기에 앞서 독송자의 입과 마음을 정화하는 의식이 '정구업진언'이라는 송경의식誦經儀式입니다. 입만 깨끗이 하는 것이라면 굳이 진언을 외울 필요가 없습니다. 양치질이나 칫솔질만으로도 충분하기 때문입니다. 요즘은 가글(gargle)도 나와 있습니다.

불교에서는 자기 마음을 찾는 것을 이야기합니다. '정구업진언' 하는 이 마음이 나의 마음이며, 수행자의 마음이며, 부처님의 마음입니다. 이 마음이 우리의 마음인 것입니다. 이 마음을 찾는 것이 수행이며, 지키는 것이 아름다운 삶입니다. 저는 개인적으로 '아름다운 강산'이라는 노래의 마지막 구절을 좋아합니다.

너의 마음 나의 마음
나의 마음 너의 마음
너와 나는 한 마음 나와 나
우리 영원히 영원히 사랑 영원히 영원히
우리 모두 다 모두 다 끝없이 다정해

2) 오방내외안위제신진언五方內外安慰諸神眞言

나무 사만다 못다남 옴 도로도로 지미 사바하

우주(허공)에 충만하사 아니 계신 곳 없으신 부처님들께 머리 숙여 절하오니, 부디 제도濟度하고 제도하시어 바른 길로 인도하여 주시옵소서! 그리고 사뢰는 바가 모두 이루어지게 하여 주시옵소서!

❖ 나무南無: 나무南無는 범어 나마스(Namas)의 음역어로, 공경하여 예를 올린다, 예경한다, 머리 숙여 절한다, 계수稽首, 귀의歸依 또는 귀명歸命하다의 뜻입니다. 계수는 몸을 굽혀 이마가 땅(발등)에 닿도록 절을 하는 인도식 예법이며, 귀명이나 귀의는 몸과 마음을 바쳐 돌아가 의지하는 것을 말합니다.

❖ 사만다(samanta): (이 세상에, 전 우주에) 두루 계시는, 우주에 충만한.

❖ 못다남(budddhanam): 부처님들.

❖ 못다(budddha): 부처님.

❖ 남(nam): ~들(복수).

❖ 도로 도로(turu turu): 제도하다. 두 번 반복함으로서 간절한 마음을 나타냅니다.

❖ 지미(jimi): 승리하다. 제압하다. 항복받다.

❖ 옴(Om, AUM): 옴(AUM)은 무한한 우주자연의 소리를 듣고, 우주자연의 생명 에너지를 흡수하여 결국은 우주자연과 하나가 되게 하는, 즉 범아합일梵我合一[20]의 신령스런 매개체로서 모든 진언(Mantra)과 다라니와 주문의

---

20 인도 최고의 우주 신인 범梵, 즉 브라흐만(Brahman)과의 합일 또는 범아일여梵我一如를 의미합니다. 그러나 불교의 입장에서는 우주, 진여불성, 일심 등으로 이해하면 좋을 듯합니다. 언어에 속지 말고, 그것을 어떻게 이해하고 받아들이는가가 중요합니다.

왕이며, 무상無上이며, 모체母體이며, 우주의 핵심이며, 지극한 찬탄의 소리이며, 영혼의 소리이며, 소리의 근원이며, 신의 소리이며, 진리 그 자체라고 합니다. 더 구체적인 설명은 본문 해설 장에서 하겠습니다.

'오방내외안위제신진언'은 오방내외에 두루 계시는 신(諸神)[21]들을 청해 "제가 이제 관세음보살님께 귀의하여 그 가르침을 공부하고자 하오니 공부가 잘 되도록 도와 주십시오. 또는 공부에 방해가 되지 않도록 좀 조용히 해 주십시오." 하며 도움을 청하는 청원請願 내지 귀의문歸依文입니다.

달리 말하면, 『천수경』 공부에 앞서 오방(동서남북, 중앙)에 계시는 모든 신들을 위무하여 편안하게 하는 일, 또는 경을 열기 전에 오방내외에 두루 계시는 모든 신들께 자신의 기도와 참회(수행)가 잘되게 해달라고 도움을 청하는 행위가 바로 '안위제신'이며, 한편으로는 모든 신들도 이참에 『천수경』 공부를 같이 하자고 하는, 그 진언이 바로 "나무 사만다 못다남 옴 도로도로 지미 사바하"입니다.

모든 신들 역시 불법佛法 공부를 해야 하는 중생들입니다. 무조건 모든 신들을 안위安慰하며 신앙의 대상으로 삼는다면 "나무 사만다 못다남 옴 도로도로 지미 사바하"의 본뜻에도 어긋나며, 부처님 가르침에도 어긋납니다. 신중단을 만들어놓고, 돈을 넣고 기도하는 것은 사이비입니다. 이는 마치 사천왕문에 단을 차려놓고, 소원을 빌며

---

21 불교는 신을 믿는 종교가 아닙니다. 그러나 부정도 않습니다. 신의 존재는 인정한다는 뜻입니다. 인정한다 해서 신에게 모든 것을 맡기거나 비는 것은 아닙니다.

돈을 넣는 것과 같습니다.

불전佛錢은 부처님 계신 곳 한 곳에만 넣어야 하며, 불전을 넣는 이유는 부처님 가르침에 감사하는 뜻이며, 부처님 공부를 할 수 있는 곳(장소)이 있어야 부처님 공부도 할 수 있기에, 부처님을 모시고 불법을 공부할 수 있는 곳을 유지하기 위해 불전을 넣는 것입니다. 그렇게 하는 것이 보시이며 불사佛事입니다.

이렇게 이해했을 때, '오방내외안위제신진언'은 번뇌 망상으로 가득 찬 삿된 마음으로부터 벗어나 고요하고 청정한 마음으로『천수경』수행을 하겠다는 다짐이 되는 것입니다. 그런 마음으로 하는 독송이 뒤에 나오는 적정심상송寂靜心常誦입니다. 즉 마음을 적정처寂靜處[22]에 머무르게 하여 항상 진언을 독송하고 경전을 독송하는 것입니다. 적정처에 드는 것은 수행에 방해를 받지 않고 선정禪定에 들기 위해서입니다.

3) 개경게開經偈

무상심심미묘법無上甚深微妙法　백천만겁난조우百千萬劫難遭隅
아금문견득수지我今聞見得修持　원해여래진실의願解如來眞實義

---

22 적정처寂靜處는 공한처空閑處, 아란야阿蘭若, 아란나阿蘭那라고도 하며, 고요하고 시끄러움이 없고 한적해서 수행하기에 좋은 숲 또는 승원을 가리킵니다. 마음가짐을 그런 곳에 머무르는 것처럼 고요하게(靜) 하라는 뜻입니다. 處(처)란 장소를 뜻하기도 하지만 '마음가짐'을 뜻하기도 합니다. 이는 사마타(止觀)입니다.

이미 앞에서 오방내외에 두루 계시는 신들을 위무했으니 이제 경을 여는(開) 것입니다. 여기에도 본격적으로 경을 열기에 앞서 경에 대한 찬탄을 하는 것입니다. 찬탄할 가치가 없는 것이라면 경이 아닐 것이며, 독송할 가치조차 없을 것입니다. 그러나 관세음보살님의 말씀은 지존의 가르침입니다. 찬탄은 나도 관세음보살님처럼 되고 싶다는 마음의 표현입니다. '어떻게 해야 관세음보살님과 같은 마음을 낼 수 있을까' 하는 마음이 찬탄입니다. 뭐를 해달라고 구걸하는 기도가 아닙니다. 그래서 다음과 같이 찬탄하며 다짐하는 것입니다.

"백천만 겁이 지나도 만나기 어려운, 더 없이 깊고 깊어 미묘한 관세음보살님의 가르침을, 제가 이제 듣고, 보고, 받아, 지니오니, 원컨대 여래(관세음보살님)의 그 진실한 뜻(가르침)을 깨치고자 하옵니다!"

'개경게'는 경전을 여는 게송의 뜻으로 『천수경』, 『금강경』, 『법화경』 등 모든 경전의 독송에 앞서 행하는 게송입니다. 이 게송은 참으로 명문입니다. 뜻만으로는 너무 멋있습니다. 그러나 유감스럽게도 당나라의 측천무후(則天武后: 624~705)가 지었다고 합니다.

한漢의 여태후, 청靑의 서태후와 함께 중국의 3대 악녀로 불리는 측천은 637년 14세의 나이로 당태종의 후궁으로 입궁한 후, 태종이 죽자 황실의 관습에 따라 감업사感業寺로 출가하였습니다. 그 후 고종(高宗, 재위 649~683)의 후궁으로 다시 입궁하여 4남 2녀를 낳았으며, 655년 황후가 되기 위해 자신의 딸을 죽여 황후에게 뒤집어

씌워 왕王황후를 내쫓고 황후가 되었습니다. 황후가 된 뒤에는 황태자들을 황위에 올렸다가 폐위시키고 자신이 직접 황제가 되기도 하였습니다. 이렇듯 측천은 자신의 권력에 걸림돌로 여겨지면 자신의 피붙이라도 가차 없이 제거해 버리는 잔혹한 모습을 보인 냉혈여인으로, 우리의 활동무대를 압록강·두만강 이남으로 고착시킨 장본인이기도 합니다. 신라와 손을 잡고 백제(660년)와 고구려(668년)를 멸망시켰기 때문입니다.

밀고와 감시에 기초한 숙청과 공포정치로 무수한 반대파를 제거하며 무려 50여 년 동안이나 권좌에 앉아 있던 이 여인은 수많은 살상과 무고한 생명을 죽인 중죄에 참회라도 하듯 불교 사원과 불상을 조성하였다고 합니다. 역사에는 이처럼 무고한 생명에 대한 살상의 대가로 권좌에 오른 냉혹한 인간들이 불교를 장려하고 불사를 일으킨 경우가 많습니다. 참으로 아이러니컬한 일입니다.

우리나라 불교계는 이러한 사실史實도 모르고 이 게송을 독송하는 것인지? 아니면 알고도, 불교를 장려했다면 상관없다는 뜻인지? 한 번쯤은 진지하게 생각해봐야 할 것 같습니다.

우리의 역사에도 어린 조카를 몰아내고 반대파에 대한 숙청과 살상으로 권좌에 오른 수양대군(세조)이 있습니다. 그는 아버지(세종)가 창제한 한글로 불경을 번역하기도 했습니다. 『능엄경언해』, 『금강경언해』, 『법화경언해』, 『원각경언해』 등등 『~언해』라고 이름 붙인 것들이 그가 간경도감을 설치하고 언해諺解사업을 벌일 때 나온 것들입니다.

4) 개법장진언開法藏眞言

옴 아라남 아라다

❀ 아라남(aranam): 심연深淵. 무쟁삼매無諍三昧, 마음에 번뇌 망상이 끊어져
  아무런 갈등이 없는 확고한 믿음과 확신이 있는 상태를 말합니다.
❀ 아라다(aradha): 숭배하다. 성취하다.

개법장이란 경전을 펼치는 것(開)을 이르는 말입니다. 앞 구절
'원해여래진실의'에서 여래의 진실하고 참다운 뜻을 알고 싶다고 발심
을 하였습니다. 지금부터 관세음보살님의 무량무변無量無邊[23]한 지혜
공덕의 창고인 법장法藏을 여는 것입니다. 반드시 진리를 증득하고야
말겠다는 다짐이기도 합니다. 법장은 진리의 창고라는 뜻입니다.
  여기서도 법장을 열면서 진언을 독송합니다. 법장을 열기에 앞서

---

23 경전에서 참으로 많이 쓰이는 말로, 이루 헤아릴 수 없을 정도로 많다는 뜻이
  무량無量이며, 가장자리 끝이 없다는 뜻이 무변無邊입니다.
  대부분의 불서佛書나 사찰의 법문에서 무량無量을 "한량없는"으로 한역韓譯하는
  데 이는 분명 잘못된 것입니다. 무량無量을 풀이하자면 '이루 다 헤아릴 수
  없을 정도로 많다'는 뜻으로, 그냥 '무량으로 사용해도 좋습니다. 왜 무량수전無量
  壽殿이나 무량의경無量義經을 '무한량수전'이나 '무한량의경'으로 부르지 않을까
  요? '한정된 분량'이라는 뜻을 가진 '한량限量'이라는 단어가 있고, '한량(이)없는'의
  뜻을 가진 '무한량無限量' 또는 '무유한량無有限量'이라는 단어가 따로 있기 때문입
  니다. '무량'과 '무한량'은 분명 의미나 뉘앙스가 다릅니다. 따라서 무량無量은
  '무량한'으로 옮기는 것이 맞습니다. '무량'을 '한량없는'으로 옮기는 것은 분명
  잘못된 것입니다.

찬탄하면서 반드시 진리를 증득하고야 말겠다고 다짐하는 진언이 바로 '옴 아라남 아라다'입니다.

2. 계청啓請

앞 장에서 '정구업진언'을 했으니 이미 청정해졌습니다. 그 청정한 마음으로 '관세음보살님'을 모셔서 귀의하는 것입니다. 여기서 계청 이란 '관세음보살님의 자비의 공덕을 담고 있는 대다라니의 뜻을 알고자 하오니 인도하여 주시옵소서!'의 뜻입니다. 따라서 계청에는 관세음보살님께 귀의하여 가르침을 받고자 받들어 모신다는 초청의 의미가 있는 것입니다.

1) 천수천안 관자재보살 광대원만 무애대비심 대다라니 계청千手千眼 觀自在 菩薩 廣大圓滿 無碍大悲心 大陀羅尼 啓請!

천 개의 손과 천 개의 눈을 가진 넓고(廣) 크며(大) 원만하여 거리낌 없는(無碍) 대자대비하신 마음과 대지혜를 가지신 관자재보살님이 시여! 당신의 자비로운 공덕을 담고 있는 대다라니의 뜻을 알고자 하오니 부디 인도하여 주시옵소서!

앞에서 법장을 여는 진언을 독송했으니 이제 본격적으로 법장을 열 차례입니다. 법장을 연다(開法藏)는 의미는 경전을 여는 것은 물론, 법문을 듣는 것도, 기도를 하는 것도, 참선을 하는 것도, 염불을 하는 것도 모두 '개법장'입니다.

여기에도 또 의식이 있습니다. 어느 분께, 또 어떤 성격의 법장을 여는지를 분명히 알고 법장을 열어야 하기 때문입니다. 『천수경』은 관세음보살님의 자비심과 위신력을 근본으로 하는 경입니다. 여기서는 이와 같은 관세음보살님의 성격을 분명히 하고 있습니다.

2) 계수분稽首分

계수관음대비주稽首觀音大悲主　　원력홍심상호신願力弘深相好身
천비장엄보호지千臂莊嚴普護持　　천안광명변관조千眼光明便觀照
진실어중선밀어眞實語中宣密語　　무위심내기비심無爲心內起悲心

앞에서 '관세음보살님의 자비로운 공덕을 담고 있는 대다라니의 뜻을 알고자 하오니 인도하여 주시옵소서!'라고 하면서 계청을 했습니다.

이제 관세음보살님의 공덕과 위신력에 머리 숙여 귀의할 차례입니다. '계수관음대비주'는 "대자대비하신 관세음보살 '대비주大悲主'님께 머리 숙여 절하옵니다!"라는 뜻입니다. 어떤 분은 '대비주大悲呪'라고 해설을 하고 있으나, 분명 잘못 알고 있는 것입니다. 어떻게 '주呪'에 머리 숙여 절할 수 있습니까?

다음으로는 관세음보살님의 위신력을 찬탄할 차례입니다. 불경에서의 이와 같은 찬탄은 인도의 예법에 기인합니다. 그러나 나이 많은 사람이나 덕德이 높은 어른에게 가르침을 청하기에 앞서 찬탄을 하는 것은 비단 인도의 예법만은 아닙니다.

원력홍심상호신, 천비장엄보호지, 천안광명편관조, 진실어중선
밀어, 무위심내기비심 등등은 모두 관세음보살님의 위신력과 자비심
을 찬탄하는 게송입니다. 자세한 내용은 본론 해설 장에서 구체적으로
설명하겠습니다.

3) 총원總願

속령만족제희구速令滿足諸希求	영사멸제제죄업永使滅除諸罪業
천룡중성동자호天龍衆聖同慈護	백천삼매돈훈수百千三昧頓薫修
수지신시광명당受持身是光明幢	수지심시신통장受持心是神通藏
세척진로원제해洗滌塵勞願濟海	초증보리방편문超證菩提方便門
아금칭송서귀의我今稱誦誓歸依	소원종심실원만所願從心悉圓滿

총원總願이란 모든 불보살님들과 불자들에게 공통적으로 적용되는
전체적이고 보편적인 발원으로, 개인적인 복을 비는 기도나 소원小願
이 아니라, 사회 구성원으로 이웃과 함께하는 공동체적 이익을 위한
대원大願을 말합니다. 불우한 이웃을 살피고 고통을 함께 나누는
인류 보편적 가치의 실현을 발원할 때, 비로소 총원이 되는 것입니다.
　대표적 총원으로 '사홍서원'이 있습니다. 여기에는 기독교니 불교
니 하는 종교적 구분도 없습니다. 총원이 총론이라면 별원은 각론이라
할 수 있습니다. 별원은 발發하는 주체가 각기 다릅니다. 물론 발하는
서원도 다릅니다. 한 예로 "지옥중생이 있는 한 성불하지 않겠다."는
지장보살의 서원이나, "모든 중생들을 병고에서 구해 주겠다."는 약사

여래의 서원이 별원입니다. 별원에서 보여주는 불보살님들의 대비심에 그저 감사하고 존경스러울 뿐입니다.

이제는 세상이 변했습니다. 자리自利 자강自强이 없으면 스스로 존립할 수도 없으며, 이타利他행을 못하는 세상이 되었습니다. 경찰이 힘이 없으면 강도를 잡을 수 없습니다. 따라서 요즘은 자리 자강적 이타라고 해야 옳을 것 같습니다.

이제 마음속으로 '원하는 바가 무엇이든 다 이루어질지어다(所願從心悉圓滿)'라고 기원하면서 별원으로 넘어갑니다.

3. 별원別願

별원이란 어느 한 부처님이나 보살님이 스스로 무엇을 하겠다고 원을 세우는 개개의 원을 말합니다. 아미타부처님, 지장보살님, 관세음보살님, 약사여래님 등등이 발원한 중생구제의 원願이 바로 별원입니다.

십대원과 육향육서는 관세음보살님의 입장에서 보면 중생을 위한 자비심이며, 중생의 입장에서는 관세음보살님께 의지하는 발원입니다. 이렇게 발원하는 마음은 자리이타의 마음이어야 합니다. 이를 굳이 자리自利와 이타利他로 구분한다면, 십대원은 자리한 마음의 원이며, 육향육서는 이타한 마음의 원이라고 할 수 있습니다.

그러나 꼭 이렇게 분류할 수는 없습니다. 자리한 마음에는 이타한 마음이 이미 들어 있기 때문입니다. 원래 자리이타란 자신을 이롭게 함으로써 남도 이롭게 하는 것을 말합니다. 그래서 중생제도의 좋은 방편을 얻기 원하는 것이 '원아조득선방편願我早得善方便'이며, 일체 중생을 제도하겠다는 원이 '원아속도일체중願我速度一切衆'인 것입니다. 자리이타의 마음이란 바로 이와 같은 보살심을 말합니다. 이러한 보살심의 실천이 보살행이자 보살도이며, 바로 관세음보살님의 가르침인 것입니다.

좀 더 쉽게 설명하자면, 중생구제를 위해 칼산, 화탕, 지옥에도 가고, 아귀, 수라, 축생을 만나기 위해서는 법성신法性身을 이루어야 합니다. 보통의 몸으로는 칼산에도 못가고, 화탕이나 지옥에 못갑니다. 또한 일체법이나 지혜와 방편도 없는 보통의 몸으로 아귀나 수라, 축생을 만나본들 무슨 이야기를 하겠습니까? 들려줄 이야기도 없고, 믿고 따르게 할 신통력도 없습니다. 그래서 법성신이 필요한 것인데, 그 법성신을 이뤄 중생을 구제하겠다는 서원이 '십대원'인 것입니다.

이것이야말로 우리가 불법佛法을 공부하는 이유이자 목적인 것입니다. 이는 비단 불법을 공부하는 목적은 물론 사회의 공부를 하는 목적이기도 합니다. 공부가 자신만의 이익과 영달을 위한 지식의 축적이 되어서는 안 되는 것입니다. 무슨 공부든 자신을 위하고 남을 위하고 사회를 위하고 국가와 인류를 위하는 공부가 되어야 하지 않겠습니까? 사회지도층, 정치인, 고위직 공무원, 법조인들을 포함한 종교인들의 비리와 비행은 이를 망각한 데서 비롯되는 것입니다.

1) 십대원十大願

나무대비관세음南無大悲觀世音　　원아속지일체법願我速知一切法

나무대비관세음南無大悲觀世音　　원아조득지혜안願我早得智慧眼

나무대비관세음南無大悲觀世音　　원아속도일체중願我速度一切衆

나무대비관세음南無大悲觀世音　　원아조득선방편願我早得善方便

나무대비관세음南無大悲觀世音　　원아속승반야선願我速乘般若船

나무대비관세음南無大悲觀世音　　원아조득월고해願我早得越苦海

나무대비관세음南無大悲觀世音　　원아속득계정도願我速得戒定道

나무대비관세음南無大悲觀世音　　원아조등원적산願我早登圓寂山

나무대비관세음南無大悲觀世音　　원아속회무위사願我速會無爲舍

나무대비관세음南無大悲觀世音　　원아조동법성신願我早同法性身

여기서 "대자대비하신 관세음보살님께, 제가 원하옵니다(南無大悲觀世音, 願我~)"라는 게송이 10번 나온다 해서 십원문十願文이라고도 합니다. 그러나 게송은 비록 열 가지이지만 "원아속~, 원아조~"라는 공통적인 구句가 되풀이되어 내용적으로는 다섯 가지입니다. 즉, "願我速~: 빨리 ~해서, 願我早~: 속히 ~하겠다. ~되겠다."라는 의미입니다.

가) 원아속지일체법願我速知一切法 원아조득지혜안願我早得智慧眼
일체법을 깨달으면 지혜의 눈이 열립니다. 반대로 지혜의 눈이 열리면 일체법을 깨닫게 되므로 결국은 같은 내용입니다. 불교에서 일체법은 우주만유의 현상 존재법칙에서부터 유위법, 무위법을 포함하여 연기법에 이르기까지 실로 다양한 의미를 갖습니다. 여기서는 부처님의 지혜로 이해하면 되겠습니다. 불교에서 깨달아 얻고자 하는 것이

'부처님의 지혜'이기 때문입니다.

나) 원아속도일체중願我速度一切衆 원아조득선방편願我早得善方便
일체 중생을 제도하겠다는 뜻이나 좋은 방편을 얻겠다는 뜻은 같은
의미입니다. 좋은 방편을 얻으면 중생구제는 저절로 할 수 있기 때문입
니다. 방편은 수단이라는 뜻으로 진리는 아닙니다. 처음부터 진리를
이야기하면 근기가 약한 중생은 못 알아들으므로 방편으로 이야기하
는 것입니다.

다) 원아속승반야선願我速乘般若船 원아조득월고해願我早得越苦海
반야선을 타면 고통의 바다를 건널 수 있습니다. 반대로 고통의 바다를
건넌다는 것은 반야선을 탔다는 의미입니다.

라) 원아속득계정도願我速得戒定道 원아조득원적산願我早得願寂山
계戒와 정정의 도道를 이루면 원적산에 오릅니다. 원적산에 오른다는
것은 이미 계와 정의 도를 이루었다는 뜻입니다. 원적산은 부처님이
계신 곳을 말합니다.

마) 원아속회무위사願我速會無爲舍 원아조동법성신願我早同法性身
무위사는 원적산에 있는, 부처님이 사신다는 집입니다. 그러니 무위
사에 있다면 이미 법성신이 되었다는 뜻입니다. 반대로 법성신이
되었다는 것은 이미 무위사에 산다는 뜻입니다. 따라서 이제는 법성신
이 된 것입니다. 법성신은 오온신五蘊身의 반대로 깨달음, 해탈을

말합니다. 2부에서 자세히 설명하겠습니다.

이와 같이 십대원을 다섯 가지로 요약할 수 있습니다. 그러나 크게 보면 한 가지로 요약될 수 있습니다. 지혜의 눈이 열려 일체법을 깨닫는 것이나, 반야선을 타고 고통의 바다를 건너는 것이나, 원적산에 오르는 것이나, 법성신이 되는 것이나 모두 깨달음을 말하며, 열반의 세계를 말하며, 피안의 세계를 말하므로 다 같은 뜻이기 때문입니다.

2) 육향육서六向六誓

아약향도산我若向刀山	도산자최절刀山自摧折
아약향화탕我若向火湯	지옥자고갈地獄自枯渴
아약향지옥我若向地獄	화탕자소멸火湯自消滅
아약향아귀我若向我歸	아귀자포만我歸自飽滿
아약향수라我若向修羅	악심자조복惡心自調伏
아약향축생我若向蓄生	자득대지혜自得大智慧

여기서는 이미 법성신의 몸을 이룬 후 육도六道를 방문하여 육도중생의 무명을 밝히고 제도하는 여섯 장면이 이어집니다. '아약향~'의 향向이 여섯 번 나온다 하여 육향六向이라 하며, '여섯 번 서원한다' 하여 육서六誓라고 합니다. 그래서 '육향육서'입니다.

여기서 주목할 것은 법성신이 '왜 육도의 세계를 방문하는가?'

하는 점입니다. 이유는 관세음보살님의 뜻에 따라서입니다. 관세음
보살님의 관심은 항상 중생제도에 있기 때문입니다. 법성신은 자신의
해탈(自利)만을 위한 것이 아니라, 중생제도(利他)를 위해서 법성신을
이룬 것이기 때문입니다. 즉 관세음보살님처럼 육도중생을 구제하기
위해 칼산에도 가고 화탕지옥에도 갈 수 있는 힘, 즉 법성신이 필요한
것입니다. 이는 우리가 공부하는 목적이기도 한 것입니다. 자신의
이익과 영달만을 위한 공부가 아니라, 자신을 위하고 남을 위하고
사회를 위하고 국가와 인류를 위하는 공부 말입니다.

　법성신이라야 칼산에 가면 칼산이 저절로 무너지고, 화탕에 가면
화탕이 고갈되고, 지옥에 가면 지옥이 소멸되기 때문입니다. 일체법
이나 지혜와 선방편을 갖춰야 아귀나 축생, 수라가 조복을 하고 스스로
지혜를 얻어 깨우치는 것입니다. 십대원과 육향육서에 굳이 구분을
둔다면 십대원은 자리의 과정, 육향육서는 중생제도의 현장에 임한
이타의 과정이라 할 수 있겠습니다. 이런 공부야말로 자리이타自利利
他의 법성신을 추구하는 진정한 천수경 공부입니다.

　육도란 '지옥 ⇨ 아귀 ⇨ 축생 ⇨ 아수라 ⇨ 인간 ⇨ 천상'이 업業에
따라 윤회(輪廻: 차례로 도는)하는 세계를 말합니다.

4. 별귀의, 소청(別歸依, 召請)

나무관세음보살마하살南無觀世音菩薩摩訶薩
나무대세지보살마하살南無大勢至菩薩摩訶薩
나무천수보살마하살南無千手菩薩摩訶薩

나무여의륜보살마하살南無如意輪菩薩摩訶薩

나무대륜보살마하살南無大輪菩薩摩訶薩

나무관자재보살마하살南無觀自在菩薩摩訶薩

나무정취보살마하살南無正趣菩薩摩訶薩

나무만월보살마하살南無滿月菩薩摩訶薩

나무수월보살마하살南無水月菩薩摩訶薩

나무군다리보살마하살南無軍茶利菩薩摩訶薩

나무십일면보살마하살南無十一面菩薩摩訶薩

나무제대보살마하살南無諸大菩薩摩訶薩

나무본사아미타불南無本師阿彌陀佛

나무본사아미타불南無本師阿彌陀佛

나무본사아미타불南無本師阿彌陀佛

❀ 마하살摩訶薩: 『대다라니경』에서는 마하 사다바(mahasattva)라고 읽습니
다. 마하(maha)가 "큰, 위대한, 드높은, 견줄 수 없는" 등의 뜻이 있으므로,
마하살은 대보살大菩薩, 대자대비한 분, 위대한 존재, 대덕大德, 대사大師
등의 뜻입니다.

관세음보살님의 대비주大悲呪인 '신묘장구대다라니'의 독송에 앞
서, 아미타 삼존과 십대보살을 증명법사로 모시고 지극한 마음으로
예경하며 귀의하는 장면입니다. 소청召請은 초청한다는 뜻입니다.
앞에서 자리이타의 마음으로 십대원과 육향육서의 발원을 하였습
니다. '대다라니'는 자리이타의 마음으로 삼존불과 십대보살님께 귀

의한 후에 독송하라는 뜻입니다.

아미타 3존이란 법단 중앙에 모신, 서방정토의 교주이신 아미타 부처님과 좌보처左輔處인 관세음보살님과 우보처인 대세지보살님을 말합니다. 독송에는 11보살의 명호에 이어 '나무본사 아미타불'을 세 번 독송한 다음 관세음보살님의 대비주인 '신묘장구대다라니'로 넘어갑니다.

5. 다라니陀羅尼: 신묘장구대다라니

나무 본사 아미타불本師阿彌陀佛
모든 불보살의, 또는 세상 이치의 근본이 되는 스승(本師)이신 아미타부 처님께 머리 숙여 절하옵니다.

1) 다라니를 해석하면 지옥 간다(?)

옛날 불경을 한역漢譯할 때에는 오종불번五種不飜이라는 원칙이 있었 습니다. 경을 번역하면서 음사만 할 뿐 뜻은 번역하지 않는 다섯 가지 원칙을 말합니다. 다라니의 경우, 번역상의 또는 문자의 한계로 인해 의미전달이 제대로 되지 않는 것을 방지하자는 취지에서, 그리고 그 신비성을 간직하자는 의도에서 범어梵語를 번역하지 않고 음사만 하였다고 합니다.

그러나 오종불번은 원래의 뜻이 왜곡되어 공부에 게으른 이들의 핑계거리가 되어 왔습니다. 그리고 굳이 뜻을 알려고 하지도 않고,

무슨 뜻인지도 모른 채 천 년이 넘게 독송해 온 것입니다. 종종 기회가 닿아 만나는 스님들에게 물어보면 차마 모른다는 소리는 못하고 "그거 외우면 좋다는 뜻입니다."라든가, 어느 분은 솔직하게 "배우지 않아서 모릅니다."라고 합니다.

인터넷 카페의 어느 스님에게 메일을 보냈더니 전통적으로 주문呪文의 뜻은 묻지도 답하지도 않는 것이 원칙이라는 것이었습니다. 어떤 스님은 "주문을 해석하면 지옥 간다는 얘기도 있다"고 겁(?)을 주기도 했습니다.

다라니가 인도말이므로 고대 인도인들은 그 뜻을 알고 독송했을 것입니다. 그렇다면 다른 나라 사람들이, 주문의 뜻은 묻지도 답하지도 않는 원칙에 충실해서, 또는 지옥에 갈까봐(?) 번역을 하지 않고 뜻도 모르면서 독송한다면 잘못된 일일 것입니다.

세계적인 불교학자인 인도의 로케쉬 칸드라(Lokesh Candra)는 이미 1988년에 '신묘장구대다라니'에 대한 분석을 시도하여 『*The Thousand Armed Avalokitesvara*』라는 책을 출판한 바 있습니다. 한국에서도 2002년 임동근의 『신묘장구대다라니 강해』, 2003년 전재성의 『천수다라니와 붓다의 가르침』이라는 책자가 출판되어 '신묘장구대다라니'의 본격적인 분석이 시도되었습니다.

저는 어느 누구도 가르쳐주지 않는 다라니의 뜻을 알기 위해 중국이나 인도의 'Web-site'를 헤매다가 로케쉬 칸드라의 책을 알게 되었습니다. 이 책은 1988년도에 인도에서 출판된 책입니다. 이 책을 구입하려고 인도에 있는 지인에게 부탁하였으나 절판이라 하여, 다시 미국에 있는 지인에게 부탁하여 인터넷서점인 아마존에서 구입했습니다. DHL 운송료를 포함해서 13만 원이나 들었습니다. 2005년의 일입니다.

제가 열심히 본 책자는 로케쉬 칸드라의 영어본입니다. 이 책에는 중국, 일본, 한국, 티베트 등의 번역본이 들어 있습니다. 30년 전에 이루어진 연구이고 보면 머리가 숙연해질 뿐입니다. 이와 함께 임근동, 전재성 두 분의 책도 열심히 보았습니다. 세 분의 노고에 감사드립니다. 그러나 이들 세 권의 책자는 하나는 영어본이고, 임근동, 전재성 두 분의 책은 너무 전문적이어서 일반 불자들이 보기에는 흥미롭지 못한 책들입니다.

그래서 저는 인도어 전공도 아니면서, 누구나 관심만 있다면 쉽게 이해할 수 있도록 정리를 해보았습니다. 물론 제 나름대로의 안목과 수준에 불과하겠지만 굳이 변명을 한다면 관세음보살님에 대한 사랑과 존경의 발로라고 우기고 싶습니다.

2) 다라니의 구성

다라니는 원래 『천수경의』 한 부분이 아니라, 『천수경』과 상관없이 다라니 자체로서 하나의 독립된 경입니다. 원래의 다라니에 앞부분과 뒷부분을 붙인 것이 우리나라의 『천수경』입니다.

모든 경은 귀의로 시작하여 찬탄하고, 발원하고, 다시 귀의하면서 끝마칩니다. 다라니도 다라니 자체로서 이와 같은 하나의 독립된 경전 형식(서분, 정종분, 유통분)을 갖추고 있습니다. 이와 같은 다라니의 구성이나 뜻도 모르고 맹목적으로 독송한다는 것은 말도 안 되는 소리입니다. 그것은 맹신이기 때문입니다.

3) 아버지 가방에 들어가신다(?) - 다라니 독송의 문제점

뜻을 모르고 독송하는 것 외에도 또 다른 문제점이 있습니다. 독송에 있어서 띄어 읽기가 전혀 되지 않는다는 점입니다. "아버지가 방에 들어가신다."라고 해야 할 것을 "아버지 가방에 들어가신다."고 한다면 방에 들어가셔야 하는 아버지께서 가방에 들어가셔야 합니다. 실제로 귀의문 첫 구절 첫 마디부터 잘못은 시작됩니다.

귀의문인 "나모 라다나 다라야야"라는 구절은 '나모(namo)는 귀의한다, 라다나(ratna)는 보배, 다라야(traya)는 삼(三), 야(aya)는 ~에게'라는 의미로 "삼보에 머리 숙여 절하옵니다."라는 뜻입니다.

그러나 여전히 많은 독송집에는 "나모라 다나다라 야야"라고 표기되어 있고, 대부분 이렇게 독송합니다. 다라니 전체를 이런 식으로 독송합니다.[24] 비단 천수다라니 부분만 그렇게 독송하는 것이 아니라 다른 부분도 역시 그렇게 독송합니다.

경전을 독송할 때는 그 의미를 새기면서 또박 또박 소리 내어 정확히 독송하는 것이, 또한 독송하다가 모르는 부분은 반복하여 독송하는 것이 원칙입니다. 그러나 유독 '다라니'만은 뜻도 모르면서 무턱대고 많이만 독송하면 좋다고 하는 것은 이해하기 어렵습니다.

---

24 저는 매일 아침 영인스님의 『천수경』 테이프를 따라 독송하면서 108배(실은 약 130~140배)를 합니다. 이를 따라하는 저도 매일 아침 틀리게 독송합니다. 굳이 변명을 하자면, 매일 따라 하다 보니 이것에 익숙해졌기 때문입니다.

물론 뜻을 새기는 것이 전부는 아닙니다.[25]

다음은 다라니의 정확한 띄어쓰기를 하고, 종교적 의미에 맞게 해석한 교정본이라 할 수 있습니다. 물론 저의 안목과 알음알이를 바탕으로 했습니다.

4) 천수다라니의 의미

(1) 귀의문歸依文

나모 라다나-다라야야.

삼보에 머리 숙여 절하옵니다.

❈ 나모(namo) / 南無: 계수(稽首; 몸을 굽혀 이마가 땅에 닿도록 하는 절), 공경하여
   예를 올린다.
❈ 라다나(ratna): 보배. 귀중품.
❈ 다라야(traya): 셋(三).

---

25 어떤 승려가 배를 타고 어느 외딴 섬에 가게 되었는데, 그 섬에 가보니 어느 승려 한 분이 열심히 '다라니'를 독송하고 있었답니다. 가만히 들어보니 반은 빼 먹고, 그나마 읽는 것도 다 틀리게 읽더랍니다. 그래서 그 승려에게 제대로 된 '다라니'를 적어주고, 그곳에서의 일을 마치고 다시 배를 타고 바다 한가운데쯤 왔는데, 아까 그 승려가 "스님, 스님" 부르며 바다 위를 급하게 뛰어 오더랍니다. 그래서 무슨 일이냐고 물었더니, "좀 전에 적어 준 다라니를 잃어 버렸으니 다시 한 번 적어 달라"고 하더랍니다. 가만히 보니 '다라니'를 제대로 읽는 자기보다 바다 위를 뛰어오는 그 승려의 신통력이 훨씬 낫다는 생각이 들더랍니다. 그래서 그냥 종전에 읽던 대로 하라고 했다는 일화도 있습니다.

❈ 야(aya): ~에게.

나막 알야 바로기제-새바라야,

거룩한 성관자재보살님께 (머리 숙여 절하옵니다.)

❈ 나막(namah): namo(南無)와 같은 뜻.
❈ 알야(arya): 성스러운, 거룩한, 가장 존경스런 분, 불타세존.
❈ 바로기제 새바라(avalokitesvara): 관자재보살觀自在菩薩, 관세음보살.
❈ 야(aya): 여격與格어미로서, ~에게.

모지사다바야, 마하-사다바야,

보살님과 마하살님께 (머리 숙여 절하옵니다.)

❈ 모지사다바(boddhisattva): 보리살타(깨달음을 구하는 중생).
❈ 모지(boddhi): 알다. 깨닫다.
❈ 사다바(sattva): 존경스러운, 지혜로운, 최상.
❈ 야(aya): ~에게.
❈ 마하 사다바(mahasattva): 마하살摩訶薩, 대보살, 대자대비한 분, 위대한 존재, 대사.
❈ 마하(maha): 큰, 위대한, 드높은, 견줄 수 없는.
❈ 나막 알야(namah arya)가 여기까지 이어집니다.

마하-가로니가야.

대자대비하신 분께 (머리 숙여 절하옵니다.)

46

❖ 마하 가로니가(mahakarunika): 대비존大悲尊. 대자대비하신 분.

❖ 마하(maha): 큰, 위대한, 드높은, 견줄 수 없는.

❖ 가로니가(karunika): 자비로운, 관대한.

❖ 야(aya): ~에게.

옴 ⇒ 'OM', 'AUM'

앞에서 간단하게 설명했으나, 다음 본문 해설 장에서 자세하게 설명할 것입니다.

살바-바예수, 다라나-가라야 다사명, 나막 까리다바.

일체의 두려움으로부터 의지가 되어 주시는 분, 바로 당신에게 머리 숙여 절하옵니다.

❖ 살바(sarva): 일체, 모두, 모든 것으로부터.

❖ 바예수(bhayesu): 두려움, 공포, 위험.

❖ 다라나(trana): 구제하다. 지키다. 보호하다. 수호하다.

❖ 가라야(karaya): ~하는 분에게.

❖ 다사명(tasmai): 그분, 바로 당신, 관세음보살님을 일컫는다.

❖ 나막(namah): 나모(namo)와 같은 뜻.

❖ 까리다바(skrtva): 머리 숙여 공경하다. 머리를 조아리다.

(2) 관세음보살님의 자비심을 찬탄합니다.

이맘, 알야 바로기제-새바라, 다바 니라간타, 나막 하리나야 마발다-

이사미.

존경하는 성관자재님이이여! 성청경관음이시여! 이제 다시 마음을 가다듬어, 당신을 찬탄하는 심진언을 외우며 귀의하옵니다.

❀ 이맘(imam): 이제 마음에 되새기어 (다시 한 번 마음에 다짐을 하는 말).

❀ 알야(arya): 가장 존경스런 분.

❀ 바로기재 새바라(avalokitesvara): 성관자재聖觀自在. 여기서는 관세음보살님을 부르는 호격.

❀ 다바(tava): 그대의, 당신의.

❀ 니라간타(nilakantha): 푸른 목. 청경관음靑頸觀音. 여기서는 청경관음을 부르는 호격.

❀ 니라(nila): 푸른(靑).

❀ 간타(kantha): 목(頸).

❀ 나막(namah): 나모(namo)와 같은 뜻입니다.

❀ 하리나야(hrdayama): 만트라(mantra), 심진언心眞言. 독송함으로써 마음속에 반야般若를 느끼게 하는 진언. 여기서는 관세음보살님을 찬탄하는 대비주를 말합니다.

❀ 마발타 이사미(vartayisyami): 말하다.

살발타-사다남, 수반 아예염 살바-보다남, 바바말아 미수다감.

일체 모든 소망을 성취케 하시고, 견줄 수 없는 최상이시며, 길상으로서 무적이시며, 일체의 존재하는 모든 세계와 삶의 길을 청정케 하시는 분이시여!

❖ 살발타 사다남(sarvarthasadhanam): 일체 모든 소망을 성취케 하는 것.

❖ 살발타(sarvartha): 모든 일체의 소망.

❖ 사다남(sadhanam): 성취, 달성, 완성.

❖ 수반(subham): 행복, 길상. 행복, 빛나고 아름다운 것, 풍요로움.

❖ 아예염(ajeyam): 불가승不可勝. 누구도 이길 수 없는 무적無敵, 지존.

❖ 살바 보다남(sarvabhutanam): 모든 귀신, 정령精靈, 모든 존재들(all beings).

❖ 살바(sarva): 일체, 모두, 모든.

❖ 보다(abhuta): 존재하는 것, 생겨난 것.

❖ 남(anam): ~들(복수).

❖ 아예염 살바 보다남: 모든 인간이나 귀신들이 이길 수 없는, 당해낼 수 없는.

❖ 바바(bhava): 존재하는 세계. 존재, 탄생, 근원.

❖ 말아(marga): 통로, 길(人生 길), 여행(인생 여행).

❖ 미수다감(visudhakam): 정화淨化, 청정. 밝혀줌.

(3) 총원總願

다냐타,

(관세음보살님의 위신력이) 이와 같사오니,

❖ 다냐타(tadyatha): (앞에서 말한 바와 같이) 이와 같이.

❖ 심진언: 대비주大悲呪.

옴 ⇒ 아오움

다음 해설 장에서 자세하게 설명할 것입니다.

아로게 아로가-마지, 로가-지가란제, 혜혜하례.

광명존이시여! 광명의 지혜존이시여! 세간을 초월하신 분이시여!

이리로, 이리로, 이리로 (우리가 있는 곳으로) 어서 빨리 오시옵소서!

❈ 아로게(aloke): 광명光明, 빛. 무명無明 넘어선 세계에서의 빛.

❈ 아로가(aloka): 무명에서 벗어난 깨달은 세상의 빛 또는 광명.

❈ 아로가마지(akokamati): 광명혜光明慧, 광명의 지혜.

❈ 마지(mati): 지혜, 찬가, 소망.

❈ 로가지가란제(lokatikranta): 세간世間을 초월한 분이여!

❈ 로가(loka): 세간. 열린 공간.

❈ 지가란제(tikranta): 초월하다. 지나치다.

❈ 혜혜하례(ehehehale): 이리로, 이리로, 이리로 어서 빨리 오시옵소서. '이리
   로'를 반복함으로써 어서 빨리 오시라는 간절한 뜻을 나타냅니다.

마하모지-사다바, 사마라 사마라, 하리나야.

위대하신 보살이시여! 이 간절한 심진언을 기억하옵소서! 마음속에

새겨 주시옵소서!

❈ 마하모지 사다바(mahaboddhisattva): 대보살大菩薩.

❈ 마하(maha): 대(大, great), 위대한, 성스러운.

❈ 모지(boddhi): 깨우침, 지혜.

❈ 사다바(sattva): 최상, 존경, 지혜, 수승.

❖ 모지 사다바(boddhisattva): 보살.

❖ 사마라(samara): 마음에 두다, 세기다. 헤아리다.

❖ 하리나야(hrdayama): 만트라(mantra), 심진언心眞言. 독송함으로써 마음속
  에 반야를 느끼게 하는 진언. 여기서는 관세음보살님을 찬탄하는 대비주
  를 말합니다.

구로 구로 갈마

베푸시옵소서, 베푸시옵소서, 어서 자비를 베푸시옵소서!

❖ 구로(kuru): 행하십시오.

❖ 갈마(karma): 마땅히 행해야 할 바

사다야 사다야, 도로 도로, 미연제 마하-미연제.

소망을 이루게 하여 주시옵소서, 소망을 이루게 하여 주시옵소서!
그리고 보호하여 주시옵소서! 굳게 지켜 주시옵소서! 무적의 승리자시
여, 위대한 승리자시여!

❖ 사다야(sadhaya): 성취하다. 완성하다.

❖ 도로(dhuru): 굳게 지키다. 보호하다. 호지하다.

❖ 미연제(viyanta i): 승리자. 아무도 이길 사람이 없는 자.

❖ 마하 미연제(mahaviyanta i): 위대하신 승리자.

다라 다라, 다린-나례-새바라.

도와주시옵소서! 도와주시옵소서! 제왕자재존이시여!

❀ 다라 다라(dhara dhara): 도와주십시오. 도와주십시오.

❀ 다린 나례 새바라(dhalindresvara): 제왕자재존帝王自在尊, 바로 '관세음보살님'이십니다. 관세음보살님은 중생이 고통 받는 곳이면 어디든지 나투실 수 있으므로 '자재自在'입니다.

❀ 자재自在 사전적 풀이로는 속박이나 장애가 없이 마음대로인 것을 말합니다.

자라 자라, 마라-미마라, 아마라-몰제, 예혜혜.

움직이소서! 어서 움직이소서! 본원청정한 분이시여! 청정원만한 분이시여! 어서 강림하시옵소서!

❀ 자라 자라(cala cara): 발동發動, 행동, 움직이다. 움직여서 우리에게로 오십시요.

❀ 마라 미마라(malavimala): 본원청정本源淸淨, 원래가 청정한 존재.

❀ 아마라 몰제(amalamurte): 청정본체淸淨本體, 청정원만淸淨圓滿, 무구청정無垢淸淨.

❀ 마라(mala): 오물, 때, 부정, 원죄, 진구塵垢.

❀ 예혜혜(ehyehe): (우리에게로) 오시기 바랍니다. 강림降臨하시기 바랍니다.

로제-새바라, 라아-미사-미나사야, 나베사-미사-미나사야, 모하 자라-미사-미나사야, 호로 호로, 마라 호로, 하례.

세간의 주인이신 자재존이시여! 탐독을 소멸케 하여 주시옵소서, 진독을 소멸케 하여 주시옵소서, 치독을 소멸케 하여 주시옵소서! 탐진치 삼독을 어서 빨리 가져가시옵소서! 거두어 가시옵소서! 청정본체인 분이시여!

❈ 로계 새바라(lokesvara): 세간의 주인. 관자재

❈ 라아 미사 미나사야(ragavisavinasaya): 탐독을 없애다.

❈ 라아 미사(ragavisa): 삼독 중의 탐독(貪毒; 탐욕스런 마음)

❈ 미나사야(vinasaya): 소멸, 파괴하다.

❈ 나베사 미사 미나사야(dvesavisavinasaya): 진독(瞋毒; 성내는 마음)을 없애다.

❈ 나베사 미사(dvesavisa): 삼독 중의 진독.

❈ 모하자라 미사 미나사야(mohacalavisavinasaya): 치독을 없애다.

❈ 모하자라 미사(mohacalavisa): 삼독 중의 치독(痴毒; 어리석은 마음).

❈ 호로 호로(huru huru): 취해 가다. 거두어 가다. '호로 호로' 이렇게 반복함으로써 '어서 빨리 가져가십시오'라는 강조의 의미가 있습니다.

❈ 마라(mala): 오물, 더러움, 때, 진구塵垢.

❈ 하례(hale): (더러움을) 가져가는 분, 즉 청정본체인 분, 원래부터 청정하여 더러워지려야 더러워질 수 없는 청정 그 자체인 분.

바나마−나바, 사라 사라, 시리 시리, 소로 소로, 못쟈 못쟈, 모다야 모다야

불연화시여! 어서 가까이 오시옵소서! 연꽃의 마음을 간직한 분이시여, 어서 빨리 나투시옵소서! 바르고 참된 지혜를, 그 참된 지혜를, 어서 빨리 깨닫게 하시옵소서!

❈ 바나마나바(padmanabha): 불연화佛蓮花, 깨우침의 꽃. 청정의 꽃, 관자재보살님.

❈ 사라 사라(sara sara): 가까이 오소서! 가까이 오소서!

❈ 시리 시리(siri siri): 연꽃이여! 연꽃이여!

❈ 소로 소로(suru suru): 나타나시옵소서! 나타나시옵소서!

❖ 못쟈 못쟈(buddhya buddhya): 각성, 참된 지혜.

❖ 모다야 모다야(bodhya bodhya): 깨닫게 하옵소서! 깨닫게 하옵소서!

(4) 별원別願

관세음보살님의 역할과 위신력에 따라 붙여진 열두 가지 상징적인
이름을 들어가며 관세음보살님에게 진언하는 내용입니다.

매다리야 니라간타, 가마사 날사남 바라하라-나야, 마낙 사바하.
(관세음보살의 첫 번째의 이름) 자비로우신 청경관음존이시여! 바라
는 바가 모두 이루어지는 큰 기쁨을 주시옵소서! 바라옵건대, 사뢰는
바가 모두 이루어지게 하여 주시옵소서!

❖ 매다리야(maitriya): 자비로운.

❖ 니라간타(nilakantha): 푸른 목, 청경관음靑頸觀音. 여기서는 청경관음을
  부르는 호격임.

❖ 가마사(kamasya): 욕망, 소망, 원망願望.

❖ 날사남(darsanam): 바라는 바가 모두 나타나다.

❖ 바라하라 나야(prahladaya): 큰 기쁨, 환희, 행복.

❖ 마낙(manah): 보살핌을 바라다. 필자는 '원하옵건대, 바라옵건대'로 해석합
  니다.

❖ 사바하(svaha): 사뢰는 바가 모두 이루어지게 하여 주시옵소서! 원래 '신들
  에게 공양을 바칠 때 내는 소리'를 뜻한다고 합니다.

싯다야 사바하.

(관세음보살의 두 번째 이름) 성취존이시여! 사뢰는 바가 모두 이루어
지게 하여 주시옵소서!

❀ 싯다(siddha): 위대한 신통력·신비한 초능력을 성취한 분, 성취존成就尊.
　자신을 죽이려다 죽은 적마저 살려내는 신통력과 자비심을 함께 갖춘 분.
❀ 야(aya): ~에게.

마하-싯다야 사바하.

(관세음보살의 세 번째 이름) 대성취존이시여! 사뢰는 바가 모두
이루어지게 하여 주시옵소서!

❀ 마하 싯다(mahasiddha): 대성취존大成就尊.
❀ 마하(maha): 큰, 대大, 견줄 데 없는, 성스러운.
❀ 야(aya): ~에게.

싯다-유예-새바라야 사바하.

(관세음보살의 네 번째 이름) 요가를 성취하신 자재존이시여! 사뢰는
바가 모두 이루어지게 하여 주시옵소서!

❀ 싯다유예새바라(siddhayogesvara): 요가를 통해 자재한 경지를 성취하신
　분께.
❀ 유예(yoge): 요가는 '절대자에 대한 성스러운 탐구'를 뜻합니다.
❀ 새바라(svara): 자재존自在尊.

❖ 야(aya): ~에게.

니라간타야 사바하.

(관세음보살의 다섯 번째 이름) 청경관음존이시여! 사뢰는 바가 모두
이루어지게 하여 주시옵소서!

❖ 니라간타(nilakantha): 푸른 목, 청경관음. 여기서는 청경관음을 부르는
   호격임.
❖ 야(aya): ~에게.

바라하-목카, 싱하-목카야 사바하

(관세음보살의 여섯 번째 이름) 멧돼지의 얼굴, 사자 얼굴을 한 분이시
여! 사뢰는 바가 모두 이루어지게 하여 주시옵소서!

❖ 바라하(varaha): 산돼지, 멧돼지. 비슈누신의 세 번째 화신化身.
❖ 목카(mukha): 얼굴.
❖ 싱하(simha): 사자, 비슈누신의 네 번째 화신.
❖ 야(aya): ~에게.

바나마-하따야 사바하.

(관세음보살의 일곱 번째 이름) 손에 연꽃을 드신 분이시여! 사뢰는
바가 모두 이루어지게 하여 주시옵소서!

❖ 바나마 하따(padmahsta): 손에 연꽃을 드신 분에게. '관세음보살님'입니다.

❖ 바나마(padma): 연꽃. 지혜, 깨달음의 상징.

❖ 하따(hasta): 손.

❖ 야(aya): ~에게.

자가라-욕다야 사바하.

(관세음보살의 여덟 번째 이름) 법륜의 주재자이신 분이시여! 사뢰는
바가 모두 이루어지게 하여 주시옵소서!

❖ 자가라 욕다(cakrayukta): 법륜法輪의 주재자. 법륜法輪은 자연의 윤회하는
   영원한 우주의 법칙을 말합니다.

❖ 자가라(cakra): 바퀴, 시간의 수레바퀴, 원반무기.

❖ 욕다(yukta): 절대영혼과 혼연일체가 된 위대한 영혼을 지닌 분.

❖ 야(aya): ~에게.

상카-섭나녜 모다나야 사바하.

(관세음보살의 아홉 번째 이름) 법라의 소리로 깨닫게 해 주시는
분이시여! 사뢰는 바가 모두 이루어지게 하여 주시옵소서!

❖ 상카섭나녜 모다나(samkhasabnane nibodhana): 법라法螺의 소리로 일깨워
   주는 분.

❖ 상카(samkha): 소라, 고동. 여기서는 깨우침을 주기 위해 부는 나팔의
   뜻입니다.

❖ 섭나녜(sabda): 진리의 소리, 음성.

❖ 모다나(nibodhana): 일깨움, 가르침, 알림.

❖ 야(aya): ~에게.

마하라-구타-다라야 사바하.

(관세음보살의 열 번째 이름) 위대한 금강저를 지니신 분이시여!
사뢰는 바가 모두 이루어지게 하여 주시옵소서!

❖ 마하 라구타 다라(mahalakutadhara): 큰 방망이를 가진 자.
❖ 마하(maha): 큰, 대大, 견줄 데 없는, 성스러운.
❖ 라구타(lakuta): 곤봉, 방망이, 금강저金剛杵. 무지無智와 무명無明을 타파하
  고 지혜의 빛을 가져오는 상징물.
❖ 다라(dhara): 가지다, 잡다.
❖ 야(aya): ~에게.

바마-사간타-이사-시체다-가릿나-이나야 사바하.

(관세음보살의 열한 번째 이름) 왼쪽 어깨에 흑사슴의 털가죽을 걸치신
승리자시여! 사뢰는 바가 모두 이루어지게 하여 주시옵소서!

❖ 바마사간타 이사시체다 가릿나 이나(vamaskanthadisastitakrsnajina): 왼쪽
  어깨에 흑사슴의 털가죽을 걸치신 분, 즉 승리자.
❖ 바마(vama): 왼쪽.
❖ 사간타(skantha): 어깨.
❖ 이사(disa): 쪽, 방향.
❖ 시체다(stita): 굳게 지키다.
❖ 가릿나(krsna): 흑사슴.

❖ 이나(ajina): 가죽.

❖ 야(aya): ~에게.

먀가라잘마-이바-사나야 사바하.

(관세음보살의 열두 번째 이름) 호랑이 가죽 옷을 입은 분이시여!

사뢰는 바가 모두 이루어지게 하여 주시옵소서!

❖ 먀가라 잘마 이바사나(vyaghracarmanivasana): 호랑이 가죽 옷을 입으신 분.

❖ 먀가라(vyaghra): 호랑이.

❖ 잘마(carma): 가죽.

❖ 이바사나(nivasana): 집, 옷, 내의.

❖ 야(aya): ~에게.

(5) 귀의문歸依文

나모 라다나 다라야야

삼보에 머리 숙여 절하옵니다.

❖ 나모(namo) / 나무南無: 계수(稽首; 몸을 굽혀 이마가 땅에 닿도록 하는 절),
  공경하여 예를 올리다.

❖ 라다나(ratna): 보배. 귀중품.

❖ 다라야(traya): 셋(三).

❖ 야(aya): ~에게.

나막 알약 바로기제-새바라야 사바하. (세 번 독송)

성스러운 관자재보살님께 머리 숙여 절하옵니다. 사뢰는 바가 모두
이루어지게 하여 주시옵소서!

❀ 나막(namah): 나무(南無; namo)와 같은 뜻.

❀ 알야(arya): 불타세존, 가장 존경스런 분.

❀ 바로기재 새바라(avalokitesvara): 성관자재聖觀自在, 관세음보살님

❀ 야(aya): ~에게.

❀ 스바하(svaha): 사뢰는 바가 이루어지게 하여 주시옵소서!

6. 찬탄讚歎: 사방찬, 도량찬

지금까지 구업을 씻고, 귀의하고, 찬탄하고, 자리이타의 보살심도
지었으며, 아미타 삼존과 십대보살을 증명법사로 모시고 관세음보살
님의 자비심을 담고 있는 천수다라니(대비주)도 공부했습니다. 여기
서도 찬탄이 등장합니다. 그러나 '사방찬'이나 '도량찬'은 앞서의 찬탄
과는 성격이 다릅니다. 자리이타의 보살심으로 관세음보살님의 대자
대비하신 마음(대비주)을 공부했으므로 이제는 수행의 순화된 모습을
보여줄 차례입니다. 순화는 옛날 자리自利의 마음에서 자리이타의
마음으로 변한 모습을 말합니다. 수행을 한다는 것은 변하는 것을
말합니다. 올바른 방향으로 말입니다. 앞에서 그것이 무상이고 무아
라고 밝힌 바 있습니다.

번뇌 망상이라는 더러운 때를 '관세음보살님의 자비심을 담고 있는
천수다라니의 물(水)로 모두 씻어내어(灑) 깨끗해진 청정한 마음'을

보여주어야 합니다. 여기서는 순화되어 청정해진 그 마음을 찬탄하는 의식입니다. 그리고는 참회의 단계로 넘어갑니다. 그 청정해진 마음으로 참회를 하는 것입니다.

1) 사방찬四方讚

일쇄동방결도량一灑東方潔道場　　이쇄남방득청량二灑南方得淸凉
삼쇄서방구정토三灑西方俱淨土　　사쇄북방영안강四灑北方永安康

참회는 청정해진 마음으로 하는 것입니다. 뒤에 나오는 '도량찬' 역시 참회에 앞서 도량(마음)을 깨끗이 하는 준비과정입니다. 여기서 해가 떠오르는 동쪽에서 쇄灑[26]를 시작하여, 남쪽 ⇒ 서쪽 ⇒ 북쪽 순으로 사방을 순회하며 물청소를 하여 도량을 깨끗이 하는 것은 우리의 마음 구석구석에 깊숙이 박힌 찌든 때(번뇌 망상)를 깨끗이 씻어낸다는 정화의 의미가 있는 것입니다. 나아가 온 우주 법계를 정화하는 의미가 되는 것입니다.

　여기서 사방을 한 바퀴 순회하는 순서로 동서남북이 아닌 동남서북의 순서를 택하고 있습니다. 동과 서로 나누고, 남과 북으로 나누는 것은 주관과 객관을 따지는 서양의 개념입니다. 춘하추동의 사계절을 순회 순환하는 동양철학의 천문天文과 오행五行사상과 일치하고 있습니다. 동방으로부터 시작하는 것은 동방이 해가 뜨는 생기生起의

---

26 물로 죄업罪業을 씻어낸다는 의미입니다.

방향이자 생기生氣의 방향이기 때문일 것입니다.

그러나 그런 것은 중요하지 않습니다. 동양사상이 됐건 서양사상이 됐건 모두 법계의 한 부분이기 때문입니다.

그럼에도 '사방찬'을 물을 뿌렸음에 초점을 맞춰 "이렇듯 물을 뿌림으로써 사악한 기운이 사라졌다."라고 한 해설을 보았습니다. 어느 사찰의 법회에서는 외국승려가 대나무가지 묶음으로 신도들의 몸에 물을 뿌리는 의식을 행하기도 합니다. 하지만 이런 견해나 의식은 동의하기 어렵습니다.

이는 강물에 몸을 씻음으로써 악업을 씻고자 했던 고대 인도인들의 신앙에서 나온 듯합니다. 관욕灌浴시식 또한 마찬가지입니다.[27]

---

[27] 세존께서 성도 후 최초로 설법을 개시한 녹야원에 인접한 바라나시라는 도시가 있습니다. 갠지스강(恒河)을 끼고 있는 이곳은 힌두나 자이나교 등의 종교인들은 물론 인도인들이 일생에 한 번은 가야 할, 살아서 가지 못하면 죽어서라도 가야 하는 성지로, 강기슭을 따라 인도인들의 종교의식을 위한 목욕 계단(ghāt)이 수십km나 펼쳐져 있는데, 인도인들은 이 강을 어머니 강이라는 뜻으로 강가(ganger)라 부릅니다.
계단은 천상계나 해탈의 세계로 가는 플랫폼(platfom)인 것입니다. 인도문화에서 계단은 '초월'을 의미합니다. 이곳에서의 목욕이 종교적 정화와 더불어 모든 위험으로부터 자신과 가족을 보호해준다고 믿습니다. 또한 죽으면 강가에서 화장하는 것을 최고의 행복으로 여깁니다. 강가에 몸을 담그는 것은 천상에 태어나거나 해탈을 위한 기원에 앞서 오염된 영육靈肉과 악을 정화하는 의미를 담고 있습니다. 그 정화된 몸으로 이 언덕(此岸)에서 고통스러운 윤회의 강을 건너 저 언덕(彼岸), 즉 천상계나 해탈의 세계로 가는 것입니다. 그러나 강가 (ganger)에서의 목욕으로 영육을 정화하여 천상에 태어나게 된다면, 강가에 사는 물고기는 모두 천상에 태어날 것입니다.

부처님께서는 물로 씻는 것(목욕)에 관한 말씀을 여러 번 하셨습니다. 한 예로 "고오타마시여, 만일 강물에 가서 목욕하면 곧 일체의 악을 깨끗이 없앨 것입니다."라는 범지의 말에, 다음과 같이 말씀하십니다.

"물로써 악업을 깨끗이 할 순 없느니라. 사람이 악업을 짓는 데 맑은 물이 무슨 소용이 있겠는가? 깨끗한 사람은 때와 더러움 없고, 깨끗한 사람은 항상 계戒를 말하며, 깨끗한 사람의 업은 언제나 청정한 행行을 가진다. 만일 산목숨 죽이지 않고, 주지 않는 것 가지지 않으며, 언제나 진실하여 거짓말하지 않는다면, '일체 중생은 편안하리라'는 것을 배워야 한다. 깨끗이 씻는 것은 착한 법(善法)으로 더러워진 마음을 씻는 것이다. 물은 단지 몸에 붙은 때만 없앨 뿐이다."[28]

이렇듯 부처님은 육신의 때가 아닌 마음(도량)의 때를 말씀하십니다. 하지만 현실은, 신도들이 교리공부는 뒷전이고 복이나 빌고 재나 올리는 무당 수준에 머물고 있습니다. 불교가 복이나 빌고 재나 올리는 종교가 아닌데도 말입니다. 이런 것들은 부처님 재세 시에는 없던 비불교적인 요소들인 것입니다. 이 같은 비불교적인 것이 없는 도량이 결도량潔道場입니다. 결潔은 깨끗하다는 뜻입니다.

그러다 보니 절에 가면 부처님 전에 올리는 예경보다 신중단을

---

28 『중아함경』 93 「수정범지경水淨梵志經」

향한 마음이 더 지극합니다. 남의 집을 방문하여 주인에게는 건성이고, 주인에게 해야 할 인사를 머슴에게 먼저 하는 꼴입니다. 신중神衆은 불법佛法을 수호하는 무리(衆)로 신앙의 대상이 아님에도 그 앞에 불전을 놓고 절을 하며 소원을 빌기 때문입니다. 어디까지나 신앙의 대상(주인)은 부처님 한 분입니다. 법회가 끝나고 신중단을 향하여 『반야심경』을 독송하는 것은, 신중들에 경배하는 것이 아니라, 그들 역시 공부를 해야 하는 육도중생들이기 때문에 같이 공부하여 공空의 이치를 깨닫자는 뜻입니다. 영가들에게 『금강경』이나 『법성게』 등을 들려주는 이치와 같습니다.

재(제)나 올리고 복이나 비는 신도들의 수준은 70년 전에나 지금이나 비슷한가 봅니다. 1947년 용담선사는 서산대사가 쓰신 참선 교과서인 『선가귀감禪家龜鑑』을 해설하시면서 해설판 머리말에서 이렇게 꾸짖고 계십니다.[29]

"참선은 불교신자만이 하는 것이 아니다. 아무 종교 신자나 어떤 직업이나 무슨 일을 하면서도 어디서나 아무 때나 다 할 수 있는

29 『선가구감』, 효림출판사, 2002. "용담선사는 생몰년 미상으로, 성은 김씨, 법명은 초안이며, 용담은 법호이다. 한용운 선생의 수제자로, 덕숭산 만공 선사의 회상에서 지도를 받아 득의처를 인정받았다. 그 뒤 『선가구감』 연구에 골몰하여 완벽한 번역과 풀이를 위해 정성을 다하였다. 또한 여러 고승들과 함께 '불교혁신 총동맹'을 결성하여 불교혁신운동을 전개하였고, 선학원 부이사장, 해동역경원 부원장 등을 역임하였다. 1948년 4월 19일, 신의주에서 병원을 하고 있던 동생을 만나겠다며 김구 선생과 함께 '정당사회단체 대표자연석회의'에 참석하러 월북하였으나, 그 뒤 소식이 단절되었다."

것이다. 이 글(선가귀감)에서 취미를 얻지 못할지라도 계속하여 읽는다면 누구나 참나(眞我)를 발견할 것이며, 우주만유의 최고 진리를 알아낼 것이다. 설사 그리 못되더라도 종교 신앙으로 위안이나 바라고, 은혜나 빌고 있지는 않을 것이다."

2) 도량찬道場讚

도량청정무하예道場清淨無瑕穢　　삼보천룡강차지三寶天龍降此地
아금지송묘진언我今持誦妙眞言　　원사자비밀가호願賜慈悲密加護

앞의 '사방찬'에서 사방에 물을 뿌려 도량을 깨끗이 했습니다. '도량찬'에서는 제일 먼저 도량이 깨끗해졌음을 이렇게 선언합니다. '도량청정무하예'라고 말입니다. 그러면 깨끗한 도량으로 삼보천룡이 강림하십니다. 삼보천룡을 모시고 묘妙진언을 독송합니다. 그리고는 도량을 깨끗이 하여 삼보천룡을 모시고 묘진언을 독송하는 공덕을 마음속으로 은근히 기대하는 것입니다. 그 부분이 '원사자비밀가호'입니다. 정말 드라마틱한 시나리오입니다.

　무슨 공덕을 기대하더라도 이 정도는 정성을 드려야 하지 않겠습니까? 평소에는 조용하다가도 입시나 진급철만 되면 절에 가서 합격을 비는 것과는 차원이 다릅니다. 관세음보살님 공부는 이렇게 자신이 그 장면의 주인공이 되어 그 대사(偈頌)를 자기 마음과 몸속에 녹여 없애는 것입니다. 이것이 수지독송受持讀誦입니다.

여기까지가 참회를 위한 준비과정이었다면, 다음 장에서는 본격적인 참회의 과정이 시작됩니다.

7. 참회懺悔: 참회게~참회진언

1) 참회게懺悔偈

아석소조제악업我昔所造諸惡業　개유무시탐진치皆有無始貪瞋癡
종신구의지소생從身口意之所生　일체아금개참회一切我今皆懺悔

참회란 과거의 모든 죄업을 스스로 깨달아, 남을 원망하는 마음, 미워하는 마음, 탐욕스런 마음, 어리석은 마음 등등 부정적인 마음을 씻어내어, 앞으로 다시는 그와 같은 죄업을 짓지 않겠다고 반성하며 다짐하는 것을 말합니다.

그러나 죄의 본질과 원인을 알아야 참회도 하는 것이기에 여기서는 그 죄가 시작도 없는 오랜 옛적부터 지어온 것이며, 그 죄는 탐욕스런 마음(貪心), 성내는 마음(瞋心), 어리석은 마음(癡心) 때문이라고 밝힙니다.[30] 이제 그러한 마음의 작용으로 인해 몸으로(身業), 입으로(口業), 생각으로(意業) 짓는 삼업三業을 모두 참회하는 것입니다.

---

[30] 이는 기독교의 원죄와 같습니다. 그러나 기독교의 원죄는 하느님에게 속죄하면서 평생 짊어지고 가야 하는 원죄이지만, 불교에서의 원죄는 스스로 참회함으로서 자력으로 죄업(업장)을 소멸할 수 있다는 점에서 기독교의 원죄와 차이가 있다 하겠습니다.

2) 참제업장 십이존불懺除業障 十二尊佛

나무참제업장보승장불南無懺除業障寶勝藏佛

보광왕화염조불寶光王火簾照佛

일체향화자재력왕불一切香華自在力王佛

백억항하사결정불百億恒河沙決定佛

진위덕불振威德佛

금강견강소복괴산불金綱堅强消伏壞散佛

보광월전묘음존왕불寶光月殿妙音尊王佛

환희장마니보적불歡喜藏摩尼寶積佛

무진향승왕불無盡香勝王佛

사자월불獅子月佛

환희장엄주왕불歡喜莊嚴珠王佛

제보당마니승광불帝寶幢摩尼勝光佛

앞에서 죄의 근원을 알았으니 참회를 해야 할 차례입니다. 열두 분의 부처님을 모시고 참회를 하고 업장을 소멸하는 것입니다. 무슨 선서를 할 때도 그 선서를 인정하고 증명해 줄 사람이 필요합니다. 참회를 할 때도 우리의 참회를 인정하고 증명해 줄 분이 필요합니다. 십이존불은 바로 그러한 역할을 하시는 부처님들이십니다. 그래서 십이존불의 명호를 차례로 불러 모시는 것입니다. 증명법사로 말입니다.

3) 십악참회十惡懺悔

살생중죄금일참회殺生重罪今日懺悔

투도중죄금일참회偸盜重罪今日懺悔

사음중죄금일참회邪淫重罪今日懺悔

망어중죄금일참회妄語重罪今日懺悔

기어중죄금일참회綺語重罪今日懺悔

양설중죄금일참회兩舌重罪今日懺悔

악구중죄금일참회惡口重罪今日懺悔

탐애중죄금일참회貪愛重罪今日懺悔

진애중죄금일참회瞋碍重罪今日懺悔

치암중죄금일참회癡暗重罪今日懺悔

이제 십이존불을 증명법사로 참회의 장으로 초대를 하였으니, 경건하고 진실한 마음으로 삼독과 삼업으로 지은 '십악중죄'를 낱낱이 고하며 참회하는 것입니다. 천주교의 고해성사와도 같습니다. 이를 사참事懺이라 합니다. 중죄重罪는 무거운 죄라는 의미도 있겠지만, 여기서는 시작도 없는 과거부터 자신도 모르게 또는 본의 아니게 반복(重)하여 지어온 죄를 말합니다.

　보통은 무거운 죄로 풀이합니다. 그런데 어떤 사찰에서는 더 나아가, 중죄(업장)를 지었으니 무슨 재[31]를 올려 업장을 소멸해야 죽어서

---

31 기도를 하고 수행을 하는 것은, 오늘의 삶을 반추하여 '현세에서의 가치 있는 삶'을 영위하기 위함이지, 내세에 천당이나 극락을 가고자 함이 아닙니다. 어느

극락 간다는 식의 법문을 하기도 합니다. 부처님의 가르침에는 재를 올려 업장을 소멸한다는 내용은 없습니다. 그렇다면 그들의 법문은 부처님을 욕되게 하고 불교의 타락을 자초하는 사이비입니다.

무슨 제(재)를 올려 고苦가 소멸되고 업장이 소멸된다면 인과因果는 없는 것이며, 더 이상의 수행도 필요 없으며, 연기와 중도를 말씀하시는 부처님 법은 더 이상 진리가 아닐 것입니다. 죽어 극락 가기를 비는 노력보다는 그 노력으로 살아생전 바르게 사는 공부를 해야 하지 않겠습니까? 이는 부처님을 포함해 모든 선현先賢, 성현聖賢들의 가르침입니다. 사는 동안 바르게 살아야 죽어서도 좋은 곳으로 가기 때문일 것입니다.

다음은 부처님이 들려주시는 아사라천의 아들인 가미니에 대한 법문입니다.

"세존이시여, 범지梵志는 스스로 잘난 체 하늘을 섬기면서, 어떤 중생이 목숨을 마치면 자유롭게 좋은 곳으로 오가면서 천상에 난다고 합니다. 세존께서는 법의 주인이시니, 원컨대 중생들로 하여금 목숨을 마치거든 좋은 곳에 이르게 하거나 천상에 나게 해주십시오."
"가미니야! 저 남녀들은 게을러서 정진도 하지 않고 악한 법을 행하며, 열 가지 선하지 않은 업도(十不善業道), 곧 생물을 죽이고,

---

누구도 가 본 적이 없는 사후세계를 논하는 것은 부처님도 금지한 비불교적인 것입니다.

주지 않는 것을 취하며, 삿된 음행을 하고, 거짓말을 하며, 나아가 삿된 견해를 성취했다. 그럼에도 여러 사람이 합장하고 그들을 향해 칭찬하고 요구했다고 해서, 이것을 인연으로 죽어서 천상에 태어날 수는 없다.

가미니야! 깊은 못에 무거운 돌을 던져 넣고, 여러 사람이 와서 저마다 합장하고 그것을 향해 칭찬하고 축원하면서 '돌아 제발 떠올라다오.'라고 말하면서, 저마다 합장하고 축원했다고 해서 이 인연으로 돌이 물 위로 떠오를 수 있겠느냐?

가미니야! 저 남녀들은 정진하여 부지런히 닦고 묘한 법을 행하여, 열 가지 선한 업도(十善業道)를 성취하여 살생을 떠나고, 주지 않는 것을 취하는 것과 사음과 거짓말과 삿된 견해를 끊어 바른 견해를 얻었다. 그런데 여러 사람이 저마다 합장하고 그들을 향해 칭찬하고 요구했다고 해서, 이 인연으로 죽어서 지옥에 태어날 수는 없다.

왜냐하면 가미니야! 이 열 가지 선한 업도는 깨끗하여, 자연히 위로 올라가 반드시 좋은 곳에 갈 것이기 때문이다. 가미니야! 그것은 마치 이 마을에서 멀지 않은 연못에 타락기름병(酥油瓶)을 던져 부수면 병조각은 밑으로 가라앉고 타락기름은 위로 떠오르는 것과 같다."[32]

---

32 『중아함경』 제3권 17, 「가미니경」

4) 업장소멸業障消滅과 진참회眞懺悔

백겁적집죄百劫積集罪   일념돈탕진一念頓蕩盡
여화분고초如火焚枯草   멸진무유여滅盡無有餘

❶ 백겁 동안이나 쌓이고 모인 모든 죄업도 일념으로 참회하면 모든 죄가 한 순간에 없어져서, 마치 건초더미에 불을 붙이면 순식간에 남김없이 다 타버리듯 남김없이 소멸되게 해 주시옵소서! (또는 소멸되어 지이다!)

죄무자성종심기罪無自性從心起   심약멸시죄역망心若滅是罪亦忘
죄망심멸양구공罪忘心滅兩俱空   시즉명위진참회是卽名爲眞懺悔

❷ 죄라는 것은 본래 실체가 없는데 마음을 따라 일어납니다. 여기서 마음(心)이라 할 때는 그냥 마음이 아니라 '죄를 일으키는 그 마음'을 말합니다. 죄를 짓는 그 마음이 없어지면, 죄 또한 없어지는 것입니다. 죄도 없어지고 죄를 짓는 그 마음도 소멸되어, 죄와 죄를 짓는 그 마음이 함께 사라져서 텅 비운 상태가 되면, 이것을 일러 진짜 참회(眞懺悔)라 하는 것입니다. 즉, 죄도 없고 죄를 생각하는 그 마음도 없어진 상태가 되는 것입니다. 모두가 공(空: 비움)의 상태입니다. 개공皆空입니다. 죄도 사라지고 죄를 생각하는 그 마음도 사라졌으니 죄는 없는 것입니다. 이러한 이치를 아는 것이 깨닫는 것이며, 참회이며, 수행입니다. 이를 이참理懺이라 합니다.

❸진정한 참회란 이처럼 이참의 측면에서 죄의 본질을 깨달아 앞으로는 죄 짓는 일을 반복하지 않겠다는 다짐이 될 때 수행이 됩니다. 중죄重罪의 의미를 시작도 없는 오랜 옛적부터 지어 온 무거운 (重) 죄라는 사참事懺의 측면에서만 강조한다면, 『천수경』은 업장소멸이니 뭐니 하면서 산 사람의 심정적 해탈과 죽은 사람의 극락왕생이나 빌어주는 무당 수준으로 떨어지고 맙니다.

불교는 수행을 통한 자리의 '개인적 완성'과 중생교화를 통한 이타의 '사회적 완성'이 이루어지는 것을 궁극적 목표로 하는 종교입니다. 중생교화란 자리이타, 즉 '개인적 완성(自利)'을 통한 '자비의 실천(利他)'을 말합니다. 자비의 실천을 통한 '사회적 완성'이 바로 불국토이며 정토입니다. 서방정토니 극락정토니 하는 것도 결코 멀리 있는 것이 아닙니다. 내 마음속에 있는 것이며, 살아생전에 있는 것입니다.

5) 참회를 하는 이유

마음을 편하게 하기 위해 참회를 합니다. 바르게 살기 위해 참회를 합니다. 목적하는 바를 이루기 위해 참회를 합니다. 성공하기 위해 참회를 하는 것입니다. 죄를 지으면 알게 모르게 마음이 편치 않습니다. 편치 않은 마음으로 무슨 일을 한들 잘 될 리가 없습니다. 그러니 마음을 편하게 하기 위해 참회를 하는 것입니다.

옛말에 "맞은 놈은 다리를 펴고 자나, 때린 놈은 웅크리고 잔다. 죄를 지은 놈은 항상 웅크리고 잔다."라는 말이 있습니다. 얼마나 불안하면 다리도 못 뻗고 웅크리고 자겠습니까? 죄를 짓고 사는 삶이란 이와 같습니다. 잠은 하루의 피곤함을 풀고 다음 날을 위해 충전을 해야 하는 시간입니다. 하지만 마음이 불안해서 다리도 못 뻗고 웅크리고 자서야 어디 피곤이 풀리고 충전이 되겠습니까? 그런 몸과 마음으로 무엇을 하겠습니까?

시험에 합격하고, 진급을 하고, 사업에 성공하기 위해서는 우선 마음부터 편하게 해야 할 것입니다. 참회를 하고 불교공부를 하는 것도 마음을 편하게 하기 위해서입니다. 항상 편안한 마음으로 바르게 사는 삶이 불교가 지향하는 목적입니다. 죽어서 천당에 가고 극락에 가는 것은 그 다음의 일입니다.

6) 참회진언懺悔眞言

옴 살바 못자 모지 사다야 사바하
옴 살바 못자 모지 사다야 사바하
옴 살바 못자 모지 사다야 사바하

❖ 살바(sarva): 일체, 모든.
❖ 못자(buddha): 부다, 부처님.
❖ 모지 사다(bodhisttava): 보리살타, 보살.
❖ 야(aya): ~에게.
❖ 사바하(svaha): 사뢰는 바가 또는 원하는 바가 이루어지이다.

참회진언은 '일체의 모든 부처님과 보살님들에게 머리 숙여 절하옵니다! 참회가 이루어지게 도와주시옵소서!'라는 뜻입니다.

이렇듯 참회를 할 때도 진언을 독송합니다.

8. 준제주准提呪

이 부분은 좀 헷갈리는 부분입니다. 『천수경』은 관세음보살님의 자비를 바탕으로 하는 경이므로 관세음보살님이 주인공입니다. 그런데 여기에서는 준제보살님을 찬탄하고 귀의하는 내용과 관세음보살님에 관한 '육자대명왕진언'이 함께 섞여 있으니 혼란스러운 것입니다.

불교에는 수많은 불보살님이 등장하므로 참으로 헷갈립니다. 절에 오래 다닌 신도들도, 관세음보살이 좋으냐? 지장보살이 좋으냐? 아미타부처님이 좋으냐? 약사여래부처님이 좋으냐? 등등을 묻습니다. 여기에는 하나를 선택하는 답이 없습니다. 모두 다 좋기 때문입니다. 선택은 자기 마음입니다. 관세음보살을 선택했으면 죽을 때까지 내가 관세음보살이 되겠다고 믿고 부르면 됩니다. 그러면 언젠가 관세음보살이 되는 것입니다.

여기에 등장하는 준제보살님도 관세음보살님으로 믿으시면 됩니다. 일단 관세음보살님을 선택했으면 설령 지장보살전에 가더라도 관세음보살님을 부르면 됩니다. 그러면 지장보살님도 관세음보살님이 되는 것입니다. 아니 굳이 지장보살전(명부전)에 갈 필요도 없습니다. 줏대 없이 남의 말을 듣고 어느 절의 관세음보살이 영험하다 하면 그쪽으로 우르르 갔다가, 또 누가 어느 절의 지장보살이 좋다 하면 다시 그쪽으로 우르르 몰려다니는 것은 올바른 신심이 아닙니다.

앞에서 올바른 믿음이 정신正信이며, 정신이란 정신淨信이라 했습니다. 정신(淨信: 깨끗한 믿음)이란 그렇게 무언가 좋다는 것을 좇아 이리저리 몰려다니는 믿음이 아닙니다. 그것은 부처님의 가르침에 역행하는 분별이자 망상이며 집착입니다. 나중에 번뇌(苦)를 낳기 때문입니다.

따라서 불교공부는 신(信: 믿음)도 중요하지만 해(解: 교리공부)도 중요합니다. 부처님 말씀을 옳게 이해하는 공부가 필요하다는 말입니다. 『천수경』 공부를 제대로 해야 하는 이유가 여기에 있습니다. 올바른 이해가 없으면 남의 말만 듣고 이 절 저 절 우르르 몰려다니게 된다는 말입니다.[33] 그렇게 몰려다니며 조급한 마음으로 무슨 기도를 하면, 기도에 대한 성급한 기대를 하게 됩니다. 그러다가 좋다는 곳을 찾아 열심히 기도했음에도 별무소득이라고 생각하면 분개하여 불교와 멀어지게 되는 것입니다. 이것이 스스로 짓는 번뇌요 망상이요 집착인 고苦입니다. 이렇게 안 하는 것을 행(行: 바른 신행)이라 합니다. 행이란 부처님 가르침에 따라 실천하는 것을 말합니다. 그렇게 실천하다 보면 언젠가 자신도 모르게 가피를 받습니다. 얼마만큼 받느냐고요? 믿는 만큼(信), 아는 만큼(解), 행한 만큼(行) 받습니다. 무슨 재를 올려서 가피를 입는 것이 아닙니다. 이를 증證이라고 합니다.[34]

---

33 일부 사찰에서 이를 부추기고 있는 것이 현실입니다. 기도영험을 홍보해야 신도들이 몰리기 때문에 '수행도량'보다는 '기도영험도량'으로 알려지길 원합니다. 주객이 전도된 것이지요. 수행을 해야 기도영험(가피)이 있는 것이지, 기도를 해야 수행이 되는 것은 아니기 때문입니다.

34 신, 해, 행, 증은 따로 떼어낼 수 없는 유기적인 관계입니다. ①올바른 믿음(信)이

이는 좋은 뜻으로의 인과因果입니다. 불교는 인과를 믿는 종교입니다.

1) 준제주찬准提呪讚

준제공덕취准提功德聚	적정심상송寂靜心常誦
일체제대난一切諸大難	무능침시인無能侵是人
천상급인간天上及人間	수복여불등受福如佛等
우차여의주遇此如意珠	정획무등등定獲無等等

란 부처님의 가르침을 믿고 따르는 것을 말하며, 불교라는 이름으로 행해지는
각종 사이비를 배척하는 것도 올바른 믿음이며, ②올바른 믿음을 위해서는
부처님 가르침에 대한 올바른 이해가 필요합니다. 그렇다고 팔만대장경을 다
공부할 순 없습니다. 우선 『천수경』만이라고 제대로 공부하여 올바로 아는
것이 해解입니다. ③아무리 많이 알더라도 실천이 없으면 올바로 안다고 할
수 없습니다. 지행합일知行合一, 즉 아는 만큼 실천하는 것이 바로 올바른 행行입니
다. ④행하면 이익이 있어야 합니다. 이익이 있기 때문에 믿는 것입니다. 불교에서
어느 가르침이고 행하여 이익이 없다면 올바른 가르침이 아닙니다. 그 이익이
바로 증證입니다. 그 이익은 근기에 따라, 쌓은 공덕에 따라 사람마다 천차만별일
것입니다(衆生隨器得利益). 이익은 참으로 중요합니다. 중생은 물론 불보살들도
이익이 없으면 행하지 않기 때문입니다. 중생들은 자신의 이기적인 이익을 목표로
하지만 불보살님들은 중생을 교화하여 이익되게 하는 것을 목표로 한다는 차이가
있을 뿐입니다. 수많은 경전의 말씀이 모두 중생을 교화하여 이익 되게 하는
가르침이기 때문입니다. 그러나 모든 경전이 고기 잡는 법만 가르칠 뿐 고기는
주지 않는다는 것입니다. 즉 복덕福德은 스스로 쌓아야 한다는 것입니다. 수행을
하라는 뜻입니다.

준제진언 독송에 앞서 준제보살에 대한 공덕을 찬讚하는 것입니다. 준제准提는 범어로는 cundi이며, 준니准尼로도 음역하며, 심성心性의 청정함을 의미합니다. 청정은 모든 번뇌 망상으로부터 벗어난 상태입니다. 여기서 준제보살은 준제관음보살로서 6관음 중의 한 분입니다. 즉 관세음보살님입니다.

2) 준제보살님께 귀의

나무 칠구지 불모 대준제보살南無 七俱胝 佛母 大准提菩薩

그리고는 칠구지불모이신 대준제보살님께 귀의하는 것입니다.

❀ 나무南無: 귀의한다는 뜻이라고 앞에서 배웠습니다.
❀ 구지(俱胝; koti): 억億. 따라서 칠구지七俱胝는 7억이란 뜻으로, 7억은 준제관음의 무한한 자비를 표현한 상징적인 숫자입니다.
❀ 불모佛母: 부처님의 어머니, 역시 대자재비의 상징입니다.

3) 정법계진언淨法界眞言

옴 람 옴 람 옴 람

법계를 깨끗하게 하는 진언을 독송합니다. '람'은 법계의 번뇌 망상의 찌든 때를 태워 없앤다는 뜻입니다.

❀ 옴(AUM): 다음 본문 해설 장에서 자세하게 설명할 것입니다.

❀ 람(ram)은 광명光明, 화대火大의 종자(지혜의 불, 번뇌를 태워 법계를 정화하는 불)라는 뜻입니다. 일부 법요집에는 '남'으로 기재되어 있습니다. 이는 람(ram)의 의미를 생각지 않고 전해오는 대로 독송한 결과일 것입니다.

4) 호신진언護身眞言

옴 치림 옴 치림 옴 치림

일체의 죄업을 소멸하고, 일체의 고뇌와 악몽을 제거하고, 일체의 부정不淨한 것으로부터 보호받으며, 일체의 원하는 바가 원만하게 이루어지기를 기원하는 진언입니다.

❀ 옴(AUM): 다음 본문 해설 장에서 자세하게 설명할 것입니다.

❀ 치림(dlim): 깊은 삼매에서 정법의 눈이 열려 관상觀相에 든 것을 상징합니다.

5) 관세음보살본심미묘육자대명왕진언觀世音菩薩本心微妙六字大明王眞言

옴 마니 반메 훔 옴 마니 반메 훔 옴 마니 반메 훔

관세음보살님의 미묘한 본심을 담고 있는 '진언 중의 진언'이라는 뜻으로 왕진언이라 합니다. 논자論者마다 약간씩 달리 설합니다. ①김무생의 설: 온 우주(Om)에 충만하여 있는 지혜(mani)와 자비

(padme)가 지상의 모든 존재(hum)에게 그대로 실현될지라.

②달라이라마의 설: 지혜와 방편이 불이不二의 일체를 이루고 있는 실천법에 의해서 부정한 '몸·말·마음'을 청정무구한 부처님의 '몸·말·마음'으로 바꾸는 것.

③총지종의 설: 이 육자대명六字大明의 소의경은 『대승장엄보왕경大乘莊嚴寶王經』입니다. 관음을 설한 경은 많으나 이 육자대명 '옴 마니 반메 훔'을 설한 경은 오직 이 『대승장엄보왕경』뿐입니다.

6) 준제진언准提眞言

준제진언은 준제보살님에게 귀의하는 진언으로, 모든 부처님의 어머니(佛母)이신 대준제보살님이 세상 사람들을 교화하시는 대자대비의 소리입니다.

나무 사다남 삼먁삼못다 구치남
다냐타,
옴 자례 주례 준제 사바하 부림
옴 자례 주례 준제 사바하 부림
옴 자례 주례 준제 사바하 부림

칠십억의 올바르게 원만히 깨달으신 부처님들께 귀의하옵니다. 이와 같이 귀의하오니, 옴! 준제보살님이시여! 어서 움직이셔서 사뢰는 바가 모두 이루어지게 하여 주시옵소서!

❖ 나무(namah): 귀의하다.

❖ 사다남(saptanam): 칠, 일곱의.

❖ 삼먁(samyak): 올바른, 정등正等.

❖ 삼못다(sambuddha): 원만히 깨달은 분.

❖ 구치남(kotinam): 십억十億의 복수複數.

❖ 남(nam): ~들, 복수複數.

❖ 다냐타(tadyatha): (앞에서 말한 바와 같이) 이와 같이.

❖ 자례(cale): 움직이다.

❖ 주례(cole): 일어나다.

❖ 준제(cundi): 청정존이시여,

❖ 사바하(svaha): 사뢰는 바가 모두 이루어지게 하여 주시옵소서!

❖ 부림(bhurim): 절대적인 주재자, 즉 관세음보살님을 일컫습니다. 준제보살
님도 결국은 관세음보살님의 다른 이름입니다.

7) 준제후송准提 後頌 및 서원誓願

아금지송대준제我今持誦大准提　즉발보리광대원即發菩提廣大願
원아정혜속원명願我定慧速圓明　원아공덕개성취願我功德皆成就
원아승복편장엄願我勝福遍莊嚴　원공중생성불도願共衆生成佛道

마지막으로 준제진언을 독송하면서 준제보살님께 서원합니다. '준제
보살님의 공덕을 찬탄하고 준제진언을 독송한 공덕으로 모두가 성불
하도록 도와주십사!' 하고 말입니다.

　다음 본문 해설 장에서 자세하게 설명할 것입니다.

9. 총원總願: 여래십대발원문, 사홍서원

인간이면 누구나 스스로 근신하고 자리이타의 마음으로 살아야 하는 것입니다. 이러한 삶은 종교를 불문하고 인간이면 가져야 할 '보편적인 삶의 가치기준'입니다. 보편적인 삶의 가치기준에 대한 바람이 바로 총원입니다. 총원은 우리 모두 그렇게 살겠다는 스스로의 다짐입니다. 또한 우리 모두 그렇게 살아야 하는 것입니다. 여기에 무슨 종교가 필요하고, 하느님이 필요하고, 부처님이 필요하겠습니까?

1) 여래십대발원문如來十大發願文

원아영리삼악도願我永離三惡道	원아속단탐진치願我速斷貪瞋癡
원아상문불법승願我常聞佛法僧	원아근수계정혜願我勤修戒定慧
원아항수제불학願我恒隨諸佛學	원아불퇴보리심願我不退菩提心
원아결정생안양願我決定生安養	원아속견아미타願我速見阿彌陀
원아분신변진찰願我分身遍塵刹	원아광도제중생願我廣度諸眾生

여래십대발원문은 과거 부처님께서 전생에서 인행시因行時에 중생제도를 위해 세웠던 열 가지 서원입니다. 가짓수로는 열 가지나 되지만 그 핵심은 꼭 모든 중생을 제도하겠다는 '원아광도제중생'과 물러서지 않는 보리심인 '원아불퇴보리심'입니다.

다음 본문 해설 장에서 자세하게 설명할 것입니다.

2) 발사홍서원發四弘誓願

이어서 사홍서원을 독송합니다. 사홍서원은 가장 대표적인 총원입니다. 그래서 법회에서 사홍서원을 독송합니다. 사홍서원은 『법화경』「약초유품」에 기인한다고 합니다. 자세한 이야기는 해설 장에서 다루겠습니다.

중생무변서원도衆生無遍誓願度	번뇌무진서원단煩惱無盡誓願斷
법문무량서원학法門無量誓願學	불도무상서원성佛道無上誓願成
자성중생서원도自性衆生誓願度	자성번뇌서원단自性煩惱誓願斷
자성법문서원학自性法門誓願學	자성불도서원성自性佛道誓願成

뭇 중생을 구제하겠다는 서원이 '중생무변서원도'이며, 대승 보살도입니다. 뜻은 좋지만 너무 거창합니다. 지키기가 어렵다는 말입니다. 서원은 자신과의 약속이자 자신의 의지입니다. 지키지 못할 약속이나 뜻을 세우는 것은 공상空想이고 공염불空念佛입니다. 한 급수 낮추면 '자성중생서원도'가 됩니다. 저의 견해로는 '자성중생서원도'가 제일 중요합니다.

자성自性 중생은 바로 나 자신(我)이고 나아가 내 가족입니다. 자신(自性)과 가족이나 잘 부양하겠다는 것이 '자성중생서원도'입니다. 지키지도 못할 '뭇 중생'을 구제하겠다는 거창한 '중생무변서원도'보다는 아주 현실적입니다. 모두가 사회에 해악을 안 끼치고, 직장인은 직장에 충실하고, 사업가는 세금 잘 내고 직원들 봉급 잘 주는 것이 최고의 중생구제입니다. 부모에게 큰 효도는 못할망정 속이나 안 썩히는 것이 효도이듯이 말입니다.

1968년도에 제정된 '국민교육헌장'에 나오는 다음 구절도 '자성중생 서원도'입니다.

"성실한 마음과 튼튼한 몸으로, 학문과 기술을 배우고 익히며, 타고난 저마다의 소질을 개발하고, 우리의 처지를 약진의 발판으로 삼아, 창조의 힘과 개척의 정신을 기른다."

『대학大學』에도 있습니다. "수신修身 제가齊家 치국治國 평천하平天下"하려는 유자儒者들의 노력이 중생구제를 위한 보살도인 것입니다.

불교를 공부한다고 하면서, 자기가 알고 있는 사고의 틀에 갇히면, 뜻도 모르면서 불생불멸이니 중생구제니 하는 언어에 함몰되게 됩니다. 아무리 좋은 경전이라도 거기에 함몰되면 더 이상 불교가 아닙니다. 부처님은 『금강경』 「정신희유분 제6」에서 "내가 말한 법이라는 것도 뗏목과 같은 줄 알라(知我說法 如筏喩者)."라고 하셨습니다. 그러니 강을 건넜으면 뗏목은 버리라는 것입니다.

이를 깨닫지 못한 덕산(782~865) 주선감周宣鑑은 『금강경소초』들을 싸 짊어지고 다니면서 "『금강경』에 대해 나보다 많이 아는 사람이 있으면 나와 보라!"라고 큰소리를 치고 다녀 별명이 주금강周金剛이었습니다. 그러나 용담선사를 만나 하룻밤에 깨닫고는 다음날 아침 그렇게 애지중지하던 『금강경소초』를 모조리 불살라버립니다.

시야를 넓혀 유가든 도가든 기독교든 부처님의 가르침으로 달아

(秤)보고 끌어다 쓸 수 있을 때, 실로 광대무변한 불법佛法의 세계를 자유롭게 헤엄칠 수 있는 것입니다. 그때가 유유자적입니다. 귀농을 하고, 산속에 들어가는 것만 유유자적이 아닙니다.

서양철학이니 동양철학이니 불교철학이니 하는 경계를 넘어설 때 비로소 삼라만상이 불법의 현현顯現이며, 화엄만다라이며, 부처님 가르침으로 보일 것이기 때문입니다. 송대의 소동파(1037~1101)는 계곡의 물소리조차 부처님 말씀이라고 하였습니다. 그 깊은 뜻을 알고자 하는 노력이 원해여래진실의願解如來眞實義입니다.

그래서 공부해야 하는 것입니다. 아는 만큼 보이기 때문입니다. 자기가 아는 것만 주장하는 것은 속 좁은 편견일 뿐 불교가 아닙니다.

10. 총귀의總歸依: 삼귀의

이제 마지막으로 삼보에 귀의하면서 『천수경』 여정은 끝이 납니다. 그러나 삼귀의의 예禮로써 『천수경』의 독송을 마치는 것은 이제 새로운 시작을 하는 것입니다. 이제 비로소 올바른 믿음(正信=淨信)을 가진 변화된, 즉 『천수경』 공부를 하기 전과는 아주 다른 진정한 불자佛子가 되는 것입니다. 여기에 "『논어』를 읽고 나서도 읽기 전과 다를 바가 없다면 『논어』를 읽지 않은 것이다."라는 말이 적용되는 것입니다.

마찬가지로 『천수경』을 독송하면서도 변한 것이 없다면 『천수경』을 독송한다고 할 수 없습니다. 이제 부처님의 법(진리)을 바르게 알고 각자 근기에 맞춰 또는 취향에 맞춰 올바른 수행을 하는

것입니다.[35]

소원을 들어주시는 영험한 부처님이나 관세음보살님은 멀리 계시는 것도 아니고, 특정한 절에만 계시는 것도 아닙니다. 바로 내가 다니는 절에 계시며, 근본적으로는 내 마음속에 계시는 것입니다. 『천수경』 여정의 궁극적인 목표는 바로 내 마음 속의 부처님을 찾아가는 것입니다. 궁극적으로는 나(我)를 찾는 여정입니다. 이것은 대단한 인연입니다. 불법에 대한 인연을 중국의 측천무후는 이렇게 노래했습니다. 앞서 살펴본 내용입니다.

무상심심미묘법無上甚深微妙法   백천만겁난조우百千萬劫難遭遇
아금문견득수지我今聞見得修持   원해여래진실의願解如來眞實義

"『논어』를 공부하는 사람 중에 ① 한 번 읽었으나 아무런 변화도 없는 사람이 있고, ② 읽고 나서 읽은 것 중에 한두 구절을 가슴에 새겨 기뻐하는 사람도 있으며, ③ 읽고 나서 그 뜻을 알아 기뻐 좋아하는 사람도 있으며, ④ 읽고 나서 기쁨에 겨워 자기도 모르게 손이 움직여 춤이 되고, 발이 움직여 온몸에 전율을 느끼는 사람도 있다."[36]

---

35 수행에는 주력, 참선, 간경, 염불 등등 여러 가지가 있습니다. 경전도 법화경, 금강경, 유마경, 화엄경, 열반경, 아함경 등등 수없이 많습니다. 또한 조사록에도 육조단경, 임제록, 서장, 벽암록, 선요, 선가귀감, 전등록, 수심결 등등 수없이 많습니다. 경전이든 조사록이든 자신의 근기와 취향에 따라 선택하여 공부하면 됩니다. 문제는 꾸준하게 하는 것입니다. 그리고 자신이 수행한 만큼 복(이익)을 받는 것입니다. 앞에서 밝힌 바 있습니다.

고 합니다.

성현의 가르침을 공부하면서, 우리는 어떤 부류의 사람인지 한 번 생각해 봅시다.

지금까지는 어떻게 하면 『천수경』을 쉽게 이해할 수 있는가에 대한 대의를 살펴보았습니다. 자세한 내용은 다음 장의 본문 해설 편에서 공부하도록 하겠습니다.

---

36 주자朱子의 『논어집주』 서설에 나오는 정자程子의 말씀입니다. "程子曰 讀論語 有讀了 全然無事者, 有讀了後 其中得一兩句喜者, 有讀了後知好之者, 有讀了後 直有不知手之舞之足之蹈之者."

2부 천수경 해설

경의 제목

현재 유통되는 독송용 『천수경』은 중국 당나라 때(658년) 서인도 승려 가범달마伽梵達磨가 한역漢譯한 『千手千眼 觀世音菩薩 廣大圓滿 無碍大悲心 陀羅尼經(천수천안 관세음보살 광대원만 무애대비심 다라니경)』을 모태로 합니다. 『천수경』의 원래 이름은 『천수천안관자재보살광대원만무애대비심대다라니경千手千眼 觀自在菩薩 廣大圓滿 無碍大悲心 大陀羅尼經』입니다. 『천수경』은 23자나 되는 긴 이름을 줄여서 부르는 약칭입니다.

　『천수경』은 아득한 옛날 천광왕정주여래天光王靜住如來 부처님이 처음 설하신 경이라고도 하고, 그 이전부터 있었던 것이라고도 합니다. 관세음보살님께서 "모든 중생을 안락케 하고 병을 없애주며, 중생의 수명과 풍요로움을 얻게 하고, 일체 악업중죄와 모든 장애와 재난을 여의며, 일체 청정한 법과 모든 공덕을 증장시키고, 일체 모든 일을 성취시키며, 모든 두려움을 멀리 여의고, 구하는 바 등을 만족시키고자" 이 경을 설하겠다고 부처님께 권청하자 부처님이 허락함으로서 이 경이 세상에 나오게 된 것이라고 합니다.

오늘날 법요집에서 만나는 독송용 『천수경』은 어느 한 사람에 의해 만들어진 것이 아니라 오랜 세월에 걸쳐 전해지면서 여러 경문이나 어록에서 좋은 글을 뽑아 만든 경입니다. 요샛말로 '엑기스'만 뽑아 만든 경입니다. 원래 '신묘장구대다라니'만 독송하던 것을 전송(前誦: '정구업진언'에서부터 '나무본사아미타불'까지)과 후송(後誦: '사방찬'에서부터 '나무상주시방승'까지)을 만들어서 독송하고 있는 것입니다.

경의 전래

우리나라에 언제 전래되었는지 정확한 연대는 알 수 없으나 당나라에 유학하였던 신라 승려들에 의해 유입된 것으로 추정됩니다. 이렇게 추정하는 이유는 당나라에 유학하였던 의상대사가 671년에 귀국하여 낙산 관음굴觀音窟에 이르러 예배하고 발원하면서 지었다는 「백화도량발원문」 때문입니다. 백화도량발원문에 십원十願, 육향六向 등 지금의 『천수경』 내용과 일치하는 부분이 있는 것으로 보아 의상대사가 전했다고 추정하는 것입니다.

관음신앙의 역사적 기록은 『삼국유사』에 전합니다. 자장율사의 부모님은 늦도록 자식이 없자 천 개의 관세음보살상을 조성하고 아들을 낳으면 시주하여 법해法海의 진량津梁이 되게 할 것을 축원하면서 관세음보살님에게 기도하였습니다. 어느 날 어머니가 별이 떨어져 품안으로 들어오는 태몽을 꾸고 석가모니가 탄생한 4월 초파일에 자장을 낳았다고 합니다.

의식경儀式經으로서의 천수경

현재 독송되는 『천수경』은 팔만대장경에는 없는, 한국불교에만 있는 독특한 경으로 『반야심경』과 함께 가장 많이 독송되는 경입니다. 여타 경전과는 달리 주로 법회나 행사 때 독송하는 일종의 의식경儀式經이라 할 수 있습니다. 한국에서의 불교의식은 『천수경』 독송으로 시작하여 『반야심경』을 독송하는 것으로 끝납니다.

1. 개경開經: 정구업진언~개법장진언

개경開經은 '경전을 독송하려고 경전을 열다, 펼치다'의 뜻으로 비단 『천수경』뿐만 아니라 금강경, 화엄경, 법화경 등등 경전을 독송하기 위해 경전을 펼치는 것을 말하며, 개경게는 경전을 독송하기에 앞서 독송하고자 하는 경전의 교리와 공덕을 찬미하는 문구입니다.

개경은 불자가 어떠한 자세와 마음가짐으로 경전을 독송해야 하는가를 말해주는 경전의 서문이자 송경의식誦經儀式입니다.

천수경의 개경은 1)정구업진언, 2)오방내외안위제신진언, 3)개경게, 4)개법장진언 등의 네 부분으로 나뉘어져 있습니다.

1) 정구업진언淨口業眞言

수리 수리 마하수리 수수리 사바하
수리 수리 마하수리 수수리 사바하
수리 수리 마하수리 수수리 사바하

(1) 정 구업진언淨 口業眞言

정구업진언을 사전식으로 풀이하면 '입으로 지은 죄(口業)를 깨끗이 하는(淨) 진언'이라는 뜻입니다. 여기서 주목해야 할 점은 구업口業도 아니고 진언도 아니고 바로 '정淨'입니다. '정淨'은 무엇을 깨끗이 한다는 뜻입니다. 불교는 마음을 닦는(修) 종교입니다. 마음을 닦는다는 것은 마음을 바로 쓴다, 마음을 깨끗이 한다는 뜻입니다. 따라서 '정淨'은 바로 수행을 의미합니다.

종교는 믿음(信心)을 바탕으로 합니다. 믿음을 말할 때 올바른 믿음, 즉 정신正信을 말하며, 정신이란 바로 깨끗한 믿음을 말합니다. 주관적인 분별심을 떠나 어떠한 번뇌 망상도 없는 깨끗한 믿음이 바로 정신淨信입니다. 부처님께서 수보리존자에게 하시는 말씀입니다.[37] 그와 같이 깨끗한 믿음이 수행의 바탕이 되며 정토의 바탕이 됩니다. 정토淨土는 국토를 정화한다는 뜻으로 차별과 분별과 고통으로 가득 찬 현실세계(국토)를 진리의 세계로 변화시킨다는 뜻입니다. 이렇듯 정淨의 의미는 단순히 깨끗이 한다는 정도의 차원을 넘어서는 매우 중요한 의미를 갖습니다.

구업口業은 '입(말)으로 지은 죄'라는 뜻입니다. 그러나 따지고 보면 마음이 지은 죄입니다. 말은 독자적인 의지가 없습니다. 말은 마음속의 생각이 소리(입)로 표출된 것에 불과합니다. 따라서 '정 구업'이라고 하면 바로 입(몸)과 마음을 깨끗이 한다는 의미가 됩니다. 이렇게 입과 마음을 깨끗이 하는 것이 바로 수행입니다. 수행은 결코 출가를

---

37 일념생정심一念生淨信: 『금강경』 제육 정신희유분正信希有分

하고 입산을 해야만 하는 것이 아닙니다.

경전은 부처님의 가르침이자 말씀입니다. 따라서 경전을 독송한다는 것은 부처님의 가르침에 따라 부처가 되겠다는 뜻이며, 부처님의 가르침에 따라 스스로 부처가 되라는 것이 불교입니다. 깨끗하지 못한 입(몸)으로 경전을 읽는다는 것은 부처님 말씀에 대한 모독입니다. 부처가 되겠다는 사람이 죄를 짓는다는 것은 말이 안 되기 때문입니다. 그러나 사람은 살면서 알게 모르게 죄를 짓게 마련입니다.[38] 어느 누구도 죄를 짓지 않고 살아간다는 것은 불가능한 것입니다. 또한 죄를 짓지 않은 사람만 경을 읽어야 한다면 경을 읽을 사람은 아무도 없을 것이며, 부처님은 우리와 너무 멀리 있는 것입니다.

그래서 경을 읽기 전에 '정 구업'을 하는 것입니다. 그리고는 '정 구업' 하는 진언을 독송하는 것입니다. 그래서 '정 구업진언'이 『천수경』뿐만 아니라 『법화경』, 『금강경』 등 모든 송경의식誦經儀式의 첫머리에 등장하는 것입니다. 경을 읽는 것은 입과 마음이 같이 읽는 것입니다. 입은 경을 읽고 있는데 마음으로는 다른 생각을 한다면 경을 읽는 것이 아니라 단지 소리를 지르고 있을 뿐입니다.

이렇듯 '정 구업진언'은 입(몸)뿐만 아니라 마음까지 깨끗이 하는 진언입니다. 그러나 '정 구업진언'은 경을 읽을 때만 하는 것이 아닙니다. 절에 가거나 불전佛前에 나아갈 때는 목욕재계하여 몸과 마음을 청정하게 합니다. 그렇지 못하면 두 손이라도 깨끗이 씻은 다음 경건한 마음으로 불전에 나아가 향을 사르고 예불을 합니다. 이렇게 목욕

---

38 『천수경』에서는 아석소조제악업我昔所造諸惡業이라고 합니다.

재계하고 불전에 나아가는 청정하고 경건한 마음이 바로 '정 구업진언'입니다.

어느 법요집에 보면 "범부들이 무량겁을 내려오면서 구업을 지어왔고, 술·고기·오신채 등을 먹어 입에서 악취가 나며, 침·가래 등이 있어 입이 깨끗하지 못하므로 천수경을 외울 때는 먼저 구업을 깨끗이 하는 진언을 외어야 한다."라는 해설이 있는데, 이는 자구字句에 얽매이는 잘못된 해설입니다. 그렇다면 가래가 끓는 인후염환자는 경을 읽지 말아야 합니까?

'정 구업진언'은 이와 같은 자구의 해석을 뛰어 넘습니다. 경을 읽을 때도, 불전에 나아갈 때도, 참회를 할 때도 '정 구업진언'을 해야 하는 것이며, 나아가 불자라면 일상생활에서도 늘 '정 구업진언' 하는 마음이 되어야 하는 것입니다. 따라서 '정 구업진언'은 불법佛法을 배우고 실천하며 바르게 살겠다는 스스로의 다짐이자 선언인 것입니다.

❀ 정淨: '정淨'은 "더러운 것을 정화淨化하다", "깨끗이 하다"라는 의미를 갖습니다. 불교에서의 '정'은 마음을 깨끗이 하는 수행을 의미합니다. 불교가 마음의 종교이기 때문입니다. 불자들의 바른 믿음을 정신正信이라고 할 때, 정신正信은 깨끗한 마음에서 나오는 믿음, 즉 정신淨信이어야 하는 것입니다.

☞ 眞言(진언)
범어梵語의 만트라(MANTRA)를 음사해서 만달라漫怛羅라고 하는데,

만트라를 허망하지 않은 진리의 말씀이라 하여 진언眞言, 미묘하고 신비한 힘을 가진 주문呪文이라 하여 신주神呪, 모든 이치가 다 갖추어 있다(總持: 총지)하여 다라니(Dharani)라고도 하는데, 다라니는 '기억하여 간직하다'라는 뜻입니다. 대체로 짧은 구절은 진언, 또는 주呪라고 하고, 긴 것은 다라니(Dharani) 또는 대주大呪라 합니다.

만(Man)은 마음, 트라(tra)는 파는 연장이라는 뜻으로, 만트라는 '마음속에 있는 진리를 파는 연장 또는 도구'라는 뜻이며, 만트라를 외우면 마음속에 있는 진리가 계발啓發되어 우주적 진리와 하나가 된다는 뜻입니다. 우주적 진리와 하나가 되는 세계가 바로 깨달음의 세계입니다. 깨달음은 존재하는 세계 자체의 차별적 실상에 눈뜨는 것입니다. 그 깨달음으로 인도하는 게송이 바로 진언인 것입니다.

청정한 마음에 비친 존재의 실상을 법계法界 또는 법신法身이라고 합니다. 화엄華嚴에서는 법계 자체를 청정법신 비로자나불, 밀교에서는 존재의 실상 자체를 인격화하여 대일여래大日如來라고 합니다. 비로자나는 바이로차나(Vairocana)의 음역으로 광명(태양, 日)을 온 누리에 두루 비친다는 광명변조光明遍照의 뜻입니다. 광명은 고요함과 빛을 동시에 가지고 있다고 해서 적광寂光이라고도 합니다. 그래서 비로자나불을 모신 법당을 대적광전大寂光殿이라고 합니다.

비로자나불은 모든 부처의 본질인 진리 그 자체를 인격화하여 모시는 법신불로서 온 우주에 두루 충만해 아니 계신 곳 없는, 그야말로 이 세상 우주 만물이 바로 비로자나불의 화현인 것입니다. 그리고 보면 우리의 눈앞에 펼쳐지는 들, 강, 산, 하늘, 바다, 숲 등 산하대지 모두가 진리의 실상을 드러내는 것 아닌 것이 없습니다.[39] 꽃피고

새우는 것을 물론 바람소리 물소리 모두 진리의 세계를 설하는 진언들입니다. 단지 우리가 미혹하여 그 소리를 들을 수 없을 뿐입니다.[40]

(2) 업業

업業은 산스크리트어로 '무엇을 짓다, 만들다'라는 의미의 까르마(Karma)를 번역한 말입니다. 업은 일상생활에서 살아가면서 생각하고, 말하고, 행동하는 일체의 모든 행위를 말하며, 선善과 악惡을 구분하는 의미는 포함되어 있지 않습니다.

실제로는 일상생활의 모든 행위에 권선징악勸善懲惡의 윤리적 규범을 결부시켜, 선한 행위를 '복福 짓는다'라고 하며, 악한 행위를 '업業 짓는다'라고 하여, 업은 복과 상반되는 나쁜 의미로 사용되고 있습니다. 업을 불교적 의미로 표현하자면 중생이 하는 말과 행동, 그리고 그 말과 행동을 일으키게 하는 생각을 말합니다. 업이나 업장業障이라고 할 때는 나쁜 의미로 쓰여 '업으로 인해 초래되는 나쁜 결과나 불행'을 의미하기도 합니다.

세속법에서는 말과 행동으로 인해 현실적으로 나타나는 결과치인 나쁜 행위에 대해서만 죄라고 하여 처벌을 합니다. 그러나 불교에서는 현실적으로 나타나는 결과치인 어떤 행위가 없다 할지라도 그와 같은 말과 행동을 일으키게 하는 '생각'까지도 의업意業이라 하여 그 자체만으로도 죄가 됩니다.

---

39 『법화경』에서는 이를 제법실상諸法實相이라고 합니다.
40 절이나 강연장에서 듣는 설법을 유정설법이라고 하고, 산하대지가 설하는 설법을 무정설법無情說法이라고 합니다.

오늘 짓는 업은 미래에 선악의 과보를 가져오는 근원이 됩니다. 즉 미래의 삶은 오늘 짓는 업에 영향을 받는다는 것입니다. 선업에 대해서는 선한 영향을 받지만, 악업은 악보惡報의 원인이 되어 스스로 악의 보복을 받는 것을 말합니다. 즉 우리를 둘러싸고 있는 고통의 근원은 바로 ① 잘못된 생각에서(意業) ② 잘못된 말을 하거나(口業) ③ 잘못된 행동(身業)을 함으로써 생겨난 것들입니다.

반대로 행복도 올바른 생각에서 올바른 말을 하거나 올바른 행동을 함으로서 비롯됩니다. 결국 신(身: 행동)・구(口: 말)・의(意: 생각) 세 가지(三業)가 행복과 불행(고통)의 인자因子이자 척도가 되는 것입니다. 이렇듯 행복과 불행은 삶에서 생겨납니다. 결국 삶에서 생겨난 문제는 삶 속에서 풀어야 하는 것입니다. 삶을 떠나서는 어떠한 불행이나 고통도 없앨 수 없기 때문입니다.

그래서 부처님은 이렇게 말씀하십니다. "네가 행한 과거의 업을 알려면 현재에 처한 너의 모습을 볼 것이며, 미래의 업을 알려면 현재에 네가 하고 있는 일을 보라!"[41]고 말입니다. 그러기에 바른 생각을 하고, 바른 말을 하고, 바른 행동을 해야 하는 것입니다. 부처님의 가르침대로 하면 바로 부처인 것입니다. 소승경전에서는 부처가 되는 방법론을 설하는 데 반해 대승경전에서는 부처는 무엇이고, 어떻게 사는 것이 부처답게 사는가에 대해 설하고 있습니다. 중생은 이미 부처이기 때문에 단지 부처답게만 살면 된다는 것입니다.

---

41 욕지전생사欲知前生事 금생수자시今生受者是 욕지내생사欲知來生事 금생작자시今生作者是.

단지 부처님처럼 마음 쓰고, 부처님처럼 말하고, 부처님처럼 행동하지 못하기 때문에 중생일 뿐입니다.[42] 이처럼 생각하고·말하고·행동하는 것(三業)에 따라 부처와 중생으로 구분되는 것입니다. 이것이 『화엄경』에서 제시하는 부처의 삶이자 가치관입니다.

① 삼업三業: 신身·구口·의意

　* 신업身業: 몸으로 짓는 업

　　－ 살생殺生: 생명을 죽이는 일

　　－ 투도偸盜: 투기하고, 시기 질투하는 일

　　－ 사음邪淫: 음탕한 행위

　* 구업口業: 입으로 짓는 업

　　－ 악구惡口: 악담 또는 나쁜 말

　　－ 양설兩舌: 남을 이간질시키는 이중적인 말

　　－ 기어綺語: 비단결처럼 교묘하게 꾸며서 하는 말

　　－ 망아妄語: 거짓말

　* 의업意業: 생각으로 짓는 업을 말합니다. 실제로 행동으로 옮기지는 않았으나 망상이나 나쁜 생각을 하는 것만으로도 죄를 짓는 것이 의업입니다.

　　－ 탐애貪愛: 탐욕스런 마음

　　－ 진에嗔恚: 성내는 마음

　　－ 치암痴暗: 어리석은 마음

---

42 심불급중생心佛及衆生 시삼무차별是三無差別: 마음과 부처와 중생은 차별이 없다.

② 행위의 선악에 따라

* 선업善業: 불자들의 자비행, 보시행, 보리심
* 악업惡業:『천수경』의 십악참회에서 열거하는 죄들을 말합니다.
* 무기업無記業: 선업도 악업도 아닌 자고, 일어나고, 먹고, 마시는 일 등등

③ 행위의 주체에 따라

* 공업共業: 행위의 주체가 여럿인 경우, 혼자만 잘 해도 안 되고, 여럿이 함께 잘 해야 되는 경우. 예를 들면 환경 문제, 교통 문제, 불량식품 문제, 청소년 문제, 교육 문제 등등
* 불공업不共業: 행위의 주체가 하나인 경우, 즉 나만 조심하면 되는 문제

④ 행위의 진행에 따라

* 사업思業: 생각에만 그치고 행위는 일어나지 않은 업
* 사이업思已業: 생각에 따라 이미 행동으로 옮겨진 것

(3) 진언과 노는 입에 염불하기

옛날에는 갓 시집온 새댁은 우물가에 오래 있지 못하게 했습니다. 여인네들이 우물가에서 반상회(?)를 하다 보면 시어머니 흉이나 보고, 남의 험담이나 하는 좋지 못한 말만 옮기기 때문에 새댁의 품성이 나빠질 것을 염려해서였습니다.

말은 그 시대의 사회상을 반영합니다. 요즘 정치권에서 내놓는

성명이나 유튜브에서 생산하는 말들은 거칠 기가 이를 데 없습니다. 거친 말은 시대가 그만큼 거칠다는 뜻입니다. 일상생활에서 하는 말은 이렇게 엄청난 힘을 갖고 있습니다. 한 시대를 거칠게 만들기도 하고 또는 부드럽게 만들기도 하기 때문입니다.

그래서 옛사람들은 거친 말을 경계했습니다. 실로 말이란 한 마디의 말로써 천 냥 빚을 갚는가 하면, 필요 없는 말을 하여 비난을 받기도 하며, 남의 마음을 아프게도 하고, 남을 죽게도 합니다. 무심코 내뱉은 한마디가 주먹보다 큰 상처를 주는가 하면 무심코 던지는 말 한마디가 한 아이의 운명을 결정짓는 경우도 있습니다. 가난한 유대계 이민자의 아들인 솔 벨로우(Saul Bellow)가 노벨문학상을 탈 수 있었던 것은 초등학교 때 선생님이 무심코 해준 "너는 노벨상 감이야!"라는 한마디의 말이었다고 합니다.

유고의 초대 대통령을 지낸 티토(Josip Broz Tito, 1892~1980)와 미국의 대주교 풀턴 신(Fulton Sheen, 1895~1979)에 대한 이야기도 있습니다.

어느 시골 작은 성당의 주일 미사에서 봉사활동으로 신부를 돕던 어린 소년이 성찬용 포도주 그릇을 떨어뜨렸다. 그러자 신부가 어찌할 바를 몰라 쩔쩔매고 있는 소년의 뺨을 때리며 버럭 소리쳤다. "다시는 재단 앞에 나타나지 마라." 소년은 그 일 이후 일생 동안 천주교에 발을 딛지 않았다. 이 소년이 바로 공산주의 대지도자인 유고의 '티토' 대통령이다.

어느 큰 도시 주일 미사, 신부를 돕던 소년이 역시 실수해 성찬용 포도주 그릇을 떨어뜨렸다. 신부는 놀라 떨며 금방 울 것 같은 소년을 사랑 어린 눈으로 쳐다보며 가만히 속삭였다. "괜찮다. 일부러 그런 것이 아니잖니? 나도 어릴 때 실수가 많았단다. 너도 신부가 되겠구나." 이 소년이 유명한 대주교 '풀턴 신'이다.[43]

이처럼 무심코 던지는 말 한마디가 사람의 운명에까지 영향을 미치는 것입니다. 그래서 말을 가려 해야 하는 것이며 좋은 말을 해야 하는 것입니다. 일상생활에서 늘 맑고 밝은 말, 긍정적인 말, 희망적인 말, 격려하는 말, 진실한 말, 고운 말을 써야 하는 이유는 간단합니다. 부정적인 말을 하면(비록 농담일지라도) 부정적인 상황을 초래하여 그 사람의 미래를 부정적인 나락(지옥)으로 빠지게 합니다. 반대로 긍정적인 말을 하면 긍정적인 상황을 초래하여 그 사람을 밝은 미래로 인도합니다. 말이 씨가 되기 때문입니다. 이처럼 말이 씨가 되는 긍정적인 말이 바로 진언입니다. 반대로 부정적인 결과를 초래하는 말은 구업이 되는 것입니다.

진언眞言은 진실한 말, 참된 말, 말이 씨가 되어 현실화되는 말을 말합니다. 똑같은 말을 계속해서 반복할 때 그 말한 것이 현실로 나타날 때 진언이 되는 것입니다. 진언은 다른 말로 주문呪文이라고도 합니다. 주문에서 '주呪'는 입으로 소리를 냄으로써 우주에 충만한 생명의 근원 에너지를 불러들인다는 뜻입니다. 주문, 즉 진언은 신비

---

43 이규호, 『말의 힘』, 제일출판사, 1974.

한 힘을 지닌 초월적인 언어인 것입니다.

　일본의 어느 재벌에게 부자가 되는 비결을 물었더니, "나는 억수로 재수 좋은 사람이다!"라는 말을 하루에 천 번씩 하라고 하더랍니다. "감사합니다!"라고 하면 실제로 감사할 일이 생기는 것과 같은 이치입니다. 진언의 효과는 이런 것입니다. 같은 사고를 당해서도 "그래도 이만하기가 다행이지" 하는 사람과 "아휴 재수 없어! 난 왜 늘 이 모양이지?" 하는 사람의 미래는 결코 같을 수 없을 것입니다. 매사에 부정과 불평불만을 늘어놓는 사람은 결코 밝은 미래를 기대할 수 없습니다. 무릇 입이란 재앙과 복이 동시에 드나드는 문이기 때문입니다.

　그래서 옛사람들은 좋은 말을 하여 공덕을 쌓고자 하였습니다. 나쁜 말을 하여 구업을 쌓기보다는, 기왕 말을 할 바에는 좋고 긍정적인 말(德談)을 함으로서 밝은 미래를 희망하였을 뿐만 아니라, 말을 안 하고 쉴 때에는 그냥 있지 않고 염불이라도 해서 부처님 공덕을 쌓고자 하였습니다. 바로 '노는 입에 염불하기'였습니다.

　우리가 관세음보살님의 존호를 부르며 정근을 하는 것은 염불을 하여 공덕도 쌓고, 그 공덕으로 긍정적인 상황을 창조하여 밝은 미래로 나아가기 위함입니다. 지극한 마음으로 관세음보살님을 부르면서 염불을 하다 보면 자신도 모르게 관세음보살님과 하나가 되어 관세음보살님의 자비와 지혜를 얻게 되는 것입니다. 관세음보살님의 자비와 지혜를 얻는 생활이 행복한 생활이며, 그 공덕은 바로 행복인 것입니다. 소리 내어 독경을 하고 염불을 하는 이유가 여기에 있습니다. 진실한 말, 즉 진언이 지니고 있는 힘이란 이러한 것입니다.

그래서 송경의식 첫머리에 '정구업진언'을 둔 것입니다. 필요 없는 말을 해서 구업을 짓지 말고, 구업을 짓는 그 시간에 성현의 말씀(경전)을 독송하여 삶(수행)의 근본으로 삼으라는 뜻입니다.

(4) 구업과 묵언默言

일상생활에서 말을 많이 하면 그만큼 생각이 복잡해지고, 생각이 복잡해지면 정서가 불안해집니다. 정서가 불안하면 다시 말을 많이 하게 됩니다. 한 번 거짓말을 하게 되면, 그 거짓말에 변명을 하게 되고, 다시 변명에 변명을 하고, 이런 식으로 말이 꼬리에 꼬리를 물다 보면 나중에는 필요 없는 말만 하게 되고, 이 필요 없는 말이 구업이 됩니다.

생각이 머릿속에 떠올랐더라도 말로 표현하지 않는다면 의업意業은 짓겠지만, 구업口業은 짓지 않게 됩니다. 그러나 말을 하지 않으면 의업도 짓지 않게 됩니다. 말을 하지 않으면 그만큼 생각이 단순해지고 마음이 고요해지기 때문입니다. 일생생활에서 말을 하지 않고 살 수는 없지만 적게 하고 살 수는 있습니다. 말을 적게 하다 보면 필요 없는 말은 하지 않게 되고, 필요 없는 말을 하지 않게 되면 구업을 짓지 않게 됩니다. 이렇게 구업을 짓지 않으려는 노력이 불교공부의 시작이자 수행의 시작입니다.

말을 적게 하는 것도 좋지만 더 좋은 것은 묵언默言입니다. 선방에서 정진 중에는 묵언을 합니다. 묵언을 함으로서 번뇌 망상에 이리저리 끄달리는 것을 막고, 고요한 마음을 오랫동안 붙잡아두기 위함입니다. 고요한 마음이 본래의 마음이며(本來面目), 본래의 마음을 찾아가는 것이 수행입니다. 이처럼 수행이 따로 있는 것이 아닙니다. 삶(생활) 속에서 구업을 짓지 않는 것이 수행입니다. 따라서 수행은 '정구업'으로부터 시작된다고 할 수 있습니다.

(5) 정어(正語: 바른 말): 부처님 말씀

구업 때문에 말을 안 하고 살 수는 없습니다. 말은 인간의 사상과 감정을 표현하거나 전달하는 의사소통의 수단이자, 누구나 자기를 표현하고 싶은 욕구를 가지고 있기 때문입니다. 그러므로 같은 말은 사용하면 구성원 간에 동질성이 생기고, 그로 인해 의사소통이 가능해지고, 사회생활과 공동생활이 가능한 것입니다. 그래서 인간은 누구나 태어나면 제일 먼저 언어를 배우는 것입니다. 언어를 통해서 수많은 지식을 축적하고 역사적 사실이나 지식의 전달은 물론 문화의 계승발전도 가능한 것입니다. 이렇듯 인간은 물이나 공기 없이 살 수 없듯이 말 없이도 살 수 없는 것입니다. 말의 기원에 대해서는 학자들이 다양한 주장을 하고 있지만, 인간이 발명한 가장 중요한 표현수단인 것만은 분명합니다.

이제 우리는 말에 대한 올바른 인식을 해야 합니다. 말에 대한 올바른 인식이란, 일찍이 부처님께서 설說하신 바른 말(正語)에 대한 규범으로, 정견正見[44]과 정사유正思惟[45]에 따르는 바른 언어행위와

---

44 정견正見이란 아집, 독단, 편견, 선입견 등을 떠난 중도中道의 관점에서 사물이나 존재를 바라보는 올바른 견해, 또는 그에 대한 올바른 이해를 말합니다. 부처님께서 일찍이 바른 견해(正見)에서 바른 사유(正思惟)가 생기고, 바른 사유에서 바른 말(正語)이 생기고, 바른 말에서 바른 행동(正業)이 생기고, 바른 행동에서

언어생활을 말하는 것입니다. 바른 언어행위와 언어생활이란 삿된 말, 즉 거짓말, 아첨하는 말, 중상 모략하는 말, 책망이나 비난하는 말, 욕하는 말, 성내는 거친 말, 무의미한 농담, 쓸데없는 잡담, 이간질 하는 말 등등을 안 하는 것을 말합니다.

부처님께서는 『법구경』에서 "남이 듣기 싫어하는 말을 하지 말라. 남도 너에게 그렇게 말할 것이다.", "원망하는 자에게 성내지 않으면 원망은 스스로 없어질 것이다.", "남을 책망하기를 좋아하지 말고 스스로 몸을 살피기에 힘쓰라."라고 하셨습니다. 이처럼 바른 말이란 성내지 않고, 부드럽고, 온유하며, 남에게 덕을 끼치는 말을 말합니다.

그러나 좋은 말일지라도 악한 자를 칭찬하거나 악한 자에게 받는 칭찬은 경계하고 계십니다. 악한 자에게 칭찬을 받거나 악한 자를 칭찬하는 것은 모두 악이며, 입으로 거간꾼 노릇을 하거나 싸우기를 좋아하는 것은 뒤에 편안함이 없다고 하셨습니다. 또 거짓을 말하거나 함부로 말하면 지옥에 떨어진다고도 하셨습니다. 거짓말은 공동체의 단결을 해치고 신뢰를 잃게 하기 때문입니다.

요즘 우리 사회에 난무하는 거짓광고, 거짓상술, 불량상품, 유튜버들의 무분별한 주장, 정치인들의 거짓말이나 편을 갈라 상대를 비방하는 성명 등등이 우리 사회를 병들게 하는 말들입니다.

부처님은 항상 입(말)조심을 당부하면서, 화합과 우의를 다지는

바른 생활(正命)을 영위한다고 하셨습니다.
45 정사유正思惟란 올바른 사유, 올바른 생각을 말합니다. 속된 탐욕이나 악의, 증오, 폭력 등의 잘못된 생각에서 벗어난 사유를 말합니다. 결과적으로는 이기적 탐욕을 떠난 이타심, 자비심, 비폭력 등을 의미합니다.

말, 사랑스럽고 부드러운 말, 사람들이 들어서 기뻐할 예의바르고 유쾌한 말을 해야 하며, 쓸데없는 잡담이나 농담을 삼가고, 적절한 때에 사실을 말하고 좋은 말을 하며, 가르침과 계율에 합당한 말을 해야 한다고 하였습니다. 적절할 때 하는 말은 가치가 있고, 조리에 맞고, 절제되고, 이익이 있는 말이라고 하셨습니다.

그러나 말만 뻔지르하고 행동이 따르지 않는다면 공허한 헛소리가 됩니다. 그래서 『법구경』에서 "항상 생각한 뒤에 말하되, 말씨가 거칠지 않아야 하며, 법을 설명하고 이치를 설명하되 말한 것은 행하여 어기지 않아야 한다."고 하셨습니다. 바른 말과 이에 따른 바른 행동(실천), 즉 언행일치를 강조하신 것입니다.

누구나 복을 받고자 합니다. 그 복은 바로 바른 말과 그에 따른 바른 행동이 일치 될 때 따라 오는 것이라고 하셨습니다.

여래십호如來十號[46] 중에 하나가 명행족明行足입니다. 다른 말로 각행원만覺行圓滿입니다. 지혜智慧[47]인 각覺과 실천인 행行이 원만하신 분, 구족具足하신 분이라는 뜻입니다. 여기서는 정어正語가 지혜입

---

46 여래십호란 부처님이라는 말과 동의어로서, 경전에서 사용하고 열 가지의 다른 이름이 있습니다. 여래如來·응공應供·정변지正遍知·명행족明行足·선서善逝·세간해世間解·무상사無上士·조어장부調御丈夫·천인사天人師·불세존佛世尊입니다. 이상의 십호 외에도 부처는 대사大師·도사導師·무니牟尼·대선大仙·일체지(一切智, sarvajñātā: 全知者)·복전(福田, pṇya-kṣetra: 복덕을 기르는 밭) 등으로 불리고, 또 태양·목우牧牛·사자獅子 등에 비유될 때도 있습니다.

47 여기서는 부처님이 당부하시는 정어正語, 즉 바른 말과 나쁜 말을 구분하여 알고 사용하는 것이 지혜입니다. 결국은 부처님의 말씀을 이해하는 것이 지혜입니다.

니다. 그러나 그러한 지혜에 실천(行)이 없다면 올바른 지혜가 아닙니다. 각과 행을 함께 갖추었기 때문에 명행족明行足 부처님입니다. 유가에서도 군자의 조건이 지행합일知行合一입니다. 실천을 강조하는 대목입니다. 우리 모두 바른 말을 하여 복을 지어야겠습니다. 이렇듯 복은 받는 것이 아니라 스스로 짓는 것입니다.

(6) 수리 수리 마하수리 수수리 사바하
앞에서 이미 '정 구업'을 했으니 이제 진언을 외워도 되는 것입니다.

> 길상존이시여, 길상존이시여, 위대한 길상존이시여! 영광된 길상
> 존이시여! 원하는 바가 이루어지게 하여 주시옵소서! (원하는
> 바가 이루어지이다!)

여기서 길상존을 "관세음보살님이시여!" 또는 "부처님이시여!"라고 해도 됩니다. 아주 좋은 진언입니다.

❀ 길상吉祥: 청정하고 가장 영광스러운 상태. 축원과 찬탄의 뜻이 함축되어
  있습니다.
❀ 길상존: 더 없이 존귀한 분.
❀ 수리(sri): 영광. 길상. 찬탄과 축원하는 말. 맑고도 거룩한, 청정.
❀ 마하 수리(maha sri): 위대한 영광, 대 길상.
❀ 마하(maha): 위대한, 견줄 데 없는.
❀ 수수리(susri): 지극히 영광된 님, 광휘로운 님.

☞ 사바하(svaha: 스바하)

기도하는 바가 또는 원하는 바가 또는 사뢰는 바가 ①모두 마음먹은 대로 이루어지게 하여 주시옵소서! 또는 ②모두 마음먹은 대로 이루어지이다!

이렇듯 스바하(svaha)는 기도의 원만 성취를 기원하는 기도후렴구입니다. 원래의 의미는 고대 인도에서 신들에게 공양을 바칠 때 내는 찬미의 소리였다고 합니다. 공양하고, 찬미하고, 서원한 다음, 다시 한 번 "원하는 바가 원만히 이루어지게 하여 주시옵소서!"라고 기도하는 것은 어느 종교를 막론하고 정형화된 기도의 형태라 할 수 있습니다.

불자들이 즐겨 찾는 남해 보리암, 동해 홍련암, 강화 보문사, 여수 향일암 등등 유명 관음기도처가 모두 바닷가에 있는 것은 바로 '스바하'와 관련이 있다고 합니다. 중국 보타·낙가산의 해수관음도 절강성 동해바다에 있습니다. 이유는 '스바하'가 바닷물이 육지로 몰려올 때 내는 '솨아하' 하는 파도소리와 발음이 같아서 바닷가의 파도소리가 바로 진언이라는 것입니다.

따라서 바닷가에서 기도하면 파도가 칠 때마다 "바닷가 기도처의 영험함이 '스바하'(모두 마음먹은 대로 이루어지게 하여 주시옵소서! 또는 이루어지이다!)"라는 진언(해조음)과 자신의 기도가 겹쳐져서 더욱 영험한 기도 성취의 가피가 있다는 것입니다. 속된 말로 기도발이 받는다는 것입니다.

또한 파도소리는 스트레스를 풀어주고 긴장된 마음을 진정시키는 역할을 한다고 합니다. 파도소리가 뇌파를 알파파로 떨어뜨리는 작용을 해서 산란한 마음을 진정시키는 효과가 있다는 것입니다. 바닷가는 뭔가 정적이고, 특히 겨울 바닷가는 정적이다 못해 쓸쓸하기까지 한 것은 아마도 파도소리가 주는 알파파의 작용인 것 같습니다.

바닷가의 정적인 분위기 속에서 정적인 기도를 하는 것은 참으로 잘 어울리는 궁합이라고 여겨집니다. 참선이나 명상은 물론 기도를 하면 뇌파가 알파파로 떨어진다는 것은 이미 잘 알려진 사실이기 때문입니다. 물론 기도는 정적인 상태에서 하는 것이지 산란한 마음으로 하는 것이 아닙니다. 정적인 상태에서 기도를 하건, 산란한 마음에서 기도를 해서 정적인 상태에 이르건, 수많은 신도들이 바닷가 관음기도처를 찾는 것은 그곳에서 경험한 자신만의 영험함이 있었거나 그러한 입소문이 있기 때문일 것입니다.

2) 오방내외안위제신진언五方內外安慰諸神眞言

나무 사만다 못다남 옴 도로도로 지미 사바하
나무 사만다 못다남 옴 도로도로 지미 사바하
나무 사만다 못다남 옴 도로도로 지미 사바하

오방내외안위제신진언은 오방 내외에 두루 계시는 모든 신들께 드리는 귀의문歸依文이자 청원문입니다. 오방(동서남북, 중앙)에 있는 모든 신들을 위무하여 편안하게 하는 일, 즉 『천수경』을 열기 전에 오방 내외에 두루 계시는 모든 신들(諸神)[48]께 『천수경』 공부가 잘 되게

---

48 제신諸神이라 하면, 조상신이나 선신善神은 물론 수행을 방해하는 악신惡神까지

도와 달라고 도움을 청하는 행위가 바로 '안위제신'이며, 그 진언이
바로 '나무 사만다 못다남 옴 도로도로 지미 사바하'입니다.

(1) 오방내외안위제신진언五方內外安慰諸神眞言
"시방삼세에 계신 많고 많은 제신諸神들께 부탁합니다. 제가 이제
관세음보살님의『천수경』공부를 하고자 하오니 용맹정진할 수 있도
록 도와주시옵소서!" 하며 모든 신들을 위무하는 행위가 바로 '오방내
외안위제신진언'입니다.

집안에 수험생이 있으면 TV 소리도 줄이고 말소리도 조용조용하며,
집안 식구 모두가 수험생이 공부에 전념할 수 있도록 도와줍니다.
누가 방해를 하면 아무리 공부를 잘 하고 싶어도 잘 할 수 없습니다.
따라서 제신이란 공부하는데 시끄럽게 떠드는 방해꾼이라 할 수도
있습니다. 다른 해설서나 사찰 web-site에 올려진 "오방 내외에 신중神
衆49을 모시는 진언"이라는 해설은 잘못된 것입니다.

따라서 '오방내외안위제신진언'은 실제로 독경, 기도, 염불, 참선

도 포함한 모든 신을 포함한다고 이해하면 됩니다.

49 『화엄경』에서 불법을 호지護持하고 옹호하는 제신諸神·신중神衆을 화엄성중,
화엄신중, 화엄신장 등으로 일컫습니다. 이들을 모신 단을 신중단이라 하며,
신중단을 향하여 반야심경을 송誦하는 것은 그들도 우리와 같은 중생이므로
『반야심경』을 듣고 깨달으라는 뜻이며, 불법을 수호하는 선신善神들에 대한
감사를 나타내는 것일 뿐 신앙의 대상으로 경배하는 것은 아닙니다. 어디까지나
신앙의 대상은 부처님이며, 부처님의 깨달음(가르침)입니다. 이들도 우리와 똑같
이 불법을 공부하는 불제자들인 것입니다. 신앙의 대상으로서 단과 불전함을
차려놓고 경배를 하고 불전佛錢을 놓는 것은 아주 잘못된 것입니다.

등 수행에 앞서 번뇌 망상, 잡념, 불안 등으로 요동치는 들뜬 마음을 고요하게 가라앉히는 진언으로 이해할 수 있습니다. 번뇌 망상으로 가득 찬 삿된 마음으로는 수행이 되지 않습니다. 고요하고 청정한 마음은 번뇌 망상 등의 잡념으로부터 벗어난 마음입니다. 그런 마음으로 하는 독송이 적정심상송寂靜心常誦입니다. 한역불전의 '적정寂靜'이라는 단어의 범어는 평화라는 의미입니다. 불교가 평화를 상징하는 종교라는 뜻입니다.

❀ 오방五方: 동·서·남·북·중앙. 여기서 오방이란 우리 주변을 말합니다.
❀ 시방十方: 시방은 공간의 의미로 천지팔방天地八方이라고도 합니다. 천지는 상하를 말합니다. 팔방은 동·서·남·북·건(서북)·곤(서남)·간(동북)·손(동남) 이렇게 팔방입니다. '十方'은 '십방'이나, 중국식 발음으로 '십'은 'shi', '방'은 '팡', 즉 '쉬팡'을 우리식으로 읽어 '시방'입니다.
❀ 안위安慰: 사전적 의미는 '마음을 위로하고 몸을 편히 한다.'는 뜻입니다.

(2) 나무 사만다 못다남 옴 도로도로 지미 사바하
　　우주에 충만하사 아니 계신 곳 없으신 부처님들께 머리 숙여 절하오니, 부디 제도하고, 제도하시어 바른길로 인도하여 주시옵소서! 그리고 사뢰는 바가 모두 이루어지게 하여 주시옵소서!

❀ 사만다(samanta): (이 세상에, 전 우주에) 두루 계시는.
❀ 못다남(budddhanam): 부처님들.
❀ 못다(budddha): 부처님.
❀ 남(nam): ~들(복수).

❀ 도로 도로(turu turu): 제도하다. 두 번 반복함으로서 간절한 마음을 나타냅니다.

❀ 지미(jimi): 승리하다. 제압하다. 항복받다.

☞ 나무南無

나무南無는 범어 나마스(Namas)의 음역어로, '공경하여 예를 올린다, 예경한다, 머리 숙여 절한다, 계수稽首, 귀의歸依 또는 귀명歸命하다'의 뜻입니다. 계수는 몸을 굽혀 이마가 땅(발등)에 닿도록 절을 하는 인도식 예법이며, 귀명이나 귀의는 몸과 마음을 바쳐 돌아가 의지하는 것을 말합니다.

그렇다면 무엇에 예경하고, 머리 숙여 절하고, 계수하고, 귀의하고, 귀명한다는 것일까요? 바로 본연本然 청정淸淨한 진여眞如입니다. 진여眞如는 '본래의 생명 또는 생명의 자리'를 말합니다. 『화엄경』, 『원각경』, 『대승기신론』 등에 따르면 모든 생명의 존재는 바로 본연 청정한 진여에서 생겨났다고 합니다. 이처럼 모든 생명의 존재는 본래가 청정한 진여의 모습입니다.[50] 달리 말하면 모든 생명체는 본래가 순수하고 맑고 밝은 모습의 존재라는 것입니다.

그러나 무명無明과 갈애渴愛로 인해 그 본래의 모습을 버리고 망상과 허상에 사로 잡혀 번뇌와 속진俗塵[51] 속에 전도된 삶을 살고 있는 것입니다. 그래서 그 본래의 모습으로 돌아가고자 하는 것입니다.

---

50 이를 선가에서는 본래면목이라고 합니다.

51 청정의 반대되는 개념으로, 야합과 폭력과 술수와 불의와 억압과 비리와 공포와 번뇌로 가득 찬 세계를 말합니다.

수행이란 본래의 모습으로 돌아가고자 하는 노력이자 과정인 것입니다.

우리가 살고 있는 세계는 '악화惡貨가 양화良貨를 구축(Bad money drives out good)'[52]한 전도된 세계입니다. 야합과 폭력과 술수와 불의와 억압과 비리가, 자유와 정의와 화합과 자비와 진리를 몰아낸 전도된 가치관이 만연하는 속진 속에 살고 있는 것입니다. 그래서 전도된 속진을 벗어나 그 본연 청정한 진여(진리)의 세계[53]로 신명身命을 바쳐 돌아가거나 의지하고자 하는 것입니다. 그러나 전도된 속진의 세계를 벗어나 본연 청정한 진여의 세계로 돌아가는 것은 말처럼 쉽지 않습니다. 그래서 목숨을 바쳐서라도 내 생명의 자리인 그곳으로 돌아가겠다는 종교적 다짐이 바로 귀명歸命입니다.

☞ 옴(AUM)의 세계

옴(AUM)은 무한한 우주 자연의 소리를 듣고, 우주 자연의 생명 에너지를 흡수하여 결국은 우주자연과 하나가 되게 하는, 즉 범아합일梵我合一[54]의 신령스런 매개체로서 모든 진언(Mantra)과 다라니와 주문의

---

52 그레샴의 법칙(Gresham's law)으로, 소재가치가 서로 다른 화폐(금화, 은화)가 동일한 명목가치를 가진 화폐로 통용되면, 소재가치가 높은 양화(금화)는 사라지고 소재가치가 낮은 악화(은화)만 유통되는 현상으로, 이는 비단 경제에서만 그런 것이 아니라 세상살이 역시 그렇습니다.

53 불교에서는 무명을 벗어난 깨달음의 세계, 부처님의 세계를 말합니다.

54 인도 최고의 우주신인 범梵, 즉 브라흐만(Brahman)과의 합일 또는 범아일여梵我一如를 의미합니다.

왕이며, 무상無上이며, 모체母體이며, 우주의 핵심이며, 지극한 찬탄의 소리이며, 영혼의 소리이며, 소리의 근원이며, 신의 소리이며, 진리 그 자체입니다.

이와 같이 신성함의 상징인 옴(AUM)은 본래 힌두교에서 신성시하는 진언입니다. 옴은 그 신비성 때문에 인도에서는 기도나 찬송 등의 모든 종교의식에서 시작할 때와 끝날 때 항상 이 진언을 독송합니다.

또한 요가수행을 할 때나 명상수행, 영적수행, 만트라수행을 할 때도 빠짐없이 외우는 진언이 옴(AUM)입니다. 수행은 육체의 귀가 아닌 마음의 귀로 우주 생명의 소리, 신의 소리, 영혼의 소리, 진리의 소리를 듣는 일입니다. 또한 우주 생명의 에너지를 흡수하는 일입니다.

특히 이 옴(AUM)을 소리 내어 외우면 두려움을 없애주며 모든 소원이 성취되고, 해탈에 이를 뿐만 아니라 모든 재앙으로부터 보호를 받는다고 해서 모든 종교의식에서 빠짐없이 독송을 합니다. 이렇게 신비스러운 옴도 과거에는 신성불가침하게 여겨 여자와 수드라(수공업과 노예계층)는 외울 수 없었던 때도 있었지만 오늘날에는 누구나 독송하는 보편적인 만트라가 되었습니다.

이 신성하고 신비스러운 옴은 창조자의 입에서 나온 맨 처음의 소리(始初音)라고 말해지며, 모든 소리의 근원(根源音)이라고 합니다. 모든 언어의 소리는 이 한마디의 단어로부터 비롯되는 것으로 믿어져 왔습니다. 기독교 성경에도 "태초에 말씀이 계셨다"라는 구절이 있습니다. 그 태초의 말씀이란 바로 생명의 소리이자 신의 소리입니다.

모든 진언의 앞머리에 등장하는 옴(AUM)은 『천수경』에서도 '대다라니'에서의 2번을 포함해 모두 12번이나 등장합니다. 이 옴의 기원은 철학적 사유를 바탕으로 한 고대의 힌두경전인 『우파니샤드(Upani sad)』에 두고 있는데, 모든 만트라의 근원이자 소리의 시작이라고 기록하고 있습니다.

옴의 의미와 신화학적 분석을 기술해 놓은 『만두키야(Mandukya) 우파니샤드』[55]에 따르면, 이 단일음인 옴 속에는 과거·현재·미래가 들어 있으며, 동시에 과거·현재·미래를 초월하는 그 모든 존재 또한 이 옴 속에 들어 있다고 합니다.

인도의 고대신화와 더불어 그 의미를 살펴보겠습니다.

A = 아

창조신의 현현顯現으로 브라흐마(Brahma)신을 나타냅니다. 브라흐 마는 한자로 범梵 또는 범천梵天이라고 부르는 신으로, 대우주를 창조하는 최고신격입니다. 그러나 인도에서는 교리상으로만 창조주 로 이해될 뿐 힌두교 신앙에서는 비슈누(Vishnu)와 쉬바(Shiva) 신앙의 그늘에 가려 인간에게서 멀어졌다고 합니다.

'A'의 음은 혀의 놀림 없이 나오는 자연스런 소리입니다. 즉 입천장 이나 혀의 어느 부분과도 접촉하지 않고 나오는 근원음根源音이자

---

55 『만두키야 우파니샤드(Mandukya-Upanishad)』: BC 400~200경에 형성된 것으로 추정되며, 정통으로 인정받는 18개 우파니샤드의 하나입니다. 우리가 인식하기 어려운 신비적인 브라만의 영역을 '제4의 의식'으로 설명하고 있는 힌두교 경전입 니다.

시초음始初音으로 창조를 의미합니다. 그리고 과거를 의미합니다. 이런 음을 모음이라 하며, 이런 모음의 처음이 'A = 아'입니다. 우리말 (아야 어여 오요 우유 으이)을 비롯해 영어, 불어, 독어, 일어, 중국어 등 모든 언어는 모음 'A = 아'로 시작합니다. 이렇듯 모든 언어는 하나의 근원에서 나왔습니다. 따라서 근원음이자 시초음은 당연히 생명의 말씀이자 진리의 말씀(진언)이어야 할 것입니다.

U = 우

'U'는 유지신維持神의 현현으로 비슈누(Vishnu)신을 나타냅니다. 우주의 유지자인 비슈누신은 진리를 수호하고 그것을 적극적으로 실현시키는 역할을 담당하고 있는 자애로운 신입니다.

'U'의 음은 창조의 'A'음과 파괴의 'M'음 사이에서 일어나는 현상과 과정으로서 만물을 존재하게 하는 소리입니다. 따라서 'U'는 현재를 나타냅니다.

M = 음

'M'은 파괴신의 현현으로 쉬바(Shiva)신을 나타냅니다. 쉬바는 가장 위대한 신으로서 고행에 의하여 우주를 지배하는 절대적인 힘을 얻었다고 합니다. 따라서 이 신은 수행자와 성인들을 도와주는 신으로 스스로가 위대한 고행자이며, 그의 명상을 통하여 이 세계는 유지된다고 합니다. 쉬바 신의 우주를 지배하는 힘이란 바로 생성과 파괴의 힘입니다.

여기서 파괴는 새로운 생성을 위한 파괴로서 변화를 의미한다고 볼 수 있습니다. 생성이나 창조는 그 본질상 곧 파괴이기도 하기 때문입니다. 창조를 위한 파괴는 마지막이자 또 다른 생성의 시작입니다. 생성과 파괴는 같은 변화의 양면입니다. 침체에 빠진 기업에서는 방만한 사업을 축소하고 대량해고를 통한 대대적인 구조조정을 하기도 합니다. 구조조정이 바로 생성을 위한 파괴입니다. 이렇듯 쉬바신은 우주의 해체자로서 파괴의 신인 동시에 갱생更生의 신이어서, 그에게 있어서 죽음이란 바로 새로운 탄생과 시작을 의미한다고 합니다. 따라서 'M'은 미래를 나타냅니다.

'M'의 음은 입을 다문 채 입을 벌리지 않고도 낼 수 있는 마지막 소리로, 'A'가 '처음, ALPHA, 시작'을 의미한다면 'M'은 '끝, OMEGA, 종결'을 의미합니다.

위에서 살펴본 바와 같이 '옴(A·U·M)'은 '시작(Alpha)과 과정 (Process)과 끝(Omega)'을 아우르며, '창조의 브라흐마, 유지의 비슈누, 파괴의 쉬바'의 삼신三神을 통합하고, '과거·현재·미래'의 삼세三世를 통합하며, 그 삼세를 초월하는 존재까지도 모두 하나로 통합하는, 언어로는 다 표현할 수 없는 절대적인 신성함을 나타내는 우주의 절대적인 진리 그 자체입니다.

옴(AUM)의 발음에 있어서도 '옴'이라고 기록은 하지만 '옴'도 아니고, '암'도 아니며, 그렇다고 '엄'도 아닌 중간음 '오아어엄'입니다.[56]

---

56 우리나라의 무속이나 도교의 주문呪文에도 도입되어 '암唵'으로 표기하고 있습니다. 옥추경玉樞經이나 태을경太乙經, 증산도의 태을주 등에서 찾아 볼 수 있습니다.

그러나 이것도 정확한 발음은 아닙니다. 목구멍에서 나오는 소리이거나 가볍게 한 음절로 '옴' 하는 것은 옳지 않습니다. 호흡을 가다듬고, 아랫배에 힘을 주고, 무겁게 그리고 좀 길게 나오는 소리입니다. 실제로 인도나 티베트의 명상음악에서도 그렇게 발음합니다.

독송을 할 때도 진리의 세계에 귀의하여 고요하고 청정한 마음으로 외워야 하는 적정심상송寂靜心常誦의 진언입니다. 옴(AUM)을 반복적으로 염송하는 것은 법과 진리에 일체가 되는 것을 물론 개체의식이 우주의식과 하나가 되는 것을 의미합니다. 지금도 인도나 티벳의 수많은 수행자나 명상가들은 이 진언을 통해 깨달음의 소리, 영혼의 소리, 우주의 소리를 듣고자 침묵하며 오로지 이 옴(AUM)만을 외우며 히말라야 설산에서 고행을 하고 있다고 합니다.

3) 개경게開經偈

무상심심미묘법無上甚深微妙法　　백천만겁난조우百千萬劫難遭遇
아금문견득수지我今聞見得受持　　원해여래진실의願解如來眞實意

백천만겁이 지나도록 만나기 어려운, 더 없이 깊고 깊어 미묘한 부처님 법을, 내가 이제 듣고 보고 받아 지니오니, 원컨대 여래의 그 진실한 뜻을 알고자 하옵니다!

❀ 개경게란 진리의 창고(法藏: 법장)를 열 때 읊는 게라는 뜻입니다.
❀ 개경開經: 경을 펼친다. 경을 읽으려고 열다.

❀ 게偈: 한시에서는 다섯 자 또는 일곱 자로 된 시를 오언율시, 칠언율시 등으로 부르지만 불교에서는 다섯 자, 일곱 자로 된 정형구를 시라는 용어 대신 게라는 표현을 쓰며, 이를 읽는 것을 게송偈誦이라 합니다.

(1) 무상심심미묘법無上甚深微妙法

더 이상 높은 법이 없는 최상의 무상법無上法이며, 바다와 같이 깊고 깊은 심심법甚深法이며, 생각으로 옳고 그름을 따져 알아지는 사변思辨에 의한 법도 아니므로 미묘법微妙法이라는 뜻입니다. 이렇게 부처님의 법은 가장 높고 깊어 견줄 데 없는 미묘한 최상의 법입니다.

일반적으로 '무상심심미묘법'을 이야기할 때는 부처님 법을 말하지만, 개별적으로 송경의식을 행할 때는 독송하고자 하는 경을 말합니다. 즉『금강경』을 독송할 때는『금강경』이 '무상심심미묘법'이며,『법화경』을 독송할 때는『법화경』이 '무상심심미묘법'입니다. 여기서는『천수경』이 바로 '무상심심미묘법'입니다. 더 구체적으로 말한다면 관세음보살님의 다라니인 '신묘장구대다라니'를 말합니다.

❀ 무상無上: 더 이상 높은 곳이 없는, 위(上) 없는, 비교대상이 없는, 최상의, 절대의.
❀ 심심甚深: 깊고 깊은, 심오한.
❀ 미묘微妙: 잠재해 있어 겉으로는 드러나지 않는 훌륭함 또는 아름다움을 말합니다. 묘妙는 더 없이 고귀하여 말로써 나타내기 어려운 깊은 의미를 말합니다. 종교적 표현으로는 '묘한 법, 아름다운 이치, 아름다운 진리, 아름다운 도리 등등을 간직한'으로 이를 수 있습니다.
❀ 법法: 부처님께서 설하신 이 세상의 온갖 진리로서, 그 자체가 묘妙입니다.

(2) 백천만겁난조우百千萬劫難遭遇

부처님의 미묘한 법은 헤아릴 수도 없는 수억만 년의 세월이 흘러도 만나기 어렵습니다. 그러나 우리는 이미 경을 펼쳐 '무상심심미묘법'을 외워 부처님의 법이 참으로 미묘한 법임을 알았습니다. 수억만 년의 세월이 흘러도 만나기 어려운 그러한 법을 이제 만났으니 우리가 할 일은 열심히 배우고 실천하는 일입니다.

❀ 백천만겁: 세계에서 수의 단위가 제일 많은 나라가 인도입니다. 원래 겁劫은 천지가 한 번 개벽한 뒤부터 다음 개벽할 때까지의 기간을 말합니다. 따라서 겁이란 무한히 긴 시간을 말합니다. 『대지도론』에서 말하는 겁은 사방이 일 유순(40리)인 성에 겨자씨를 가득 채운 뒤, 100년에 한 알씩 꺼내어 겨자씨가 다 없어져도 1겁이 아직 지나지 않는 기간을 말합니다. 현대의 시간개념으로 환산하면 1겁이 약 43억 2천만 년이라고 합니다. 이것이 소겁이니, 중겁과 대겁, 더욱이 무량겁無量劫이란 얼마나 긴 시간인지 상상이 어려울 정도입니다. 아승기겁阿僧祇劫이라고도 하는데, 이 역시 무한히 긴 시간을 의미합니다. 백천만겁은 겁의 백천만 배이니 얼마나 긴 시간이겠습니까? 이보다 더 긴 시간은 무량겁無量劫입니다. 무량無量은 너무 많아 백 천 만의 수로도 셀 수 없다는 뜻입니다.

❀ 경전에 나타나는 수의 이해

　　1) 조兆: 영어로는 Trillion이라 하며, 인간이 사용하는 최고의 수입니다.
　　　　1×0 (Zero) 이 12개나 붙은 수입니다.
　　2) 극極: 1×0 이 39개입니다.
　　3) 항하사恒河沙: 1×0 이 42개. 인도 갠지스강의 모래알 수.

4) 아승기阿僧祇: 1×0 이 45개.

5) 나유타那由他: 1×0 이 48개.

6) 불가사의不可思議: 1×0 이 51개.

7) 무량수無量數: 1×0 이 54개로, 무량은 너무 많아 셀 수 없다는 뜻입니다.

❖ 난조우難遭遇: 만나기가 어렵다.

불가佛家에서 만나기 어려운 것으로 삼난三難을 듭니다.[57]

첫째, 인생난득人生難得: 사람 몸 받기가 어렵고,

둘째, 불법난득佛法難得: 부처님 법 만나기가 어렵고,

셋째, 정법난득正法難得: 불법을 만난다 한들 깨달음을 이루기가 어렵다고 합니다.

(3) 아금문견득수지我今聞見得受持

그렇게 만나기 어렵고 미묘한 부처님 법을, 내가 이제 듣고, 보고, 얻어 지녔습니다. 부처님 법을 만난 인연을 말하는 것입니다. 만나는 것을 인연이라 할 때 부처님 법을 만나는 것은 최상의 크나 큰 인연입니다.

❖ 법사: 부처님 법을 설하는 사람을 법사라 합니다. 그러나 원래 『법화경 제10 법사품』에 의하면, 경전을 받아(受) 지니거나(持)·읽거나(讀)·외우거

---

57 얼마나 어려운가 하면, 바다 속에 사는 눈먼 거북이가 이따금씩 숨을 쉬러 바다 위로 떠오르는데, 마침 그때 바닷물에 떠다니는 구멍 난 송판때기를 만나 그 구멍에 목을 들이밀어 편히 쉴 수 있는 확률만큼이나 어렵다는 것입니다. 이를 불가에서는 맹구우목盲龜遇木이라 합니다.

나(誦)·베끼거나(사경·출판)·설(법문)하는 모든 사람을 법사라 일컫습니다. 이렇게 보면 불자 모두가 법사입니다. 그러나 이 중에서도 남을 위해 경전을 설하는 것(爲人解說, 爲他人說)을 최상으로 여겼습니다. 『금강경』에도 남을 위해 경을 설하는 공덕이 수승하다는 구절이 수없이 반복됩니다.

❀ 수지受持: 수지의 자의적 풀이는 받아 지닌다는 뜻입니다. 그러나 경에서 말하는 수지의 뜻은 단순히 경을 받아 지니는 차원을 넘어, 경의 내용과 이치와 도리를 마음속에 녹여 없애는 것을 말합니다.

받아 지니면, 갖고 다니기도 불편하며 잃어버릴 염려도 있습니다. 그러나 마음속에 녹여 없애면 그럴 염려도 없습니다. 즉, 배워서(知) 실천(行)하는 것을 말합니다.

육조대사는 『금강경』 해설에서 "스승으로부터 배우는 것을 수受라 하고, 뜻을 이해하여 수행함을 지(持: 실천)라 한다. 스스로 이해하고 스스로 행하는 것은 자리自利요, 남을 위해 연설하는 것은 이타利他이니 그 공덕이 광대하여 끝이 없다."라고 하셨습니다.

(4) 원해여래진실의願解如來眞實意

"원컨대 여래의 진실하고 참다운 뜻(眞實意)을 알고자 하옵니다."는 "여래의 진실하고 참다운 뜻"을 바르게 알아 실천하겠다는 의지인 것입니다. "여래의 진실하고 참다운 뜻"은 '무상심심미묘법'에 담겨져 있습니다.

『천수경』을 공부한다는 것은 『천수경』이라는 '무상심심미묘법'에 담겨져 있는 "여래의 진실하고 참다운 뜻"을 알고자 하는 의지이며,

『금강경』을 공부한다는 것은 『금강경』이라는 '무상심심미묘법'에 담겨져 있는 "여래의 진실하고 참다운 뜻"을 알고자 하는 의지인 것입니다. 우리가 알고자 하는 '여래의 참뜻'은 결국 "어떻게 살아야 바르게 사는 것입니까?"입니다.

법회에 참석하고, 불공을 드리고, 기도를 하고, 참선을 하고, 경전을 공부하고, 염불을 하는 것은 모두 여래의 진실한 뜻을 알고자 하는 것입니다. 이 여래의 진실한 뜻을 알고자 하는 마음이 신심信心이며, 그러한 노력이 수행입니다.

불교의 수행은 믿음을 바탕으로 합니다. 그 믿음은 '우리의 마음에 불성佛性이 갖추어져 있다는 믿음과, 수행을 통해서 성불할 수 있다는 믿음과, 성불을 하면 무량한 공덕을 이룰 수 있다는 믿음'이어야 합니다. 이와 같은 믿음은 무조건 믿는 맹목적인 믿음이 아니라, 논리적, 분석적, 이성적, 경험적 사고와 이해를 바탕으로 하는 올바른 믿음을 말합니다. 이처럼 올바른 믿음이란 바로 신해信解를 바탕으로 합니다. 믿음(信)은 감정적 작용이며, 해解는 이성적 작용으로, 믿음(信)은 어디까지나 해(解)를 바탕으로 해야 합니다. 아무리 훌륭한 가르침이라 해도 그 의미나 뜻도 모르면서 믿는 것은 맹목적인 믿음(盲信)입니다. 그런 믿음은 결코 오래가지 않습니다. 그래서 바르게 공부하고, 열심히 정진해야 하는 것입니다. 해解가 깊어지면 믿음(信)은 저절로 증진되기 때문입니다.

『화엄경』에서는 믿음은 도道의 근원이며, 공덕의 어머니이며, 모든 선근을 기르며, 의심의 그물을 끊고 열반무상도涅槃無上道를 열어주는 것으로 밝히고 있습니다. 믿음은 이성적인 작용을 통해 마음을 맑고 깨끗하게 해나가는 것을 말합니다. 이와 같은 믿음은 만행萬行의 근본이 되며, 깨달음을 이루는 초석이자 수행 그 자체인 것입니다. 그런 믿음이라야 '처음으로 믿음을 일으킬 때 정각을 이룬다'고 하는 것입니다.[58]

❀ 여래如來와 여래장如來藏

불타佛陀는 우주의 진리를 깨달아, 진리에 들어가, 진리와 하나(如)가 된 몸(법신)이기 때문에, 그 진리(법신)로부터 이 세상에 왔다(來)는 뜻으로 여래如來인 것입니다. 따라서 여래는 '우연이나 기연으로 오신 것이 아니라, 모든 부처님들과 같은 길을 걸어서 이와 같이 여실如實한 진리를 따라 이 세상에 오셔서, 그 진리에 입각하여 중생구제를 함으로서 그 진리를 보여주시는 분'이란 뜻입니다.

여래(如來)는 범어로 '타타아가타(tatha-agata)'입니다. 여기서 타타(tatha)는 '여(如)'라고 하여 "그렇게 같다(如是 또는 如實)"라는 뜻이며, 아가타(agata)는 '래(來)'라고 하여 '온다(來)'라는 뜻입니다. 따라서 여래에는 '오고 간다'라는 의미가 들어 있습니다. 여기에 종교적 의미로서 '가고 옴이 여여한 분, 자재한 분'의 뜻으로 여래如來를 부처님이라 하는 것입니다. '타타아가타(tatha-agata)'를 여거如去라고 이해해도 됩니다. 간다고 하든 온다고 하든, 가고 옴에 자재한 분이기 때문입니다.

여래장如來藏은 '여래(tathāgata)'와 '장(藏, 자궁, garbha)'으로 이루어진 합성어로, 인간은 수태受胎에서부터 부처가 될 수 있는 가능성을 부여받아 모태에서 10달을 고이 기다려 세상에 나온다는 뜻입니다. 이 기간에는

---

58 초발심시변정각初發心時便正覺. 『화엄경』, 『법성게』, 『초발심자경문』 등에 나오는 말로 믿음을 강조하는 말입니다.

부처가 될 씨앗만 착상시켰을 뿐 아무것도 할 수 없습니다. 따라서 태어난다는 것은 이 부처의 씨앗을 발아시켜 꽃을 피우고 열매(부처)를 맺게 할 의무를 갖는 것을 의미합니다.

그럼에도 우리는 태어날 때부터 이미 두 손으로 탐욕을 움켜쥐고 태어납니다. 두 손을 펴고 태어나는 사람은 없습니다. 또한 자라면서 학교교육을 통해 욕심과 분별을 키우는 법을 배우고, 사회에 나와서는 실습과 실천을 통해 고착시킵니다. 이것이 인간이 태어날 때부터 부여받은 천형입니다. 부처님을 포함한 모든 성인, 현인, 철학자들이 남겨놓은 경전, 사상, 교훈, 가르침 등은 모두 ①천형에 대한 분석과 ②천형을 벗는 방법에 대한 것들입니다. 우리는 이것들을 고전古典이라 합니다. 그중에서도 우리는 부처님이 남긴 교훈이 우리 취향에 맞기에 불자가 되어 불교경전 공부를 하는 것입니다.

4) 개법장진언開法藏眞言

옴 아라남 아라다 옴 아라남 아라다 옴 아라남 아라다

(1) 개법장開法藏

개법장이란 경전을 펼치는 것을 이르는 말입니다. 앞의 '원해여래진실의'에서 여래의 진실하고 참다운 뜻을 알고 싶다고 발심을 하였습니다. 지금부터 부처님의 무량무변한 공덕을 담고 있는 법장을 여는 것입니다.

개법장을 너무 어렵게 생각할 필요는 없습니다. 개권유익開卷有益

이라는 말이 있습니다. 무슨 책이든 한 페이지만이라도 열면(開) 한 글자라도 배우니까 그만큼 유익하다는 뜻입니다. 하물며 부처님의 법에 있어서야 여부가 있겠습니까? 어느 경전이건 경전을 펼치는 것이 '개법장'인 것입니다. 기도를 하거나 참선에 들어가는 것도 법장을 여는 일입니다. 『천수경』을 여는 것만 개법장이 아닙니다.

또한 앞에서 '정 구업진언'은 불법을 배우고 실천하며 바르게 살겠다는 다짐이라고 했습니다. 그렇다면 '개법장진언'은 본격적으로 불법을 배우고 실천하는 것을 시작하는 것입니다.

❀ 법장法藏: 법장은 법의 창고, 즉 법을 담고 있는 경전을 뜻합니다.

(2) 옴 아라남 아라다 (세 번)
법장을 열어 번뇌가 없는 무쟁삼매無爭三昧 속에 들어가는 것에 대한 감사의 예를 올리는 진언입니다. 법장을 열어 부처님의 가르침을 공부하는 것은 무쟁삼매에 들기 위함입니다. 따라서 '옴 아라남 아라다'는 『천수경』뿐만 아니라 『금강경』 등 모든 경전의 송경의식에 빠지지 않고 등장합니다.

번뇌 망상을 끊으라는 것이 부처님의 가르침이고 보면, 번뇌 망상이 끊어진 무쟁삼매 속에 들어가는 것에 대해 감사의 예를 올리는 것은 너무도 당연한 것입니다.

❀ 아라남(aranam): 심연深淵, 무쟁삼매. 마음에 번뇌 망상이 끊어져 아무런 갈등이 없는 확고한 믿음과 확신이 있는 상태를 말합니다.

※ 아라다(aradha): 숭배하다. 성취하다.

2. 계청啓請[59]: 천수천안~소원종심실원만

1) 천수천안 관자재보살 광대원만 무애대비심 대다라니 계청千手千眼 觀自在 菩薩 廣大圓滿 無碍大悲心 大陀羅尼 啓請

"천 개의 손과 천 개의 눈을 가진 넓고 크며 원만하여 거리낌 없는 대자대비하신 마음과 대지혜를 가지신 관자재보살님께 대다라니를 열어주실 것을 청합니다."

계청啓請이란『천수경』의 주인공인 '관세음보살님'을 모셔서 귀의하는 것을 말합니다.

(1) 천수천안千手千眼

천 개의 눈과 손을 가진 관세음보살님의 위신력威信力을 나타내는 말입니다. 천 개의 눈을 가졌으니 멀리 있는 것도 볼 수 있으며, 가까이 있는 것도 자세히 빠짐없이 볼 수 있으며, 천 개의 손을 가졌으므로 못할 게 없습니다.

여기서 천 개라는 숫자는 정확하게 세어서 천 개가 아니라, 만 개도 될 수 있고, 백만 개도 될 수 있는 무한한 능력을 나타내는 상징적인 의미를 갖습니다.

---

59 여기서부터가『천수경』의 본론 부분으로 정종분입니다.

(2) 관자재보살觀自在菩薩

관자재보살이나 관세음보살이나 같은 분입니다. 범어로는 아바로기데스바라(Avalokitesvara)[60]가 바로 '관세음보살님'입니다. 종교적으로 말하면 하나님보다 더 친근한 분이 '관세음보살님'입니다. 기독교의 하나님은 위엄하신 아버지이지만, '관세음보살님'은 자비로운 어머니의 상징이기 때문입니다.

한역漢譯 과정에서 번역자에 따라 관자재觀自在, 광세음光世音, 관세자재觀世自在, 관세음자재觀世音自在 등등으로 조금씩 다른 용어가 사용되었습니다. 구마라습(鳩摩羅什, 344~413)의 구역舊譯에서는 '관세음보살'로 번역됐지만, 현장(玄奘, 602~664)의 신역新譯에서는 '관자재보살'로 번역되고 있습니다. 제일 많이 독송되는『반야심경』은 현장의 번역본이므로 '관자재보살'로 시작합니다. 그러나『천수경』등 구마라습의 번역본에서는 '관세음보살'로 불립니다.

관자재觀自在는 '보는 데 걸림이 없이 자유롭다'는 뜻이고, 관세음觀世音은 '세간世間의 소리를 본다'라는 의미입니다. 시대적으로 구마라습이 250여년 앞서지만, 실제로는 세간의 소리, 즉 고통에서 구원을 바라는 중생의 신음소리를 본다는 뜻을 가진 구마라습의 구역이 더 많이 사용되고 있습니다.

---

60 아바로로기스바라(avalokitea svara)는 아바로기데(avalokita)와 이슈바라(isvara)의 합성입니다. '아바로기데'는 '내려다보다'의 과거분사(형용사)이며, '이슈바라'는 '가진 자', '다스리는 자', '내려다보는 자'의 뜻으로 명사입니다. 그러므로 '내려다보다'의 과거분사는 과거분사(형용사)가 이슈바라와 잘 어울려서 '내려다본 것을 잘 다스리는 자'라고 이해할 수 있습니다.

그러나 관자재라는 말에 주의해야 합니다. 깨달음을 찾는 수행의 측면에서 보면 관세음보다는 관자재가 더 의미가 있는 것 같습니다. 자재는 자유자재自由自在한 마음을 뜻합니다.

❖ 관자재와 관세음

"모든 것은 나로 인한 것이다. 나로 말미암은 것이다"라는 뜻입니다. 모든 것이 남이 아닌 나로 인한 것이며, 다른 데 있는 것이 아니라 바로 나 자신에 있다는 뜻입니다. 남을 탓하고, 남을 원망하고, 남의 핑계를 대는 것이 아니라, 모든 것을 '내 탓이고 나의 잘못이고 나로 말미암은 것'[61]으로 귀결시키는 것이 자유자재한 삶입니다. 이렇게 관觀하는 것이 바로 관자재입니다. 어디에도 얽매이지 않는 자유자재한 대자유인의 삶을 사시는 분을 '관자재보살'이라고 부릅니다.

지혜의 눈, 마음의 눈으로 살피는 것이 관觀이라고 할 때, 세간의 소리, 즉 중생의 소리를 살피는 것을 관세음이라고 합니다. 세간의 소리는 바로 중생이 겪고 있는 '고통의 소리'를 말합니다. 관세음보살은 중생이 겪고 있는 고통의 소리를 듣고 여러 가지 방편으로 제도濟度하시는 분을 말합니다. 따라서 ①중생제도의 신앙적 측면에서는 '관세음'으로, ②깨달음을 찾는 수행의 측면에서는 '관자재'로 이해해도 좋을 듯합니다.

『법화경 25, 관세음보살보문품』에 보면, "세존이시여! 관세음보살이 어떻게 이 사바세계에 노닐며, 어떻게 중생을 위하여 법을 말하며, 방편의 힘은 어떠하나이까?"라는 무진의보살의 질문에, 부처님께서

---

61 천주교 미사시간에도 가슴을 치면서 "내 탓이오! 내 탓이오! 내 탓이오!" 하는 의식이 있습니다.

다음과 같이 말씀하십니다.

"선남자야! 관세음보살이 1) 부처님의 몸으로서 제도할 이(사람)
에게는 부처님의 몸을 나타내어 법을 설하고, 2) 벽지불의 몸으로
제도할 이에게는 벽지불의 몸을 나타내어 법을 설하고, 3) 성문의
몸으로 제도할 이에게는 성문의 몸을 나타내어 법을 설하고……"

이렇게 계속하여 무려 32가지 응신의 예를 들어 관세음보살님의
위신력과 자비심을 설하십니다. 이렇게 중생의 근기에 따라 관하시고
자유자재로 때로는 부처님의 몸으로, 벽지불의 몸으로, 성문의 몸으
로 다양하게 나투시는 응신이 자재이며, 그렇게 하시는 분이 '관자재
보살님'이시고, 또한 그 분이 '관세음보살님'이십니다. 관세음은 중생
구제의 자비를 강조하는 반면에, 관자재는 반야지혜의 깨달음을 강조
하고 있습니다. 그러나 중생구제의 자비와 반야지혜의 깨달음을 이야
기하자면, 자비보다는 반야지혜가 먼저입니다. 지혜가 있어야 뭐든
할 수 있고, 불교는 지혜의 종교이기 때문입니다.

만일 관세음보살님께서 부처님의 몸으로서 제도할 이에게 부처님
의 몸을 나타내어 법을 설하실 때, ①그분을 어떻게 불러야 하겠습니
까? '관세음보살님'이라 해야 할까요? 아니면 '부처님'이라고 해야
할까요?

②그분을 어떻게 알아볼 수 있습니까? '관세음보살님'이신지? 아니
면 '부처님'이신지?

한 번 생각해 보시기 바랍니다.

☞ 관觀: 관은 육체의 눈으로 눈앞에 보이는 것을 그냥 보는 것이 아니라 마음의 눈, 지혜의 눈으로 살펴보는 것을 말합니다. 관을 '지혜의 눈'으로 이해하셔도 좋습니다. 육체의 눈으로 사물을 바라보는 것은 견見입니다. 이와 같이 사물을 바라보는 육체의 눈은 관세음보살님도 우리와 마찬가지로 둘(二)입니다. 그러나 관세음보살님이 천 개의 눈으로 중생들의 고통을 살필 수 있는 것은 관觀의 눈으로 보시기 때문입니다. 실은 천수천안이 아니라 만수만안, 그 이상도 될 수 있는 것입니다. 그래서 관세음보살님이 보시는 관을 혜관慧觀이라 합니다.

❖ 자재自在: 사전적 풀이로는 속박이나 장애가 없는 자유자재한 마음을 말합니다.

❖ 관자재觀自在: 속박이나 장애가 없이 마음대로 볼 수 있는 것을 의미합니다. 따라서 관자재는 '지혜를 갖춘 절대자, 주재자'로 풀이할 수 있습니다. 여기서 종교적 절대자로 이해하면 바로 '관세음보살님'이 됩니다.

☞ 보살(菩薩: bodhissattva): 관세음보살, 문수보살, 지장보살 등등의 보살을 칭할 때는 '깨달음의 존재'라는 뜻으로 깨달음을 인격화하여 '보살'이라 합니다. 보살은 보리살타菩提薩埵의 준말로서 보리는 '깨치다', '깨우치게 하다'라는 각覺을 뜻하며, 살타는 유정有情을 뜻하며 각유정覺有情 또는 깨달음의 존재라는 뜻입니다. 또한 남을 깨우치게 한다는 의미도 내포하고 있습니다. 따라서 대승의 보살은 스스로 정진하여 위로는 자리自利의 깨침을 구하고(上求菩提), 아래로는 이타

利他의 하화중생下化衆生, 즉 중생을 제도하는 원願[62]을 세우고 행해야 합니다. 이것이 자리이타의 보살도이자 보살행입니다. 자리의 상구보리만 추구한다면 소승인 것입니다. 대승경전에서 설하는 한결같은 가르침은 중생구제의 자리이타행입니다.

☞ 보리菩提: 한자를 우리말로 읽으면 '보제'입니다. 범어로는 'bodhi' 인데 이를 중국어 발음으로 읽으면 'puti'입니다. 우리나라에서 중국 식 발음을 받아들여 '보리'라고 읽는 것입니다.

(3) 광대원만廣大圓滿
관세음보살님의 자비심이 넓고, 크며, 원만하다는 뜻입니다.

❖ 원만圓滿: 어떠한 결함이나 부족함이 없이 가득 찬 것을 말합니다. 일부에서 는 '모나지 않다'라고 해설하고 있으나 잘못된 해설입니다.

(4) 무애대비심無碍大悲心
관세음보살님의 대자대비하신 마음이 끝없이 무한하다는 의미입니다.

❖ 무애無碍: 거리낌이 없는, 무한한.
❖ 대비심大悲心: 관세음보살님의 자애로운 마음씨를 나타냅니다. 대비심은 관세음보살님께서 중생들의 고통을 자신의 큰 슬픔(大悲)으로 여겨, 그

---

62 사홍서원四弘誓願, 아미타 48원, 보현보살행원 등의 대원大願이 있습니다.

슬픔을 덜어주고, 슬픔의 고통을 함께하신다는 뜻입니다.

(5) 대다라니大陀羅尼

신묘장구대다라니神妙章句大陀羅尼를 줄여 부르는 말로, 관세음보살님의 자비의 공덕을 담고 있어서 대비주大悲呪라고도 합니다. 대다라니는 『천수경』의 핵심부에 해당합니다. 제5장에서 자세히 설명하겠습니다.

(6) 계청啓請

계청의 사전적 풀이로는 '임금에게 아뢰어 청한다'는 뜻입니다. 여기서는 '관세음보살님의 자비의 공덕을 담고 있는 대다라니의 뜻을 알고자 하오니 인도하여 주시옵소서!'의 뜻입니다. 즉, 관세음보살님을 우리 곁으로 모시는 것을 말합니다. 따라서 계청에는 관세음보살님께 귀의한다는 의미도 있습니다. '대다라니의 뜻을 알고자 하오니 인도하여 주시옵소서!' 하는 마음이 바로 귀의입니다.

❀ 계啓: 일깨우다. 인도하다.

2) 계수분稽首分

천수천안의 관세음보살님의 공덕과 위신력을 머리 숙여 찬탄하는 부문입니다.

(1) 계수관음대비주稽首觀音大悲主

대자대비하신 관세음보살 대비주大悲主님께 머리 숙여 절하옵니다!
다른 말로 '나무 관세음보살'입니다.

　계수는 관세음보살님께 머리 숙여 절하면서 나를 맡겨 귀의하는
것입니다. 절하는 것은 나를 낮추는 것이기도 합니다. 부처님 공부는
'나'라는 개인을 근본으로 하는 생각과 행동인 아만과 아상을 없애는
것으로부터 시작됩니다. '나' 중심의 사고방식에서 부처님 중심의,
관세음보살님 중심의 사고방식으로 전환하는 것입니다. 즉 부처님
같은 마음, 관세음보살님 같은 마음을 말합니다. 그래서 '나무아미타
불 관세음보살' 하는 것입니다.

　우리는 '나'를 없애기 위해 절에 가면 절을 합니다. 그래서 절(寺)을
절하는 곳이라고도 합니다. '나'를 낮추는 최고의 수행법이 절하는
것입니다. 108배, 1080배, 3천배, 만배 등 끊임없이 절을 하면서
한 없이 '나'를 낮추고 또 낮추어 나중에는 아예 '나'를 없애는 것입니다.
내 마음속에 '나'를 없애면 아상我相이 없어진 그 자리에 관세음보살님
이 자리 잡게 됩니다.

　절에 가면 불상 앞에서 절을 하고 예경을 하지만 예경의 대상은
불상이 아니라, 불상을 통해 찾아가는 내 마음속의 부처님이고 관세음
보살님입니다. 불상을 통해서 흐트러진 신심을 다시 고쳐 잡고, 새롭
게 부처님의 가르침을 마음속에 세기며 '나무아미타불 관세음보살'
하는 것입니다. 교통순경이 있으면 없을 때보다 교통법규를 더 잘
지키는 것과 같습니다. 즉 불상을 통해 자신의 공경심을 끌어내는

것입니다. 이는 기독교인들이 비방하는 것처럼 우상숭배가 아닙니다. 불교에서 우상은 없습니다. 자신이 부처인데 누굴 우상으로 섬기겠습니까?

❖ 계수稽首: 몸을 굽혀 이마가 땅에 닿도록(인도에서는 상대의 발등에) 절을 하는 것으로 최상의 공경을 나타냅니다. 범어 나무(南無, namo)와 같은 뜻으로 '머리 숙여 절하옵니다.'라는 뜻입니다.

❖ 관음觀音: 세간의 소리를 듣는 것을 말합니다. 세간의 소리는 중생들이 겪는 고통의 소리를 말합니다. 이 고통의 소리를 들어주시는 분이 관세음보살님입니다.

❖ 대비주大悲主: 일부 책에는 '大悲呪'라고 되어 있는데 '대자대비하신 관세음보살 주인님'이란 뜻으로 '大悲主'가 맞습니다. 大悲主(대비주)께 계수하는 것이지, 大悲呪(대비주)에 계수하는 것이 아닙니다.

그러나 '大悲呪'라고 할 때는 대자대비하신 관세음보살님의 자비로운 마음을 담고 있는 신령스러운 주문, 즉 '신묘장구대다라니'를 뜻합니다.

(2) 원력홍심상호신願力弘深相好身

중생들의 모든 고통을 다 해결해 주는 관세음보살님의 원력은 넓고 깊으며, 32상 80종호의 몸을 가지신 그 모습은 자비심으로 가득찼다는 뜻입니다. 관세음보살님의 자비심을 찬탄하는 것입니다. 32상 80종호의 몸을 가지시고 넓고 깊은 원력을 지닌 모습은 그렇지 않은 모습과 분명히 다를 것입니다. 우리가 관세음보살님의 넓고 깊은 원력을 지닐 때, 우리의 모습 또한 대자비심을 가진 관세음보살님을 닮아 있을 것입니다.

❖ 원력願力: 중생들의 모든 고통을 다 해결해 주는 관세음보살님의 자비심을
말합니다. 모든 불자들의 원력도 그러해야 합니다.

❖ 상호相好: 얼굴의 형상, 모습. 여기서 상相은 관세음보살님의 32상을 말하
며, 호好는 80종호를 의미합니다.

(3) 천비장엄보호지千臂莊嚴普護持

천 개의 팔을 가진 장엄한 모습으로 우리를 보호하고 지켜 주시옵니다.
천비(千臂: 천 개의 팔)라는 말은 천수천안(천 개의 손과 눈)이라는 말과
함께 관세음보살님의 위신력과 자비심을 나타내는 상징적인 용어입
니다.

넓고 깊은 원력을 지니신 관세음보살님께서 팔과 눈과 손이 각각
천 개씩이나 되므로 중생들의 모든 고통을 구제하기에 부족함이
없을 것입니다. 이러한 모습이 바로 관세음보살님의 장엄한 모습입
니다.

❖ 천비千臂: 천 개의 팔

❖ 장엄莊嚴: 엄숙하고 위엄이 있다는 뜻으로, 아름답고 존귀하게 꾸미는
갖가지 치장을 말합니다. 불교에서 불보살이나 불국토를 화려하게 꾸미는
것을 장엄이라 합니다. 여기서는 존귀하고 엄숙한 관세음보살님의 모습을
말합니다. 천 개의 팔과 눈과 손을 가진 관세음보살님의 모습은 정말로
위엄 있고 장엄합니다.

❖ 보普: '널리, 두루'의 의미로서, 관세음보살님의 자비심이 두루 널리 미치지
않는 곳이 없음을 의미합니다.

❖ 호지護持: 여기서는 관세음보살님께서 중생들을 보호하고(護) 지켜 주시는

(持) 것을 말하지만, 원래는 『법화경』 등의 경전에 자주 등장하는 용어로 불법을 보호하고 지키는 것을 의미합니다(護持佛法). 부처님의 가르침을 마음에 새겨 실천한다는 뜻의 수지受持와 비슷한 의미입니다.

(4) 천안광명변관조千眼光明遍觀照

천 개의 눈으로 광명의 빛을 내어 어두운 곳을 널리 두루 관찰하여 비춘다는 뜻입니다. 어두운 곳이란 바로 중생들이 무명 속에 고통 받는 곳을 말합니다. 우리가 고통 받는 곳에 관세음보살님은 나투십 니다.

❀ 변遍: 두루 고루 미치다. 앞서의 보普자와 같은 의미입니다. 원래는 '편'이 맞습니다. 두루 '편'자 입니다. 중국식 발음을 따라 'bian: 변'이라고 하는 것 같으며, 정확한 이유는 알 수 없습니다.
❀ 광명光明: 뒤에 나오는 대명大明과 같은 뜻으로, 무명의 반대말입니다.

☞ 관세음보살님의 위신력

관세음보살님의 위신력과 자비심의 측면에서 '원력홍심', '천비장엄', '천안광명', '천수천안'은 별개의 개념이 아닌 모두 다 같은 뜻입니다. 관세음보살님의 원력이 넓고(弘) 깊(深)기 때문에 중생들의 고통을 두루 살피시는(觀) 데는 천 개의 눈이 필요하며, 그 고통을 해결해 주시기 위해서는 천 개의 팔과 천 개의 손이 필요한 것입니다.

　여기서 천 개라는 뜻은 한 개 두 개 세어서 천 개라는 뜻이 아니라 무한한 신통력과 위신력에 대한 상징적인 의미를 갖습니다. 따라서 천수천안은 만수만안萬手萬眼일 수도 있고 백만수백만안百萬手百萬眼일 수도 있는 것입니다.

(5) 진실어중선밀어眞實語中宣密語

부처님의 법은 진리의 말씀이므로 항상 참되고 진실됩니다. 그 참되고 진실한 말씀 가운데 은밀하게 그 말씀을 보이신다는 뜻입니다. '그 참되고 진실함'은 항상 드러나 있습니다. 그러나 번뇌 망상과 집착과 아상이 우리 눈을 가리고 있기 때문에 볼 수 없는 것입니다. 그래서 부처님의 법은 비밀스러운 것처럼 보이기도 하고 멀리 있는 것처럼 보이기도 하는 것입니다.

수행을 한다는 것은 이렇게 밖으로 드러나 있으면서도 밖으로 드러나지 않는 부처님의 법(진리)을 스스로 찾아가는 것입니다. 부처님의 법은 '그 참되고 진실함을 믿고 실천하는 사람'에게만 은밀히 보이기 때문입니다. 그래서 부처님의 법은 '진실어중선밀어', 즉 비밀스러운 것입니다.

❖ 선宣: 펼치다. 발표하다. 생각을 말하다.
❖ 밀어密語: 부처님 법의 참되고 진실함을 믿고 실천하는 사람에게 자신도 모르게 은밀히 전해지는 말이라는 뜻입니다. 한편 '진실한 말은 비밀스럽다'라는 뜻으로 이해하여 밀어를 '다라니'라고 해설한 책도 있습니다. 이럴 경우 밀어를 '천수경, 다라니'에만 국한시키는 우를 범하게 됩니다.

(6) 무위심내기비심無爲心內起悲心

함이 없는 마음이 무위심입니다. 자비심은 무위심에서 나옵니다. 관세음보살님의 대자대비한 마음이 바로 무위심의 표상입니다. 아무런 조건이나 대가도 없이 베푸는 부모의 마음이 바로 무위심입니다.

베풀되 '베푼 사람도, 베푼 물건도, 받은 사람도 없는 삼륜청정三輪淸淨의 마음이 무위심'입니다. 무위심의 반대는 유위심有爲心입니다. '준 사람, 준 물건, 받은 사람'이 있는 것은 유위심입니다. 즉 선행을 하고 생색을 내면 무위심이 아닙니다.

유위심은 '내가 너에게 어떻게 했는데, 나에게 그럴 수 있나?' 하는 원망하는 마음을 일으킵니다. 원망을 일으키는 마음은 무위심이 아닙니다. 번뇌 망상을 일으키는 오염된 마음일 뿐입니다. 좋은 일을 하고도 남에게 비난을 받는 경우가 있습니다. 무위심이 아니기 때문입니다. 유위와 무위의 구분은 간단합니다. 자신만의 이익을 위한 일은 유위이며, 일체중생을 위한 일은 무위가 됩니다.

❀ 무위無爲: 조작됨이 없는, 열반涅槃이란 뜻입니다. 최상승의 성취가 무위의 도입니다.

❀ 비심悲心: 남의 고통을 보고 나의 일처럼 슬퍼하고 어루만져주는 마음입니다. 바로 관세음보살님의 대비하신 마음입니다. 중생의 고통을 내가 떠안는 것을 말합니다.

☞ 부주상보시不住相布施 - 금강경 제4 묘행무주분

"약보살若菩薩 부주상보시不住相布施 기복덕其福德 불가사량不可思量"

보살이 부주상포시(不住相布施: 보시를 했다는 마음이 없는 보시)를 하면, 보시하는 그 복덕은 가히 헤아리지 못하느니라.

공덕이나 복덕과 같은 대가를 희망하여 보시한 자는 상相에 집착한 범부의 마음인 까닭에 아무런 공덕도 없다는 것입니다. '준 사람도, 준 물건도, 받은 사람도 없는 것'이 무(부)주상보시입니다.

3) 총원總願

인간이면 누구나 스스로 근신謹愼하고 자리이타의 마음으로 살아야 하는 것입니다. 이기적인 복을 비는 것은 원願이 아니라 욕심입니다. 원이란 대승 보살로서의 삶을 살기 위한 원을 말합니다. '대승보살의 삶'이란 자기 자신만을 위한 자리적 삶이 아니라, 모든 고통 받는 중생을 위한 이타적인 삶에 가치기준을 두는 것을 말합니다. 이러한 삶은 종교를 불문하고 인간이면 가져야 할 '보편적인 가치 기준'입니다. 달리 말한다면 '모두가 인간답게 사는 것'을 말합니다. 속세의 '인간답게 사는 기준'은 이기적인 욕심에 따라 개개인이 달라질 수 있으나 '대승보살의 삶'의 기준으로 볼 때는 같다고 할 수 있습니다. 여기에 무슨 종교가 필요하고, 무슨 하느님이 필요하고, 부처님이 필요하겠습니까? 이와 같은 '보편적인 가치 기준'에 대한 원이 총원입니다.

(1) 속령만족제희구速令滿足諸希求
바라고 구하는 모든 것을 속히 만족시켜 주시옵소서! (또는 속히 이루어 지이다!)

관세음보살님은 '무위심내기비심'으로 우리들의 희망사항을 모두 들어 주십니다. 그러나 우리가 원하고, 기도하고, 만족하는 것은 100평짜리 아파트에 살며, 고급 승용차를 타는 것이 아닙니다. 우리가 진정으로 원하는 것은 매사에 감사할 줄 아는 마음과 고통과 번뇌 망상이 사라진 마음속의 행복과 평온함입니다. 감사한 마음을 가질 때 감사할 일이 생기며, 비로소 행복한 마음이 드는 것입니다. 마음속에 불평과 불만이 가득할 때는 결코 감사할 일이 생기기 않으며, 생긴다 한들 감사함을 모르며, 평온함을 찾을 수 없으며, 행복을 느낄 수 없는 것입니다. 평온한 마음에서 올바른 판단과 감사함과 행복을 느낄 수 있는 것입니다.

우리 스스로가 관세음보살님의 '무위심내기비심'을 닮아 집착과 아상을 내려놓고 무위심이 될 때 우리가 원하는 행복은 이미 이루어져 있을 것입니다. 관세음보살님은 행복해지는 법을 가르쳐주십니다. 관세음보살님의 가르침은 『천수경』 전반에 걸쳐 나타나 있습니다.

❁ 만족滿足: 행복과 만족은 느끼는 사람에 따라 차이가 있을 것입니다. 그러나 진정한 행복은 스스로 만족할 줄 알고 감사하는 마음이 있을 때만 느낄 수 있을 것입니다. 인색한 마음과 지나친 탐욕심으로는 진정한 행복을 느낄 수 없을 것입니다. 탐진치 삼독이 사라진 마음으로만 진정한 만족과 행복을 느낄 수 있을 것입니다. 탐진치 삼독이 사라지지 않은 마음은 고통과 번뇌 망상으로 가득 찬 마음일 테니까요. 번뇌 망상으로

인해 불평과 불만이 생기는 것입니다. 어떤 환경에서도 불평과 불만을
가져서는 안 됩니다. 어떤 역경에서도 살아 있음에 감사하고 살아 있기에
역경을 해쳐나가야 하며, 역경을 해쳐나갈 수 있는 것입니다. 역경을
해쳐나가지 못한다면 죽는 것입니다. 그것은 결코 행복이 아닙니다.

❖ 희구希求: 중생들의 바라고 구하는 희망사항을 뜻합니다. 중생들의 희망은
행복해지는 것입니다. 불교는 중생들이 행복해지는 것을 가르칩니다.

(2) 영사멸제제죄업永使滅除諸罪業

모든 죄의 업장을 영원히 소멸시켜 주시옵소서! (또는 소멸되어
지이다!)

우리는 누구나 행복해지고 싶어 합니다. 그러나 우리의 행복을
가로 막는 것이 있습니다. 바로 업장業障입니다. 업장은 기독교의
원죄와도 같은 개념이라고 할 수 있습니다. 전생부터 알게 모르게
지어온 죄(我昔所造諸惡業)는 원죄라 할 수 있습니다. 그러나 기독교의
원죄처럼 평생 짊어지고 살아야 하는 고정된 것도 아니니 지나치게
부담을 가질 필요는 없습니다. 업장은 진정한 참회를 통해서 스스로
소멸시킬 수 있기 때문입니다. 진정한 참회란 집착과 아상과 아만이
없는 마음으로 자비심을 발하여 선업善業을 쌓는 것을 말합니다.
스스로 참회하여 우리의 마음이 자비심으로 충만할 때, 죄업과 업장은
저절로 녹아내릴 것입니다.

❖ 멸제滅除: 멸하여 없애다.

☞ 업장소멸

『천수경』은 전생으로부터 알게 모르게 지은 죄업을 참회하고 선업을 쌓음으로서 업장을 소멸하는 길을 안내하고 있습니다. 첫째는 지극정성으로 『천수경』을 독송하는 것입니다. 그러나 의도적으로 업장소멸에 목적으로 두고 『천수경』을 독송할 필요는 없습니다.

『천수경』이 불교의 개론서는 아니지만 예경, 찬탄, 참회, 기도, 발원, 회향 등 불교 전반에 대한 이해를 돕는 경으로서 불교의 개론서 역할을 하는 경입니다. 따라서 『천수경』을 지극정성으로 독송함으로서 그 의미를 마음에 새겨 생활 속에서 실천하는 것이 중요합니다. 『천수경』의 가르침을 내 마음속 몸속에 녹여서 생활 속에서 실천하는 것이 바로 업장을 소멸하는 것이기 때문입니다. 업장소멸은 재(제)를 올려서 소멸하는 것이 아니라 스스로 수행을 통해 소멸하는 것입니다.

(3) 천룡중성동자호天龍衆聖同慈護

천신과 용과 여러 성현들이 함께 자비로써 보호해 주시옵소서!

관세음보살님의 대자대비하심이 천, 용과 주위의 선신善神들까지도 우리를 보호해 주지 않을 수 없게 만드는 것입니다. 이 또한 관세음보살님의 자비심과 위신력을 의미합니다.

또한 관세음보살님에 대한 믿음입니다. 이와 같은 믿음이 결국에는 스스로 관세음보살이 되게 하는 것입니다. 우리가 자비심을 내면 우리가 바로 관세음보살입니다. 그러면 천신과 용과 여러 성현들이 함께 우리를 도울 것입니다. 우리가 좋은 마음을 내면 좋은 기운이 모이게 되어 좋은 일이 생기기 때문입니다.

❀ 천룡天龍: 불법佛法을 수호하는 여덟 수호신, 즉 팔부신장八部神將이 있는데
   이 중에서도 천신天神과 용龍을 으뜸으로 치기에 천룡팔부天龍八部라고
   합니다. 『법화경』에서는 천룡팔부를 '사람이면서 사람이 아닌 중생(감정이
   있는 생명체)'으로 표현하고 있습니다.
❀ 중성衆聖: 모든 성현, 선신, 선지식을 말합니다. 중衆은 여럿(多數)을 나타냅
   니다.
❀ 동자同慈: 저는 천룡중성들도 관세음보살님의 자비심과 똑같은 자비심을
   베푸는 것으로 해석했습니다. 관세음보살님이 자비심을 베푸시니까 천룡
   중성들도 가만히 있을 수가 없어서 관세음보살님을 도와 또는 따라 자비심
   을 베푼다는 뜻입니다.
   그러나 어느 책에는 '천룡중성들께 자기의 몸처럼 우리에게 자비심을
   베풀어달라는 뜻'으로 해석하는 것을 보았습니다. 그러면 천룡중성을
   찬탄하는 경經이 되므로 『천수경』의 의미와는 거리가 먼 얘기가 됩니다.
   『천수경』은 관세음보살님의 자비심과 위신력을 찬탄하고 귀의하는 경이
   기 때문입니다. 또한 불교에서 찬탄은 불보살님들에게만 해당됩니다.

(4) 백천삼매돈훈수百千三昧頓薫修
   백천 가지의 삼매에 들어 깨달음을 얻게 하여 주시옵소서!

이미 관세음보살님께 계수하여 관세음보살님의 대자대비, 원력홍
심, 천비장엄, 천안광명, 선밀어, 무위심을 알았습니다. 다시 모든
죄업도 멸했습니다. 그리고 천룡과 여러 성현들의 자비로운 보호도

받았습니다.

이제 백천 가지 삼매에 들어 깨달음을 얻어야 하는 것입니다. 일상생활이 백천삼매로 그 자체가 깨달음의 상태여야 합니다. 백천 가지는 일상생활에서 겪는 잡다한 모든 일을 말합니다. 일상생활을 벗어난 수행이나 깨달음은 있을 수 없습니다. 가정을 가지고 사회생활을 하는 현대인들에게는 특히 그렇습니다. 모든 사람들이 깨달음이나 도를 찾아 가정을 떠나거나 또는 사회를 등지고 산속으로 간다면 사회는 어떻게 되겠습니까? 그래서 옛 선사들은 '평상심이 도(平常心 是道)'라 하여 깨달음이나 도가 멀리 있는 것이 아니라 일상생활이 바로 도라고 가르쳤습니다. 그러나 깨달음의 지혜를 얻는 것은 분주하고 산란한 마음이 아니라 고요한 삼매에서만 가능한 것입니다. 삼매에서 지혜를 계발할 수 있는 것이며, 지혜를 얻어야 다음 단계인 '수지신 시광명당受持身是光明幢'할 수 있기 때문입니다.

❀ 백천百千: 여러 가지, 많은, 일상생활에서 하는 모든 일.

❀ 돈頓: 머무를 돈. 저는 삼매에 들어 머무는 것으로 이해했습니다.

❀ 훈수薰修: 향을 피우면 그 향기가 몸이나 옷에 조금씩 스며들어 향기가 베이듯이 수행의 공덕도 점점 쌓여 깊은 삼매에 드는 것을 말합니다. 『대승기신론』에서는 훈습薰習이라고 표현했습니다.

❀ 삼매三昧: 삼매는 범어로 sammadi(止)입니다. 흐트러짐이나, 흔들림, 산란한 마음 없이 오로지 한결같은 고요한 마음입니다. 번뇌 망상으로부터 벗어난 고요한 상태를 정定, 선정禪定, 또는 삼매에 들었다고 합니다.

(5) 수지신시광명당受持身是光明幢

대다라니(Dharani)를 몸에 받아 지니면(受持) 그것이 곧 광명의 깃발(幢)이 됩니다. 깃발은 아무나 드는 것이 아닙니다. 깃발을 드는 사람은 리더(Leader, 지도자)입니다. 광명의 깃발을 든 리더는 스스로 관세음보살님이 되어야 합니다. 따라서 관세음보살님의 자비심을 실천하는 데 앞장서라는 뜻입니다. 이것이 중생구제를 서원하시는 관세음보살님의 바람입니다.

❖ 수지受持: 수지하는 것은 대다라니(Dharani)입니다. 여기서 수지의 뜻은 관세음보살님의 지혜와 자비의 공덕을 담고 있는 대다라니의 깊은 의미를 마음에 새겨 실천한다는 뜻입니다. 그러나 크게 보면 대다라니만 수지하는 것이 아니라, 부처님의 모든 가르침(불교)을 수지해야 하는 것입니다. 본래 수受는 경전을 취득하는 것을 말하며, 지持는 경전을 항상 지참하는 것을 말합니다. 그러나 지참하고 다니면 불편하기도 하고 잃어버릴 염려도 있습니다. 그러니 아예 머릿속에 다 집어넣어 두면 비가 오거나 불이 나더라도 살아 있는 한 잃어버릴 염려가 없습니다. 이것이 진정한 수지受持입니다.

❖ 광명光明: 어두움(무명)의 반대가 광명입니다. 어두움은 고통이며, 번뇌 망상입니다. 광명은 지혜이며, 어두움은 무명無明입니다. 불교는 무명을 밝히는 종교입니다.

❖ 『법화경』을 믿어 간직하고, 쓰거나 읽고, 외우며 공양하고, 다른 사람을 위해 설하는 사람을 법사法師라 합니다.(『법화경』 제10 법사품法師品 참조)
  – 수지受持: 경전을 받아 지니는 것.
  – 독독讀: 경전을 읽는 것.

- 송송誦: 경전을 외우는 것.
- 서사書寫: 경전을 베껴 쓰거나 출판하는 것.
- 위인연설爲人演說: 경전의 내용을 남에게 설명해 주는 일(爲人解說), 법문法門.

(6) 수지심시신통장受持心是神通藏

대다라니를 수지한 마음은 신통력의 창고와 같습니다. 대다라니를 수지 독송하는 공덕을 말하는 것입니다. 이러한 신통력으로 고통 받는 중생과 함께 하며 관세음보살님의 자비심을 실천하는 데 앞장서 라는 뜻입니다. 이러한 신통력을 지닌 사람이 중생제도에 앞장서야 하는 것입니다. 이것이 중생구제를 서원하시는 관세음보살님의 바람 입니다.

❀ 신통력神通力: 범부의 능력을 초월한 판단력과 해결책을 말합니다. 집착과 아상을 버린 지혜의 눈으로 보면 아무리 복잡하고 어렵고 힘든 일이라도 올바른 해결책이 보입니다. 부처님은 육신통六神通을 구족具足하셨습니 다. 육신통은 오랜 수행 끝에 나타나는 지혜로, 우리 마음에서 번뇌 망상과 집착과 아상이 사라져 한 점 티끌(먼지)마저 없을 때 나타나는 초능력의 현상입니다. 신神이란 보통사람으로는 헤아릴 수 없는 것(不可思議)을 말하고, 통通이란 통하여 걸림이 없는 것(無礙)을 말합니다. 그러나 이러한 능력은 수행의 부산물일 뿐 수행의 목적이 아닙니다. 이러한 초능력의 신통력으로 관세음보살이 되어 중생구제에 앞장서라는 뜻으로 이해해야 합니다.

❀ 장藏: 장은 보물을 저장하는 창고를 말합니다. 앞에서 법장法藏은 법의

창고, 즉 법을 담고 있는 경전을 뜻한다고 배웠습니다. 마찬가지로 신통장이란 신통력을 간직한 창고, 즉 지혜와 자비심으로 충만하신 관세음보살님의 마음이 신통장입니다.

❀ 부처님의 육신통六神通

  1) 천안통天眼通: 육안을 통하지 않고도 천리 밖을 볼 수 있는 지혜안智慧眼.
  2) 천이통天耳通: 천리 밖의 소리도 들을 수 있는 능력.
  3) 타심통他心通: 남의 마음을 읽을 수 있는 능력, 독심술.
  4) 숙명통宿命通: 전생을 포함한 인간의 운명을 알 수 있는 능력.
  5) 신족통神足通: 생각하는 곳에 마음대로 갈 수 있는 능력, 축지법.
  6) 누진통漏盡通: 번뇌를 끊을 수 있는 능력.

(7) 세척진로원제해洗滌塵勞願濟海

모든 부정적인 고통, 번뇌 망상, 무명 등등의 티끌(묵은 때)을 씻어내고 욕계欲界, 즉 고해(苦海: 고통의 바다)를 건너길 원하옵니다! 고해란 진로(塵勞: 티끌)가 덮고 있는 우리의 마음입니다.

　마음을 거울에 비유할 때, 거울이 한 점의 티끌도 없이 맑고 깨끗하면 사물을 있는 그대로 비추는 반면에, 더러운 때(塵勞)가 끼어 있으면 사물을 있는 그대로 비출 수 없는 것입니다. 부처님은 완벽하게 깨달으신 분이므로 사물을 있는 그대로 보시지만 중생은 마음에 더러운 때가 끼어 있어 사물을 있는 그대로 볼 수 없을 뿐입니다.

❀ 세척洗滌: 모든 부정적인 고통, 번뇌 망상, 불안, 무명 등 마음의 때가 진로塵勞입니다. 이런 진로를 씻어내는 것은 수행을 통해서만 가능한

것입니다. 이를 육신의 때를 씻어내는 것처럼 세척이라고 한 것입니다. 이런 진로塵勞를 세척하겠다고 원하는 것은 부처님 말씀을 따라 수행을 하겠다는 뜻입니다. 수행을 어렵게 생각할 필요는 없습니다. 수행은 출가자만 하는 것이 아니며, 『천수경』의 뜻을 마음에 새겨 실천하는 것이 수행이기 때문입니다.

❖ 진로塵勞: 마음을 더럽히고 피로하게 한다는 뜻으로 무명, 어두움, 삶의 고통, 번뇌, 망상, 불안 등등의 부정적인 것을 의미합니다. 한편 진塵은 육경六境의 뜻으로 육경에 의해서 번뇌가 일어나므로 번뇌를 진로塵勞라고 합니다.

왜 하필 번뇌나 죄업 등을 진(塵: 티끌)이라 할까요? 번뇌나 죄업은 티끌처럼, 셀 수 없을 만큼 많고, 또한 번뇌나 죄업은 우리 눈에 띄지 않기 때문일 것입니다. 티끌을 눈으로 보고 셀 수 있는 사람은 없을 것입니다. 그러니 쉽게 번뇌에 오염되고 죄를 짓는 것입니다. 번뇌나 죄업이 주먹만 해서 쉽게 눈에 띈다면 그리 쉽게 번뇌에 오염되고 죄를 짓지 못할 것입니다. 저의 견해입니다.

❖ 제해濟海: 고통의 바다를 건너다. 고통의 바다에서 벗어나다. 즉 마음을 덮고 있는 진로塵勞를 벗겨내는 것을 말합니다.

❖ 욕계欲界: 색욕色慾, 식욕食慾, 재욕財慾, 명예욕 등의 욕망이 강한 유정有情의 세계. 욕계는 고해를 말합니다.

❖ 고해苦海: 우리가 사는 사바세계가 고통의 바다(苦海)입니다. 사바세계란 고통을 참고 이기며 살아가야 하는 세계를 말합니다. 그래서 이를 '고통의 바다'라고 표현합니다.

제3장에서 고해와 관련된 구절이 다시 나옵니다. '원아조득월고해願我早得越苦海'입니다. 『천수경』에서는 이렇게 비슷한 말이 여러 번 반복됩니다.

(8) 초증보리방편문超證菩提方便門

자신만의 보리도菩提道를 얻는 데 머물지 않고(超證) 중생을 제도할 수 있는 방편문까지 얻겠다는 바람입니다. 보리도를 이루어 중생들을 제도해야 하는 것입니다. 중생제도란 바로 관세음보살님의 자비의 실천을 말합니다. 그래서 중생제도의 방편문이 필요한 것입니다.

참선에서도 내 한 몸의 해탈만 구하지 말고, 먼저 자비심을 일으키고 중생제도를 서원하라고 가르칩니다. '서도중생誓度衆生, 불위일신독구해탈이不爲一身獨求解脫爾'(『좌선의』 참조)

❀ 초超: 초월하다. 넘어서다. 벗어나다.
❀ 증證: 경험하여 깨닫다. 깨달음을 얻다. 증득하다.
❀ 보리菩提: 정각의 지혜.
❀ 방편方便: 보살이 중생을 구제하기 위해 쓰는 묘한 수단, 또는 진실한 교법에 끌어넣기 위해 가설假說한 법문을 말합니다. 크게 보면 부처님 말씀 모두가 방편입니다.

(9) 아금칭송서귀의我今稱誦誓歸依

이제 대다라니를 칭송하고 대비주大悲主께 귀의하며 맹세합니다.

이로써 관세음보살님의 가르침에 따라 살겠다고 맹세하는 것입니다. 관세음보살님의 가르침은 모든 집착과 아상, 아만, 번뇌 망상, 탐진치 삼독 등을 훌훌 던져 버리고 자비를 실천하는 것입니다.

계청하면서 '계수관음대비주稽首觀音大悲主', 이렇게 머리 숙여 절

하면서 대비주님의 위신력과 자비심에 귀의했습니다. 마지막으로
'아금칭송서귀의我今稱誦誓歸依!' 하면서 다시 한 번 대비주님께 귀의
하며 맹세하는 것입니다. 관세음보살님의 자비를 실천하는 삶을 살겠
다고 말입니다.

❖ 칭송稱誦: 칭稱은 大悲主를 찬미하는 것이고, 송誦은 大悲呪를 외우는 것을
    말합니다. 굳이 구분을 하자면 그런 것이고, 대비주大悲呪를 외우며 찬미하
    는 것이 대비주大悲主를 찬미하는 것입니다.
❖ 서誓: 신불神佛 앞에서 하는 약속이나 다짐을 말합니다.

(10) 소원종심실원만所願從心悉圓滿
    마음속에 원하는 바가 모두 원만하게 이루어지게 하여 주시옵소서!

    여기서 원하는 바는 욕심에 찬 개개인의 이기적인 소원이 아닙니다.
관세음보살님의 가르침에 따라 세우는 자리이타의 자비를 실천하겠
다는 서원을 말하는 것입니다. 이와 같은 자리이타의 서원 속에는
우리가 일상생활에서 바라는 시험, 사업, 결혼, 성공, 건강, 구직,
진급 등등의 모든 소원이 담겨 있습니다. 자리이타심이 없는 소원은
이기심이 됩니다. 그것은 개인의 복을 비는 기복祈福이자 기원祈願이
며 소원小願인 것입니다. 이 점에서 서원과 기원은 분명 차이가 있는
것입니다.
    관세음보살님의 서원은 대원大願으로서 고통의 바다에 빠진 중생
을 구제하는 데서 그치는 것이 아니라, 모든 중생들을 고통과 번뇌

망상이 사라진 열반의 세계, 즉 부처님의 세계로 인도하는 데 있습니다. 따라서 우리의 소원은 『반야심경』 마지막 구절인 '아제 아제 바라아제 바라승 아제 모지 사바하'[63]입니다.

❖ 실悉: 모두, 다, 전부.

❖ 종從: ~을 따라, ~을 좇아, ~로부터.

❖ 종심從心: 마음을 따라, 마음에서, 종심은 『논어』에서 70살을 의미합니다.
  * 종심소욕불유구從心所欲不踰矩: 공자께서 70에 이르러 하고 싶은 대로 하여도 법도를 어기지 않았다는, 논어論語에 나오는 말입니다.

❖ 원만圓滿: 일이 순조롭게 진행되거나 성격이 모나지 않고 둥글둥글한 것을 원만하다고 하나, 이는 사전적 의미입니다. 여기에서의 뜻은 '결함이나 부족함이 없이 가득 차다'의 뜻입니다. 원圓에는 이런 뜻이 담겨 있습니다.

3. 별원別願: 나무대비관세음~자득대지혜

1) 관세음보살의 십대원十大願

① 나무대비관세음南無大悲觀世音　원아속지일체법願我速知一切法
　　나무대비관세음南無大悲觀世音　원아조득지혜안願我早得智慧眼
② 나무대비관세음南無大悲觀世音　원아속도일체중願我速度一切衆
　　나무대비관세음南無大悲觀世音　원아조득선방편願我早得善方便
③ 나무대비관세음南無大悲觀世音　원아속승반야선願我速乘般若船

---

63 가자, 가자, 어서 가자, 저 피안의 세계, 깨달음의 세계, 열반의 세계로!

나무대비관세음南無大悲觀世音　원아조득월고해願我早得越苦海

④ 나무대비관세음南無大悲觀世音　원아속득계정도願我速得戒定道

　나무대비관세음南無大悲觀世音　원아조득원적산願我早得願寂山

⑤ 나무대비관세음南無大悲觀世音　원아속회무위사願我速會無爲舍

　나무대비관세음南無大悲觀世音　원아조동법성신願我早同法性身

원래는 관세음보살님께서 중생을 구제하기 위해 '천광왕정주여래'께 서원한 발원문입니다. 여기서 관세음보살님의 중생구제의 조급하신 마음을 읽을 수 있어야 합니다. 열 가지 서원을 처음부터 끝까지 '願我 速(속히)', '願我 早(빨리)' 이루고, 얻게 해 달라고 발원하십니다.

　이와 같은 관세음보살님의 대자대비한 마음을 배우는 우리는 관세음보살님과 같은 마음으로 서원을 하며, 중생을 구제할 수 있는 반야지혜를 구족한 법성신이 되고자 관세음보살님께 귀의하는 것입니다. 관세음보살님께 귀의하는 마음은 바로 모든 중생들에 대한 자비심을 일으키는 마음입니다.

　법성신은 다름 아닌 번뇌 망상에 끄달리지 않는 진정한 행복의 성취인 것입니다. 관세음보살님은 이러한 법성신을 혼자만의 행복을 위해 추구하지 말고, 남도 똑같이 행복하게 하라고 하십니다. 남도 나와 같이 행복하게 하는 것이 자리이타自利利他이며 중생제도입니다. 십대발원문은 번뇌 망상의 고통에서 벗어나 행복해지기를 서원하는 열 가지를 나열한 것입니다.

　그러나 실제로는 두 구절을 하나로 묶어 다섯 가지의 의미로 이해해야 합니다. 이것은 저의 견해이므로 기존의 해설에서는 볼 수 없습니다.

　①일체법을 깨달아 지혜의 눈이 열리게 하여 주시옵소서! (또는 지혜의 눈이 열려 일체법을 깨닫게 하여 주시옵소서!)
　②중생을 제도하고자 하오니 중생구제의 좋은 방편을 얻게 하여 주시옵소서!
　③반야지혜의 배를 타고 고통(사바세계)의 바다를 건너게 하여 주시옵소서!
　④계와 정의 도를 얻어 부처님이 사시는 원적산에 오를 수 있게 하여 주시옵소서!
　⑤무위사에 모여 법성신이 되게 하여 주시옵소서!

　그러나 십대발원문은 용어만 다를 뿐 내용상으로는 결국 같은 뜻입니다. 결론은 사바세계의 고통에서 벗어나 법성신이 되는 것입니다. 일체법을 깨닫거나 지혜의 눈이 열려도 법성신이 되는 것이며, 중생제도의 선방편을 얻어도 법성신이 되는 것이며, 반야선을 타고 고통의 바다를 건너도 법성신이 되는 것이며, 원적산에 오르거나 무위사에 모여도 법성신이 되는 것이기 때문입니다. 왜 법성신이 되어야 할까요? 답은 육향육서에서 찾아야 합니다.

① 나무대비관세음南無大悲觀世音　원아속지일체법願我速知一切法
　　나무대비관세음南無大悲觀世音　원아조득지혜안願我早得智慧眼

대자대비하신 관세음보살님께 머리 숙여 절하옵니다. 바라옵건대 하루 빨리 일체의 모든 법을 깨닫게 하여 주시옵소서! 바라옵건대 하루 빨리 지혜의 눈을 뜨게 하여 주시옵소서! (일체법을 깨달아 지혜의 눈이 열리게 하여 주시옵소서! 또는 지혜의 눈이 열려 일체법을 깨닫게 하여 주시옵소서!)

일체법을 깨달으면 법계의 현상을 있는 그대로 볼 수 있는 지혜의 눈(智慧眼)이 열립니다. 반대로 일체법은 지혜의 눈으로 보아야 보입니다. 일체법을 깨닫기 위한 과정도 수행이며, 지혜의 눈을 얻기 위한 과정도 수행입니다. 결과적으로 일체법과 지혜안은 둘이 아닙니다. 일체법과 지혜안의 관계를 잘 음미해야 합니다.

이러한 지혜안이 열려 일체법을 깨닫는 것은 다음에 나오는 '원아속도일체중', 즉 중생을 제도하기 위한 것임을 알아야 합니다. 부처님이 이 세상에 오신 것은 바로 일체법을 설하여 중생들을 제도하기 위한 것입니다. 이를 『법화경, 방편품』에서는 '일대사인연―大事因緣'이라고 합니다. 부처님 가르침을 불교라 할 때, 불교의 핵심은 일체법을 깨달아 일체중생을 제도하는 것이라 할 수 있습니다. 이를 다른 말로 자리이타自利利他라 합니다.

❖ 속지速知: 빨리 알다. 하루 속히 알다.
❖ 일체법―切法: 불교에서의 법法은 삼보의 하나로 부처님의 가르침을 말합니다. 또한 부처님의 가르침은 부처님이 증득하신 지혜를 말합니다. 일체법이란 이 세상의 존재하는 사물과 현상의 근본 원리로서 번뇌 망상의

근본 원인을 깨달아 고苦에서 벗어나는 팔만사천법문을 말합니다. 팔만사천법문도 중생이 번뇌 망상에 찌든 고통에서 벗어나 부처가 되는 법을 설한 다양한 방편일 뿐입니다.

❖ 지혜안智慧眼: 일체법을 볼 수 있는 눈을 말합니다. 사물을 있는 그대로 바라볼 수 있는 눈, 즉 통찰지혜를 말합니다. 불안佛眼이라고도 합니다. 불안은 부처님의 지혜의 눈을 말합니다. 이는 생각이나 어떤 추리로 얻어지는 지혜가 아니라 선정禪定 수행을 통해서만 얻어진다고 합니다. 옛날 조사들이 말씀하신 '산은 산이요, 물은 물이요'라고 할 때 산을 산으로, 물을 물로 볼 수 있는 눈이 지혜안입니다.

☞ 행복해지는 법

인간은 누구나 행복하고자 합니다. 그러나 늘 행복할 수는 없습니다. 행복을 가로막는 고통과 번뇌 망상 때문입니다. 고통과 번뇌 망상의 원인을 안다면 그 근본 원인을 제거함으로서 행복해질 수 있을 것입니다. 고통과 번뇌 망상의 근본 원인을 아는 법이 일체법입니다. 그래서 하루 속히 알아야 할 것은 일체법입니다. '원아속지일체법願我速知一切法'입니다.

일체법을 알고 나면 현상을 있는 그대로 볼 수 있는 지혜의 눈이 열립니다. 번뇌와 망상으로 가득한 분별심으로 세상을 본다면 항상 다툼과 고통이 따를 것입니다. 지혜의 눈으로만 고통과 번뇌 망상의 근본 원인을 볼 수 있으므로 지혜안은 우리의 행복을 가로막는 근본 원인을 제거할 수 있는 힘이 됩니다. 그래서 하루 빨리 지혜의 눈을 얻고자 하는 것입니다. '원아조득지혜안願我早得智慧眼'입니다.

'일체법과 지혜안'이 10대 발원문 첫머리에 나오는 이유를 알아야 합니다. 불교의 이름으로 행해지는 모든 행위는 자비를 바탕으로 합니다. 그러나 자비에 우선하는 것은 지혜입니다. 지혜를 바탕으로 올바른 인생관, 종교관, 철학관, 자비심 등을 가질 수 있기 때문입니다. 뒤에 이어지는 일체중생을 구제하고자 선방편을 얻고자 하는 마음은 자비심이지만 그러한 마음을 갖는 것도 지혜에서 나오는 것입니다. 번뇌 망상과 분별심으로 가득한 어리석은 마음에서 어떻게 자비심이 나오겠습니까? 일체중생을 제도하고자 하는 마음, 계정혜 삼학을 닦고자 발심하는 마음이 지혜로운 마음이며, 지혜로운 마음에서 행복을 느낄 수 있을 것입니다.

☞ 나무-아미타불, 관세음보살!
불자의 마음은 항상 '나무-아미타불, 관세음보살!'입니다. 무슨 뜻입니까?

  * 나무아미타불은 '아미타 부처님께 귀의합니다. 절하옵니다'의 뜻이며,
  * 나무관세음보살은 '관세음보살님께 귀의합니다. 절하옵니다'의 뜻입니다.

'나무아미타불'이나 '나무관세음보살'에는 '거룩한'이라는 말은 없습니다. 그러나 우리는 거룩한 아미타 부처님께, 관세음보살님께 귀의한다고 합니다. '나모南無: namo'에는 성스러운 분께 예경을 올린다는 뜻이 포함되어 있기 때문입니다.

나무南無는 'namo'로 표기하며 '나모'로 읽습니다. 나모(namo)를 삼장법사가 중국말로 옮길 때 '南無'로 표기한 것입니다. '南無'의

중국식 발음이 'na mo'이므로, 범어와는 발음상의 차이가 없습니다.

그러나 같은 한자라도 우리식 발음과 중국식 발음에는 차이가 있습니다. 원래는 '南無'를 우리식 발음으로는 '남무'로 읽어야 하겠지만, '남무'로 읽지도 않고, 그렇다고 중국식 발음으로 'na mo'로 읽는 것도 아니고, '나무'로 읽습니다. 그러나 '신묘장구대다라니'에서는 '나모: namo'라고 범어식 발음으로 정확하게 읽습니다. 어떤 원칙도 없는 셈이지요.

불교용어에서 이런 예를 많이 발견할 수 있습니다. '보리(boddhi): 菩提'도 마찬가지입니다. 한자로는 '菩提: 보제'로 써놓고 읽을 때는 '보리'로 읽습니다. '菩提'의 중국식 발음이 'puti'이기 때문입니다. 이 정도쯤은 대자대비하신 관세음보살님이나 아미타부처님께서 양해하시겠지요? 나무-아미타불, 관세음보살!

② 나무대비관세음南無大悲觀世音　원아속도일체중願我速度一切衆
　나무대비관세음南無大悲觀世音　원아조득선방편願我早得善方便

대자대비하신 관세음보살님께 머리 숙여 절하옵니다. 바라옵건대 하루 빨리 일체중생을 제도하게 하여 주시옵소서! 바라옵건대 하루 빨리 일체중생을 제도할 수 있는 좋은 방편을 얻도록 하여 주시옵소서! (일체중생을 제도하고자 하오니 중생구제의 좋은 방편을 얻게 하여 주시옵소서!)

일체중생을 제도하겠다는 자비심입니다. 그러나 관세음보살님의 자비심은 중생제도에서 그치는 것이 아니라 성불의 길로 안내하는 것입니다. 중생들은 이와 같은 관세음보살님의 자비심을 배워야 하는 것입니다. 중생을 제도하겠다는 관세음보살님의 자비심이 바로 나를 내려놓는 무아無我의 마음입니다. 무아는 나와 남을 분별하지 않는 것을 말합니다. 즉 이기적인 자신(ego)에 집착하지 않는 것이 무아입니다. 이기적인 자신에 집착함으로서 나와 남을 분별하기 때문입니다.

앞서의 지혜안이 열려 일체법을 아는 것도 결국은 중생을 제도하기 위한 것임을 알아야 합니다. (원아속도일제중)

❖ 도度: 고난, 어려움, 불행 등의 고통에서 벗어나게 제도濟度한다는 의미입니다.

❖ 일체중一切衆: 인연에 따라 모여 살고 있는 생명이 있는 모든 중생들을 말합니다. 일체중생이란 자신이나 자신의 가족을 포함한 모든 중생을 말합니다.

❖ 선善: 여기서 선善은 착하다는 뜻이 아니라, '좋은'의 뜻입니다. '잘 한다' 할 때의 '잘'이라는 뜻도 있습니다.

☞ 선방편善方便
방편은 불보살이 중생을 구제하기 위해 쓰는 묘한 수단. 또는 진실한 교법에 끌어넣기 위해 가설한 법문, 좋은 결과를 가져오기 위한 하나의 수단 등의 의미입니다. 요새말로 아이디어입니다. 따라서 선방편은 '좋은 아이디어'로 이해하면 됩니다. 방편은 하나일 수 없습니다.

일체중생의 수만큼이나 많다고 할 수 있습니다. 초등학생에게는 초등학생의 수준에 맞는 방편이 있고, 대학생에게는 대학생 수준에 맞는 방편이 있을 수 있습니다. 젊은 사람에게는 젊은 사람에게 맞는 방편이 있을 수 있고, 나이든 사람에게는 나이든 사람에 맞는 방편이 있을 수 있습니다. 그 사람의 수준과 근기에 맞는 그리고 그 상황에 맞는 방편이 곧 선방편입니다. 따지고 보면 부처님 말씀인 팔만대장경의 내용 모두가 중생을 제도하기 위한, 혹은 부처님의 가르침을 깨닫게 하기 위한 좋은 방편입니다.

중국 천태종의 개조인 천태지자는 방편이란 통할 수 있는 문이라고 설합니다. 부처님의 지혜, 즉 깨달음의 세계로 들어가는 문이나 수단이기 때문입니다. 따라서 부처님의 가르침인 법보法寶가 방편이며, 방편은 부처님의 지혜(佛智慧, 智見)를 얻은 후에는 버려야 하는 것들입니다.

경을 열면서(開經偈) 부처님 법이 미묘한 것을 알았습니다(무상심미묘법). 부처님 법이 미묘한 것은 그 사람의 근기와 수준에 맞는 방편이 되어주기 때문입니다. 『법화경, 보문품』에 보면, 부처님께서 무진의 보살에게 자세하게 말씀하십니다.

선남자여!
관세음보살은 부처의 몸으로서 제도할 이에게는 부처의 몸을 나타내어 법을 말하고, 벽지불의 몸으로 제도할 이에게는 벽지불의 몸을 나타내어 법을 말하고, 성문의 몸으로 제도할 이에게는 성문의 몸을 나타내어 법을 말하느니라.

이렇게 중생의 근기에 따라 그에 맞게 설하는 것이 선방편입니다. 이를 대기설법[64]이라 합니다. 더 자세한 것은 『법화경 25, 관세음보살 보문품』을 참조하시기 바랍니다.

③ 나무대비관세음南無大悲觀世音　원아속승반야선願我速乘般若船
　　나무대비관세음南無大悲觀世音　원아조득월고해願我早得越苦海

대자대비하신 관세음보살님께 머리 숙여 절하옵니다. 바라옵건대 하루 빨리 반야(지혜)의 배를 타게 하여 주시옵소서! 바라옵건대 하루 빨리 고통의 바다를 건너게 하여 주시옵소서! (반야지혜의 배를 타고 고통(사바세계)의 바다를 건너게 하여 주시옵소서!)

---

64 대기설법對機說法은 수의설법隨宜所說과 같은 의미로, 듣는 사람의 성격이나 이해 능력, 수준에 맞춘, 응병여약(應病與藥: 병에 따라 각기 다른 약을 쓰는 것)의 설법입니다. 수행을 열심히 했는데도 깨달음에 이르지 못한 소나 비구에게 세존께서 "거문고의 줄은 지나치게 팽팽해도 안 되고 지나치게 느슨해서도 안 되듯이, 수행도 고행이 지나치면 마음이 격해져 고요해질 수 없으며, 지나치게 풀어지면 게으름에 빠진다."면서 중도를 취해야 한다고 하셨습니다. 그러나 아나율(존자)에게는 부지런히 정진할 것을 채근한 결과 아나율은 불면不眠의 수행으로 육신의 눈은 잃었지만 천안天眼을 얻었습니다. 이는 자신의 깨달음과 수행의 경험을 전하기 때문에 가능한 것이었습니다.
반면 예수님의 경우는 듣는 사람의 수준이나 성격에 따라 달리 설하지 않았습니다. 이는 신神의 말씀을 전했기 때문입니다. 그가 전하는 신의 말씀은 상대의 성격이나 사회적 지위와 상관없이 절대적이며, 듣는 사람의 성격에 따라 달리 할 수 없는 독선적인 것이었습니다.

중생들과 함께 반야선을 타고 고해를 건너는 것입니다. 반야선에
승선만 하면 고해는 쉽게 건너는 것입니다. 반야선을 타고 고해를
건너서 가는 곳은 열반의 세계(彼岸)입니다.

❋ 반야般若: 반야(prajna)는 보통 말하는 판단능력인 이리 재고 저리 따지는
  분별지分別知와 구분되는 통찰지혜를 말합니다. 불교에서 추구하는 깨달
  음은 바로 통찰지혜를 얻는 것을 말합니다.
❋ 반야선般若船: 고통의 바다(苦海)를 건너가는 지혜의 배를 말합니다. 반야의
  배도 결국은 좋은 방편 중의 하나입니다.
❋ 고해苦海: 우리가 사는 사바세계를 생로병사가 있는 고통의 바다라 합니다.

④ 나무대비관세음南無大悲觀世音   원아속득계정도願我速得戒定道
   나무대비관세음南無大悲觀世音   원아조득원적산願我早得圓寂山

대자대비하신 관세음보살님께 머리 숙여 절하옵니다. 바라옵건대
하루 빨리 계戒와 정定의 도(道: 慧)를 이루게 하여 주시옵소서!
바라옵건대 하루 빨리 원적산에 오르게 하여 주시옵소서! (계戒와
정定의 도道를 얻어 원적산에 오를 수 있게 하여 주시옵소서!)

여기서 '계정도戒定道'를 '계, 정의 길'로 해석할 수도 있으나, '도道'를
'혜慧'로 해석하여 '계戒, 정定, 혜慧' 삼학三學으로 이해하는 것이 타당
합니다. '계, 정, 혜'는 불도에 들어가는 계(율)[65], 선정, 지혜를 줄여

---

65 계戒는 '무엇을 하지 말라'는 타율적인 금지의 의미보다는 스스로 살생, 투도,

이르는 말로, 계를 닦게 되면 선정을 얻게 되고, 선정을 닦으면 지혜를 얻게 되고, 지혜를 닦으면 맑은 마음을 얻게 되는 것입니다. 따라서 계정혜 삼학은 보통 부처님의 가르침에 따라 해탈을 추구하는 불자라면 당연히 배우고 지켜야 할 바입니다.

계戒는 수행자가 아니더라도 인간으로서 살아가면서 '해야 할 일'과 '하지 말아야 할 일'을 구분하는 윤리와 도덕적 개념의 질서를 지키는

사음 등의 악을 떠나 남들의 이익에 반하거나, 청정행이 아닌 것을 버리고 범행梵行을 닦겠다는 자발적인 결의의 의미를 갖습니다. 따라서 우리가 익히 알고 있는 불살생不殺生, 불투도不偸盜, 불사음不邪淫 등은 '살생이나 투도, 사음 등을 하지 마라' 하는 타율적인 금지가 아니라, 스스로 살생이나 투도, 사음하는 것에 대한 반성이나 부끄러운 마음을 가지고 이러한 행위를 하지 않겠다는 자발적인 결의입니다. 계戒의 원어 시라(sila)는 원래 습관이나 경향, 성격 등의 의미였는데, 이것이 변하여 착한 행위나 습관 또는 도덕적 행위 등으로 쓰이게 되었습니다.

반면 율律은 강제적인 것으로, 출가수행자들이 지켜야 할 규칙들로 벌칙이 따르는 강제적인 금제禁制의 의미를 갖습니다. 승가가 점차 조직화되고 안정된 경제적 기반을 갖추게 됨에 따라 출가수행자들은 걸식을 하지 않고, 사원이나 승원에 모여 집단적인 수행생활을 하게 되었고, 집단생활에 따른 갖가지 규율이 정해지고, 사안에 따라 필요한 규율이 하나씩 새롭게 정해지게 되었습니다.

이처럼 승가(승단)가 정착되고 발전하면서 계와 율의 구분 없이 승가에서 지켜야 할 규율이나 규칙을 계율戒律로 이해하게 되었습니다. 그러나 승가는 부처님의 가르침을 배우고 실천하려는 자발적인 단체라는 점에서, 금제의 율律보다는 스스로의 결의에 의해 마음을 깨끗이 하고(自淨其意), 악을 떠나 범행(선행)을 닦고(諸惡莫作 衆善奉行), 계戒를 지키는 것이 불교의 본래 의미(是諸佛敎)라 할 수 있습니다. 대부분의 종교는 지켜야 할 타의적이고 금제적인 교리가 있으나, 불교의 계는 스스로의 결의에 의해 마음을 깨끗이(自淨其意) 한다는 점에서 불교를 불교답게 그리고 타 종교와 비교되게 하는 용어입니다.

의미이며, 정定이란 계를 지킴으로서 마음에 불안이 없는 고요하고 안정된 상태, 즉 선정을 말하며, 혜慧란 이와 같은 정의 상태에서 나오는 지혜를 말합니다. 따라서 계, 정, 혜 삼학은 별개의 개념이 아닌 하나의 연결된 개념입니다. 불교는 계, 정, 혜 삼학의 종교라 할 수 있습니다. 따라서 반야선을 타려는 사람, 원적산에 오르려는 사람은 삼학을 잘 닦아야 된다는 뜻입니다. 반야선의 승선乘船 자격과 원적산의 등산登山 자격은 바로 계, 정, 혜 삼학을 닦는 것입니다.

❀ 원적산願寂山: 온갖 무명과 번뇌, 탐, 진, 치 삼독이 소멸된 본래의 적멸寂滅한 마음자리, 깨달음, 열반을 말합니다. 상징적으로 부처님은 원적산에 계신다고 합니다. 열반의 세계를 등산에 비교한 이유는, 산은 험난하여 오르기가 힘들지만 일단 정상에 오르고 나면 정상에 오른 사람만이 느끼는 쾌감과 만족감이 있기 때문입니다. 히말라야 정상에 오르는 등산가를 생각하시기 바랍니다. 수많은 사람들이 등산 중에 사고를 당해 죽었지만 히말라야 정상에 오르려는 사람은 끊이지 않고 있습니다. 마찬가지로 부처님의 진리를 깨닫기는 힘들어도 일단 깨닫고 나면 모든 고통으로부터 벗어난 '열반의 세계'에 이르게 됩니다.

⑤ 나무대비관세음南無大悲觀世音　원아속회무위사願我速會無爲舍
　나무대비관세음南無大悲觀世音　원아조동법성신願我早同法性身

대자대비하신 관세음보살님께 머리 숙여 절하옵니다. 바라옵건대 하루 빨리 무위사에 모이게 하여 주시옵소서! 바라옵건대 하루 빨리 부처님 같은 법성신이 되게 하여 주시옵소서! (무위사에 모여 법성신이 되게 하여 주시옵소서!)

부처님이 사시는 집인 무위사에 입주할 수 있는 자격이 법성신입니다. 무위사나 법성신은 깨달음을 의미합니다. 무위사에 모이는 것도 깨달음이요, 법성신이 되는 것도 깨달음입니다. 법성신은 깨달음을 얻어 반야지혜를 구족한 몸으로 중생을 제도하는 근본이 됩니다.

『반야심경』에서는 깨달음에 이르는 길을 이렇게 노래합니다. '가자! 가자! 어서 가자! 저 깨달음의 세계로!' (아제 아제 바라아제 바라승아제 모지-사바하)

❀ 무위사無爲舍: 제2장의 '무위심내기비심'에서 무위심無爲心을 공부했습니다. 무위는 무엇을 해도 무엇을 했다는 함(爲)이 없는, 조작이 없는, 흔적이 없는 것을 말합니다. 무위는 본래 열반의 뜻입니다. 불교에서 최상승의 성취가 무위의 도입니다. 무위사란 무위의 집, 또는 무위심의 사람들이 사는 집이라는 뜻으로, 결국 무위사나 원적산은 열반의 세계를 상징하는 말입니다. 부처님이 사시는 동네가 원적산이며, 사시는 집이 바로 무위사입니다. 따라서 무위사는 집착과 아상을 버려 번뇌 망상이 사라진 본래의 청정한 그 마음자리를 말합니다.

❀ 사舍: 집, 모이는 곳을 말합니다.

❀ 법성法性: 진리, 진아를 말합니다. 「법성게」는 "법성원융무이상法性圓融無二相"으로 시작합니다. 여기서 '법성'을 법과 성이라고도 하고, 법의 성품이라도 합니다.

❀ '원아조동법성신'은 앞의 아홉 가지 단계의 원을 모두 성취하게 되면 끝에 가서는 자기 자신이 진리화(眞理化: 법성신, 부처)가 된다는 뜻입니다.

즉 일체의 집착과 분별심을 놓아버린 그 자리가 바로 법성신, 진아眞我의
자리입니다.

☞ 법성신法性身과 오온신五蘊身

법성신의 성격을 노래로 표현한 「법성게法性偈」에는 "본래 법과 성품
(또는 법의 성품)은 원융하여 두 모습이 없고(法性圓融無二相), 모든
법은 고요하여 움직이지 아니하니 본래 적요한 진여의 모습 그대로다
(諸法不動本來寂)"라고 했습니다.

원융圓融이란 모든 현상이나 사물이 각각의 속성을 잃지 않고 제
모습을 지키면서도 차별이나 분별이 없기에 서로 걸림(碍)이 없으며,
걸림이 없기에 상즉相卽 상입相入하며 하나로 융합된 모습을 말합니
다. 산천초목, 산하대지에 펼쳐진 자연 그대로의 하나의 모습(無二相)
이 바로 원융이고, 제법실상이고 진여의 모습입니다.

진여의 모습 그대로가 또한 법성원융무이상의 '원圓'과 제법부동본
래적의 '적寂'을 딴 '원적圓寂'입니다. 이를 『천수경』에서는 인위와
조작이 없는 자연 그대로의 산에 비유하여 원적산圓寂山이라 했으며,
옛 선사들은 "산은 산이요, 물은 물이다"라고 했습니다. 우리의 몸에
비유하면 깨달음을 얻은 해탈의 원적신圓寂身이 되며, 원적신이 바로
법성신입니다.

법성신의 반대는 오온五蘊의 오온신五蘊身입니다. 오온이란 다섯
(五) 가지가 쌓인(蘊) 물체로, 우리의 몸을 말하기도 합니다. 우리(중
생)의 몸은 나(自我)라고 할 만한 실체가 없고 다만 인연因緣에 의해
오온이 잠시 모인 것에 불과합니다. 인연이 다하면 다시 흩어진다는

말입니다. 우리의 몸만 그러한 것이 아니라 우주만물 현상세계가 모두 인연에 의해 오온이 뭉쳐진 일시적인 존재에 불과합니다.

그럼에도 미혹한 중생은 영원히 살 것처럼 착각하여 애욕과 번뇌와 생사의 거래去來에 집착하여 온갖 죄업을 짓고 천만 가지 생사고生死 苦에 허덕이게 됩니다. 특히 권력자나 정치인들의 모습이 더욱 그렇습니다.

'오온이란 텅 비어 실체가 없다'는 공空한 이치를 모르기에 중생이며, 그래서 수행을 하는 것입니다. 중생의 오온신에서 해탈의 법성신으로 나아가기 위해서 말입니다.

『반야심경』에는 "오온이 모두 공함을 비추어 봄으로써(照見五蘊皆空), 일체의 고액(苦海)을 건넜다(度一切苦厄)"라고 합니다. 일체의 고액을 건넜다는 것은 해탈(반야, 니르바나, 법성신)에 이르렀다는 것을 말합니다.

오온이란 '색수상행식色受想行識'으로 ①색色: 모양과 이름이 있는 우주만물(물질)을 말합니다. 우주만물은 지수화풍地水火風 사대四大로 이루어졌기에 지수화풍의 이합離合·집산集散에 따라 생멸을 반복하는 것입니다. 사대를 우리의 몸에 비유하자면 뼈는 땅(地), 혈액은 물(水), 체온은 화火, 숨 쉬는 것은 풍風이라 합니다. ②수受는 색色을 보고 느끼는 마음의 작용으로 괴롭다, 즐겁다, 슬프다 등의 느낌을 말합니다. ③상想은 받아들인 것에 대해 긍정과 부정을 판단하는 것, 즉 생각을 말합니다. ④행行은 생각한 후 행동으로 옮기는 것을 말합니다. ⑤식識은 인식을 말합니다. 인식이란 알음알이로 대상(경계)을 의식하고 분별하는 마음의 작용을 말합니다.

2) 관세음보살의 육대서六大誓: 육향육서六向六誓

육향육서六向六誓는 법성신이 되었을 때 나타나는 6가지 위신력을 말합니다. 이러한 위신력은 관세음보살님이 중생구제에 사용하시는 위신력입니다. 관세음보살님의 위신력으로 지옥, 축생, 아귀, 아수라 등 사악도四惡道의 중생심을 제도하는 육회향六廻向입니다. 여기서 인간과 천상은 제외됩니다. 이유는, 수행의 주체가 인간이기 때문에 인간은 제외되며, 인간이 죽으면 육도의 상위 고리인 천상에 태어나는 것이 목표였기 때문에 천상 또한 제외되는 것입니다.

『천수경』에는 '아(我: 나)'가 여러 번 나타납니다. 상황에 맞는 '나(我)'의 정확한 이해 없이는 『천수경』을 올바로 알 수 없습니다.

여기서 첫 번째의 '나(我)'는 신통력과 위신력을 갖춘 법성신으로서의 관세음보살님입니다. 관세음보살님은 그러한 신통력과 위신력으로 칼산, 화탕, 지옥에 빠진 중생을 구제하고, 굶주린 아귀를 배부르게 하고, 악심을 조복 받고, 축생에게 지혜를 주는 대자비를 베푸시는 것입니다.

칼산, 화탕, 지옥은 다른 곳에 있는 것이 아니라 우리들 일상생활 속에 있습니다. 일상생활에서 힘들고, 불안하고, 불행한 일이 겹치고, 하는 일이 마음먹은 대로 되지 않는 것이 모두 다 칼산이고, 화탕이고, 지옥인 것입니다. 이럴 때 자비로우신 관세음보살님께 무한한 믿음과 절대적인 신뢰를 가지고 '나무관세음보살!' 하는 것입니다. 일상생활에서 괴로울 때나 즐거울 때나 항상 '나무관세음보살!' 하는 것입니다. 그래서 일상생활이 '나무관세음보살!'인 것입니다.

두 번째의 '나(我)'는 관세음보살님의 가르침을 따르는 수행자로서의 우리들 자신입니다.

달리 말하면 관세음보살님의 지혜와 자비를 믿고 신앙하는 사람, 『천수경』을 공부하는 사람, 불교를 공부하는 사람 등은 스스로 관세음보살님의 마음으로 살고자 하는 사람입니다. 결국은 나와 관세음보살님이 둘이 아닌, 관세음보살님과 하나가 되는 것입니다. 즉, 내가 관세음보살님이 되는 것입니다. 이것이 관세음보살님의 바람입니다. 앞의 10대원에서 "대자대비한 관세음보살님, 저도 하루 속히 법성신이 되겠습니다.(나무대비관세음 원아조동법성신)"라고 서원했으니 이미 법성신이 되었습니다. 그렇다면 무엇 때문에 법성신이 되고자 하였습니까? 관세음보살님의 자비심을 실천에 옮기기 위해서이며, 그 실천이 바로 육향육서입니다. 따라서 육향육서는 불교공부는 물론 모든 공부의 핵심이자 목적이 되어야 하는 것입니다. 이와 같은 관점으로 관세음보살님의 자비심과 위신력을 이해하면서 우리 스스로 중생구제의 관세음보살이 되는 것입니다.

진정한 중생제도는 누구를 제도하는 것만 말하는 것이 아닙니다. 중생구제는 그렇게 거창한 것이 아닙니다. 『천수경』을 읽고 관세음보살님의 마음을 이해하는 것도 중생구제이고, 관세음보살님의 자비를 실천하는 것도 중생구제입니다. 남을 제도하진 못할망정 본인 스스로만 제도해도 대단한 중생제도인 것입니다. 부모님에게 큰 효도는 못해도 부모님 속 안 썩이는 것도 효도이듯이 말입니다. 불법을 열심히 공부하는 것도 중생제도입니다. 불법을 공부하는 사람은 남은 구제하지 못할지라도, 적어도 남을 해롭게 하진 않을 것이니까요.

세상에는 사회에 해악을 끼치며 자신은 물론 남에게 고통을 주며 살아가는 사람들이 너무나 많습니다. 특히 법을 집행하는 자나 정치인 권력자들이 그렇습니다. 공정한 법의 집행을 외면한 채 특권과 반칙으로 사회를 병들게 하기 때문입니다. 그러니 남(중생)에게 해악을 안 끼치고 살아가는 것이 가장 시급한 중생제도입니다. 우리는 이미 중생을 제도하고 있습니다. 특권이나 반칙 없이도 우리 가족을 잘 부양하고 있으니까요. 우리의 가족 일원 모두가 사회에 해악을 안 끼친다면 그 자체로서 대단한 중생제도이며, 그 사회는 이미 불국토입니다.

(1) 아약향도산我若向刀山 도산자최절刀山自摧折

　관세음보살님이 칼산에 가시면 칼산은 저절로 부서집니다.
　관세음보살님 대신에 '나(我)'를 넣어 보았습니다. ⇒ 칼산에 내가 가면 칼산은 저절로 부서집니다.

　칼산은 험난한 인생역정을 나타냅니다. 칼산을 딛는 고난과 역경을 당한다고 하더라도 '나무대비관세음!' 이렇게 기도하는 마음으로 살게 되면 칼산을 딛는 고난과 역경은 저절로 사라져 버릴 것입니다.

❀ 최절摧折: 꺾을 최, 부러질 최摧, 꺾을 절折, 부러질 절

(2) 아약향화탕我若向火湯 화탕자고갈火湯自枯渴

　관세음보살님이 화탕 지옥에 가시면 화탕은 저절로 고갈됩니다.

관세음보살님 대신에 '나(我)'를 넣어 보았습니다. ⇒ 화탕 지옥에 내가 가면 화탕은 저절로 고갈됩니다.

화를 잘 내는 마음, 성 내는 마음, 복수심이 가득 찬 마음, 분노에 가득 찬 마음이 바로 부글부글 끓는 화탕입니다. 우리는 분노심 또는 복수심에서 싸움도 하고 심지어는 살인도 합니다. 화탕의 온도는 8만4천도라고 합니다. 이럴 때도 '나무대비관세음!' 이렇게 기도하면 화탕은 저절로 고갈되고 소멸되어 말라버립니다. 우리는 행복하기 위해 관세음보살님을 찾고 기도합니다. 그러나 살인을 한다면 행복은 커녕 인생은 아주 끝나는 것입니다. 이와 같이 살인도 막을 수 있는 분이 바로 관세음보살님입니다.

❖ 화탕火湯: 펄펄 끓는 물. 용광로.
❖ 화탕자고갈火湯自枯渴: 어떤 책에는 '화탕자소멸 지옥자고갈'이라고 되어 있으나, 화탕은 소멸되는 것이 아니라 말라 없어지니까 고갈枯渴이 맞습니다.

(3) 아약향지옥我若向地獄 지옥자소멸地獄自消滅
관세음보살님이 지옥에 가시면 지옥은 저절로 소멸됩니다.
관세음보살님 대신에 '나(我)'를 넣어 보았습니다. ⇒ 지옥에 내가 가면 지옥은 저절로 소멸됩니다.

지옥은 멀리 있는 것이 아니라 내 마음속에 있습니다. 남에게 드러내

놓지 못하고 온갖 번뇌로 혼자서 부글부글 애태우는 불안한 마음, 스트레스가 지옥입니다. 이럴 때도 '나무대비관세음!' 이렇게 기도하면 내 마음의 지옥은 저절로 소멸되어 사라집니다.

❀ 지옥자소멸地獄自消滅: 사라진다는 뜻으로 '지옥은 소멸된다.'라고 해야 맞습니다. 그러나 단순히 없어진다는 의미에서는 말라서 없어지나(고갈) 사라져서(소멸) 없어지나 없어지기는 마찬가지이므로 큰 의미가 없는 것 같습니다.

(4) 아약향아귀我若向餓鬼 아귀자포만餓鬼自飽滿
   관세음보살님이 아귀에게 다가서시면 굶주린 아귀는 저절로 배가 불러집니다.
   관세음보살님 대신에 '나(我)'를 넣어 보았습니다. ⇒ 내가 아귀에게 다가서면 굶주린 아귀는 저절로 배가 불러집니다.

   아귀는 분수에 넘치는 탐욕스런 마음의 상징입니다. 굶주린 아귀 같은 탐욕스런 마음도 '나무대비관세음!' 이렇게 기도하면 탐욕스런 욕망도 사라집니다. 이는 스스로 탐욕스런 아귀가 되는 것이 아니라, 굶주린 아귀를 배부르게 하는 것입니다. 즉, 베푸는 마음을 가져야 하겠습니다. 베푸는 마음을 갖는 것은 결코 어려운 것이 아닙니다. 분에 넘치는 탐욕스런 마음을 짓지 않는 것이 베푸는 마음의 시작이며 자비의 실천입니다. 탐욕스런 마음이 없다면 다툼도 없는 것입니다. 탐욕스런 마음에서 다툼이 생기고, 분쟁이 생기고, 번뇌 망상이 생깁니다. 탐욕스런 마음은 탐진치 삼악三惡 중의 하나입니다.

❀ 아귀餓鬼: 아귀는 탐욕으로 가득한 굶주린 귀신으로, 몸은 태산만 하나 목구멍은 바늘구멍만 해서 제대로 먹을 수가 없습니다. 그래서 늘 걸근거립니다.

(5) 아약향수라我若向修羅 악심자조복惡心自調伏
   관세음보살님이 아수라에게 다가서시면 악한 마음은 저절로 항복됩니다.
   관세음보살님 대신에 '나(我)'를 넣어 보았습니다. ⇒ 내가 아수라에게 다가서면 악한 마음은 저절로 항복됩니다.

   아수라 같은 질투와 욕심과 투쟁심이 들 때도 '나무대비관세음!' 이렇게 기도하면 강철 같은 투쟁심은 사라집니다. 스스로 악한 마음을 조복調伏받는 것입니다.

❀ 아수라: 육도윤회의 한 축으로, 질투와 욕심이 많으며 투쟁심이 높다고 합니다.

(6) 아약향축생我若向畜生 자득대지혜自得大智慧
   관세음보살님이 축생계에 다가서시면 축생은 스스로 큰 지혜를 얻게 됩니다.
   관세음보살님 대신에 '나(我)'를 넣어 보았습니다. ⇒ 내가 축생계에 다가 서면 우치愚癡한 축생은 스스로 큰 지혜를 얻게 됩니다.

축생과 같은 어리석음은 마음이 들 때에도 '나무대비관세음!' 이 렇게 기도하면 스스로 큰 지혜를 얻게 됩니다. 지혜는 바로 깨달음 입니다.

❖ 축생畜生: 육도윤회의 한 축으로 축생(짐승)의 세계를 말하며, 축생보다도 못한 짓을 서슴치 않는 인간의 어리석음을 의미합니다. 남이 시키는 대로만 하는 주관이 없는 사람, 돈의 노예가 된 사람, 인간성을 상실한 사람은 모두 축생의 세계를 살고 있는 것입니다.

◉ 관세음보살님의 마음으로 칼산에서부터 축생계까지 두루 살펴 보았습니다. 탐욕스런 마음, 어리석은 마음, 성내는 마음, 악한 마음, 투쟁하는 마음 등을 내지 않는 것이 베푸는 마음의 시작이며, 관세음보 살님의 자비를 실천하는 마음입니다. 그런 마음을 내지 않을 때 우리의 마음은 고요하고 평화로울 것입니다. 관세음보살님의 자비를 실천하 기 위해서는 내 마음이 먼저 고요하고 평화로워져야 합니다. 고요하고 평화로운 마음에서 베푸는 마음도 생기고, 자비스런 마음도 생기는 것입니다.

관세음보살님의 자비를 실천하는 마음은 결코 무엇을 베풀거나 물질적인 보시를 해야만 하는 거창한 마음이 아닙니다. 가진 것이 없더라도 남에게 베풀 수 있는 무재칠시無財七施[66]라는 것이 있습니다.

66 『잡보장경』에는, 가진 것이 없더라도 남에게 베풀 수 있는 일곱 가지 덕목으로,

항상 웃는 얼굴, 호의적인 눈빛, 친절한 말씨, 상대를 배려하는 마음, 몸으로 하는 봉사, 양보하는 마음, 신변을 깨끗이 하는 것 등입니다. 부처님은 이를 실천하면 행운이 따른다고 했습니다. 이는 돈 드는 것도 아니고, 힘 드는 일도 아닙니다. 그래서 더욱 어렵습니다.

불교의 경전 공부는 아주 쉽습니다. 부처님의 마음을 이해하고, 관세음보살님의 마음을 이해하고 그 마음을 하나라도 실천만 하면 되기 때문입니다. 아니 그런 마음을 갖기만 해도 됩니다. 그런 마음을 자주 내다보면 언젠가 몸에 밸 날이 올 것이기 때문입니다. "신을 섬기다 보면 신을 닮게 되고, 나중에는 신이 된다."는 말이 있습니다. 마찬가지로 독경을 하고 염불을 하다 보면 그 뜻을 알게 되고, 관세음보살님을 닮게 되고, 나중에는 관세음보살이 되는 것입니다. 그러나 경전을 읽고, 사경을 하고, 염불을 하고, 기도를 하더라도 그 속에 담긴 진정한 뜻이 무엇인가를 음미하지 못한다면 아무런 의미가 없습니다. 하루 종일 독경을 하고 염불을 하더라도 내가 하는 것이 아닌, 녹음기로 테이프를 돌리는 것과 다를 바가 없기 때문입니다.

남에게 베푸는 것이 꼭 돈으로만 베푸는 것이 아님을 보여줍니다. ①안시眼施: 편안하고 다정한 눈빛으로 사람을 대하는 것, ②화안열색시和顔悅色施: 밝고 환한 얼굴로 사람을 대하는 것, ③언사시言辭施: 공손하고 아름다운 말로 사람들을 대하는 것, ④신시身施: 예의 바르고 친절하게 사람을 대하는 것, ⑤심시心施: 착하고 진실한 마음으로 사람을 대하는 것, ⑥상좌시床座施: 다른 사람에게 자리를 양보하는 것, ⑦방사시房舍施: 갈 곳 없는 사람에게 잠자리를 제공해 주는 것.

4. 별귀의別歸依, 소청召請: 나무관세음~아미타불

관세음보살님의 대비주인 '신묘장구대다라니'의 독송에 앞서, 아미타 삼존과 십대보살을 증명법사로 모시고 지극한 마음으로 예경하며 귀의하는 항목입니다. 아미타 3존이란 법단 중앙에 모신 서방정토의 교주이신 아미타 부처님과 좌보처인 관세음보살님과 우보처인 대세지보살님을 말합니다.

소청召請은 관세음보살님을 간절히 불러 자신의 몸과 마음속에 녹여 없애는 것을 말합니다. 얼마나 간절해야 몸과 마음속에 녹아 없어질까요?

나무관세음보살마하살南無觀世音菩薩摩訶薩

나무대세지보살마하살南無大勢至菩薩摩訶薩

나무천수보살마하살南無千手菩薩摩訶薩

나무대륜보살마하살南無如意輪菩薩摩訶薩

나무대륜보살마하살南無大輪菩薩摩訶薩

나무관자재보살마하살南無觀自在菩薩摩訶薩

나무정취보살마하살南無正趣菩薩摩訶薩

나무만월보살마하살南無滿月菩薩摩訶薩

나무수월보살마하살南無水月菩薩摩訶薩

나무군다리보살마하살南無軍茶利菩薩摩訶薩

나무십일면보살마하살南無十一面菩薩摩訶薩

나무제대보살마하살南無諸大菩薩摩訶薩

나무본사아미타불南無本師阿彌陀佛 (세 번)

관세음보살은 범어로 아바로기데스바라(avalokitea svara)이며, 아바로기데(avalokita)와 이슈바라(isvara)의 합성어입니다. 아바로기데는 '내려다보다'의 과거분사(형용사)이며, 이슈바라는 '가진 자', '다스리는 자', '내려다보는 자' 등의 뜻이 있습니다. 그러므로 '내려다본 것을 잘 다스리는 자'라는 뜻으로 관세음을 관자재라 부르는 것입니다.

관세음보살은 모습과 작용에 따라 대세지보살, 천수보살, 여의륜보살, 대륜보살, 관자재보살, 정취보살, 만월보살, 수월보살, 군다리보살, 십일면보살 등등 무려 30가지도 넘게 불립니다. 이들 모두 관세음보살님의 화현보살이십니다. 화현化現은 '~로 변해서 나타난다'는 뜻입니다. 일반 불자들이 화현보살의 이름을 다 알 수는 없으나 『천수경』에 나오는 정도는 알아두는 게 좋겠습니다. 앞에서 지장보살을 모시는 명부전冥府殿에 가서도 '나무관세음보살!' 하면 지장보살도 관세음보살이 된다고 한 이유를 아시겠지요?

관세음보살의 당체當體는 그 무엇으로서도 이름 지을 수 없는 법신法身으로 우주에 충만하시나, 혜안慧眼을 가진 자만이 볼 수 있고, 귀가 열린 자만이 들을 수 있다고 합니다. 즉 중생들의 행하는 바를 모르는 바 없이 다 알고 계시므로 우리들의 마음속에 믿음으로 존재하지만, 중생들은 "①현호현익顯護顯益: 때로는 가호를 느낄 때도 있고 ②명호현익冥護顯益: 때로는 느끼지 못할 때도 있다. 그래서 ③현호명익(顯護冥益): 아는 자는 언제나 알지만 ④명호명익(冥護冥益): 모르는 자는 언제나 모른다."[67]라고 합니다.

(1) 나무 관세음보살마하살南無觀世音菩薩摩訶薩

　관세음보살 대보살님께 머리 숙여 절하옵니다.

　대자대비의 상징인 관세음보살님은 더 이상 설명이 필요 없겠습니다. 아미타부처님의 협시보살挾侍菩薩로 아미타부처님의 왼편에 모신 좌보처左輔處 보살님이십니다.

❀ 나무: 귀의하다. 귀명하다. 앞에서 설명드렸습니다.

❀ 마하살摩訶薩:『대다라니경』에서는 '마하 사다바(mahasattva)'라고 읽습니다. '마하사트바'가 맞습니다. 마하(maha)가 '큰, 위대한, 드높은, 견줄 수 없는' 등의 뜻이 있으므로, 마하살은 대보살, 대자대비한 분, 위대한 존재, 대덕大德, 대사大師 등의 뜻입니다.

(2) 나무 대세지보살마하살南無大勢至菩薩摩訶薩

　대세지보살 대보살님께 머리 숙여 절하옵니다.

　대세지보살님은 일체중생을 지혜의 광명으로 널리 비추어 삼도고(三途苦; 三惡苦: 지옥, 아귀, 축생)를 여의는 위없는 힘을 얻게 하므로 대세지보살이라 합니다. 관세음보살님과 더불어 아미타부처님의 협시보살로 아미타부처님의 오른편에 모신 우보처右輔處 보살님이십니다.

　관세음보살님은 좌보처로서 아미타부처님이 새겨진 화관을 쓰고

---

67 문화콘텐츠닷컴, 문화원형백과 불교설화, 한국콘텐츠진흥원, 2004.

있는데 반해 대세지보살님은 보병만 새겨진 화관을 쓰고 계신 점이
관세음보살님과의 차이점입니다. 그러나 『천수경』에서는 대세지보
살님도 관세음보살님의 다른 이름(異名)으로 등장하고 있습니다.

(3) 나무 천수보살마하살南無千手菩薩摩訶薩
    천수보살 대보살님께 머리 숙여 절하옵니다.

(4) 나무 여의륜보살마하살南無如意輪菩薩摩訶薩
    여의륜보살 대보살님께 머리 숙여 절하옵니다.

(5) 나무 대륜보살마하살南無大輪菩薩摩訶薩
    대륜보살 대보살님께 머리 숙여 절하옵니다.

(6) 나무 관자재보살마하살南無觀自在菩薩摩訶薩
    관자재보살 대보살님께 머리 숙여 절하옵니다.

(7) 나무 정취보살마하살南無正趣菩薩摩訶薩
    정취보살 대보살님께 머리 숙여 절하옵니다.

(8) 나무 만월보살마하살南無滿月菩薩摩訶薩
    만월보살 대보살님께 머리 숙여 절하옵니다.

(9) 나무 수월보살마하살南無水月菩薩摩訶薩
    수월보살 대보살님께 머리 숙여 절하옵니다.

(10) 나무 군다리보살마하살南無軍茶利菩薩摩訶薩

　　군다리보살 대보살님께 머리 숙여 절하옵니다.

(11) 나무 십일면보살마하살南無十一面菩薩摩訶薩

　　십일면보살 대보살님께 머리 숙여 절하옵니다.

　　대광보조관음大光普照觀音이라고도 하는 십일면보살님은 머리 위
에 열한 개의 얼굴이 있는 관음으로, 아수라에 빠진 중생을 구제하고
계십니다. 십일면은 중생이 11품류品類의 무명 번뇌를 끊고 얻는
불과佛果를 상징합니다. 맨 위의 부처님 상은 불과를 표하는 것이고,
전후좌우의 십면十面은 보살이 수행하는 계위인 십지十地[68]를 나타냅
니다.

---

68 『화엄경』 52수행계위로는 "십신十信 ⇒ 십주十住 ⇒ 십행十行 ⇒ 십회향十廻向
　⇒ 십지十地 ⇒ 등각等覺 ⇒ 묘각妙覺"의 계위가 있습니다. 십주, 십행, 십회향의
　위를 삼현三賢이라 하며, 지전보살地前菩薩로 칭합니다. 아직 십지의 위에 이르지
　못했다는 뜻입니다. 십지十地의 위位에도 다시 10단계가 있으며, 첫 단계인
　초지初地보살부터 지상보살地上菩薩이라 합니다. 초지는 환희지로서 등지登地보
　살이라고도 하며, 십지보살부터 성인의 반열에 든다고 합니다.
　『화엄경, 입법계품』에서는 52계위와는 다르게, 선재동자가 53선지식을 차례로
　방문하여 법을 듣는 구도의 과정을 그리고 있습니다. 여기서 만나는 사람은
　55명이나 문수보살을 두 번 만나고, 덕생德生동자와 유덕有德동자를 하나로
　치면 총 53명이 됩니다. 『화엄경, 약찬게』를 읽으면 『화엄경』 전체를 읽은
　것과 같다고도 하며, 약찬게를 독송하면 주위에 있는 잡귀나 악귀들이 나쁜
　마음을 내려놓고 환희하여 춤을 춘다고 합니다.

(12) 나무 제대보살마하살南無諸大菩薩摩訶薩

앞서 열거한 보살님들 말고도 아직 거명하지 않은 모든(諸) 대보살
님께도 다시 한 번 머리 숙여 절하옵니다.

(13) 나무 본사 아미타불本師阿彌陀佛

모든 불보살의 근본이 되는 스승(本師)이신 아미타부처님께 머리
숙여 절하옵니다.

아미타부처님은 아득한 과거세에 괴로움과 아픔 속에서 고통 받는
중생을 극락의 세계로 인도하겠다는 48대원을 발하여 무량겁 동안
수행한 공덕으로 극락의 세계를 이룩하신 부처님입니다. 범어로는
아미타유스(amitayus), 즉 무한한 수명을 가진 무량수불無量壽佛이라
고 하기도 하고, 또는 아미타바(amitabha), 즉 온 우주를 비추는 무한한
광명인 무량광불無量光佛이라고도 합니다.

좌보처인 관세음보살과 우보처인 대세지보살의 협시挾侍를 받으시
며, 온 법계에 충만하여 모든 존재와 법계의 근본 되는 스승이라는
뜻에서 본사本師이십니다. 지극한 마음으로 '나무-아미타불!'을 염불
하면 누구나 극락왕생할 수 있다고 합니다. '나무-아미타불!'은 서방
세계에 계시는 아미타부처님께 귀의한다는 뜻으로 우리의 마음속에
잠재한 불성을 찾는 서원인 것입니다.

따라서 '나무-아미타불!'은 아주 먼 과거에 성불하신 아미타부처님
에 대한 존경의 뜻과 아미타부처님처럼 열심히 수행하여 성불하겠다
는 각오와 아미타부처님의 원력에 의지하려는 타력신앙적인 측면과

게송 등의 끝에 붙이는 관용적인 표현 등등의 매우 다양한 의미를
갖는다고 할 수 있습니다.

☞ 본성本性, 자성自性, 불성佛性, 자성청정심自性清淨心

우리의 본래 마음이 본심本心이고, 본성本性이며, 태어날 때부터 갖고
있는 하늘이 부여한 천성天性이며, 본래의 마음속에 이미 스스로
잠재해 있는 자성自性이며, 이 자성이 바로 불성佛性입니다. 이 불성이
이미 본래의 마음속에 잠재해 있다는 것입니다. 그래서 불성을 자성이
라고 하는 것입니다. 그 자성은 본래 청정하다 하여 자성청정심自性清
淨心이라 합니다.

유가의 맹자는 『맹자孟子, 공손추편公孫丑篇』에서 사단설四端說을
주장합니다. 맹자가 설하는 사단四端의 마음이 있어야 사람이고,
사단의 마음이 자성이고 청정심입니다.

불쌍히 여기는 마음이 없는 것은 사람이 아니고, 부끄러운 마음이
없으면 사람이 아니며, 사양하는 마음이 없으면 사람이 아니며,
옳고 그름을 아는 마음이 없으면 사람이 아니다(無惻隱之心 非人也.
無羞惡之心 非人也. 無辭讓之心 非人也. 無是非之心 非人也).
불쌍히 여기는 마음은 어짊의 극치이고, 부끄러움을 아는 마음은
옳음의 극치이고, 사양하는 마음은 예절의 극치이고, 옳고 그름을
아는 마음은 지혜의 극치이다(惻隱之心 仁之端也. 羞惡之心 義之端也.
辭讓之心 禮之端也. 是非之心 智之端也).

☞ 본사(本師)

대부분이 본사本師를 근본 되는 스승으로 해설하며, '시아본사是我本師'를 나의 근본 되는 스승으로 이해하기에 저도 그렇게 해설을 했습니다. 그러나 본사는 지구의 자전과 공전, 일월성신의 운행, 주야 사계절의 순환 등 우주자연이 한 치의 오차도 없이 운행하는 원리, 이치, 이법理法, 질서로서의 대법大法을 말합니다. 세상에 이보다 더 위대한 이법은 없습니다. 그래서 대법입니다. 만약 태양이 중심을 못 잡고 움직인다거나 지구가 자전을 하며 어떤 날은 24시간이 걸리고, 다른 날은 20시간이 걸린다면 어떻게 되겠습니까?

『중용』에서는 "하늘과 땅이 바르게 자리 잡아야 만물이 제대로 잘 자랄 수 있다(天地位焉 萬物生焉)"라고 했으며, 『주역』에서는 하늘과 땅이 제자리를 지킴으로서 천지만물이 생주이멸生住異滅 성주괴공成住壞空하는 우주자연의 질서와 기능이 유지된다고 했습니다(乾坤定矣). 그렇지 못하다면 세상은 온통 뒤죽박죽이 될 뿐더러 천지만물은 존재하지도 못할 것입니다. 천지만물이 존재하지 못한다면 불교도 기독교도 없는 것입니다. 종교도 천지만물 중의 하나일 뿐입니다.

그렇다면 이러한 대법大法을 주관하시는 분, 아니 대법 그 당체當體이신 분을 부처님이라고 해야 하지 않을까요? 이유는 대승불교에 이르러서 보리수 아래에서 득도하신 부처님을 기독교의 하느님처럼 신격화했기 때문입니다.

참고로, 유가儒家에서는 기독교의 하느님처럼 기도를 매개로 복을 주고받는 인격신은 없습니다. 인간을 신에 의한 구원의 대상으로 보는 것이 아니라 인간 스스로 인간을 자기 구원의 대상으로 보기 때문입니다. 또한 인간은 인간 스스로 정화의 대상이지 나약한 구원의 대상은 아닌 것입니다. 그렇기 때문에 정화의 과정으로 수행을 하는 것입니다. 이 점에서 불교도 똑 같습니다. 중생 스스로 자기 구원의 대상이므로 견성성불見性成佛 할 수 있는 것이지, 부처님에게 빌고 기도해서 성불하는 것이 아닙니다.

일찍이 임제의현(臨濟義玄, ?~867) 선사는 수행이란 업業을 짓는 일이라고 했습니다. 무엇을 구하겠다거나 닦아 증득하겠다고 하는 그런 마음이 집착이고 망상이고 망념이고 번뇌이기 때문입니다. 이는 바로 인간을 신이나 부처에 의한 구원의 대상이 아니라 진여의 관점에서 본 인간의 참 모습을 찾으라는 법문입니다.

"그대들은 제방에서 도를 말하면서, 무엇을 닦고 수행할 것이 있다고들 하는데 착각하지 마라. 수행은 무엇을 닦고 증득하는 것이 아니라, 무엇을 닦고 증득하겠다는 그 마음(집착)을 내려놓는 것이다. 사람은 본래가 완전무결하여 더 이상 닦고 말고 할 것이 없는, 더 이상 꾸미거나 장엄할 것도 없는, 이미 아름답고 완벽한 존재이다. 그러니 무엇을 닦아 증득하겠다거나 장엄하겠다고 하는 것은 조작으로 외도의 짓이며, 생사의 업을 짓는 것이다. 부처를 구하고 법을 구하는 것은 바로 지옥 업을 짓는 것이고, 보살을 구하는 것 또한 업을 짓는 것이며, 경을 보거나 가르침을 듣는 것도 또한 업을 짓는 것이다. 부처와 조사는 바로 일 없는 사람이라, 억지가 있고 조작이 있는 유루유위가 됐든 억지가 없고 조작이 없는 무루무위가 됐든 그런 것은 다 불조에게는 청정한 업인 까닭이다(儞諸

方言道 有修有證. 莫錯 設有修得者 皆是生死業. 求佛求法 卽是造地獄業.

求菩薩亦是造業 看經看敎 亦是造業. 佛與祖師是無事人. 所以有漏有爲

無漏無爲 爲淸淨業)." (참조: 『임제록, 시중』)

5. 대다라니(大悲呪, 千手다라니)

1) 필자의 변명

범어 전공자도 아니면서 해설을 시도한 것은 단지 관세음보살님을
좀 더 알고, 존경하고 사랑하고 닮고 싶은 신앙적 욕심에서 저지른
사고에 불과합니다. 따라서 해설에 사용된 단어나 용어는 저의 신앙적
안목에서 채택된 용어이므로 저의 해설이 100% 정확한 것도 아니며,
저의 안목과 주관적 견해에 불과하다는 것을 밝혀둡니다. 어휘의
선택에 있어서도 필요에 따라서는 명사, 동사, 형용사, 부사 등의
문법적 구분을 하지 않고, 전체적 의미의 연결을 위해 형용사를 동사로
또는 동사를 명사로 해석을 하였습니다. 또한 단어의 원뜻을 넘어서는
의역도 하였습니다.

관세음보살님을 신앙하는 불자라면 누구나 '관세음보살님'을 좀
더 알고 싶고, 존경하고 사랑하고 함께하며 닮고 싶어 할 것입니다.
기쁠 때나 슬플 때나 늘 함께하고 싶은 그러한 마음을 가장 잘 나타낸
것이 바로 『천수경』이며, 그중에서도 '신묘장구대다라니'입니다. 여
기에는 '관세음보살님'에 대한 신앙적 믿음만 필요할 뿐, 명사적 표현
이든 형용사적 표현이든, 또는 동사적 표현이든 그런 문법적 구분은
그다지 중요하지 않습니다. 그 무엇으로 표현하든 '관세음보살님'은

'관세음보살님'이기 때문입니다.

또한 진언의 해설에 있어서도 '단어가 갖는 자의적字意的 해석과
문법에만 충실한다면 진언구가 내포한 신앙적, 종교적 함의가 퇴색할
수 있으며, 신앙적, 종교적 함의가 퇴색한 진언은 이미 진언이 아니다'
라는 신념에서 일반 범어 문법을 넘어서는 자의적恣意的 해석을 한
부분도 있습니다. 그렇다고 관세음보살님의 정신을 100% 정확하게
설명하였다는 뜻은 아닙니다.

어느 누구도 대자대비하신 관세음보살님의 심심미묘甚深微妙한
천수다라니의 세계를 100% 정확하게 설명하거나 이해시킬 수는
없습니다. 언어나 문자가 갖는 한계를 뛰어넘는 언어도단言語道斷,
문자도단文字道斷의 경지에 들어가야만 진정한 관세음보살님의 정신
을 이해할 수 있으며, 이는 전적으로 신심과 수행을 바탕으로 하는
불자 개개인의 몫이기 때문입니다.

2) 오종불번五種不翻

당나라 때 현장법사께서 경을 번역하면서 세운 음사만 할 뿐 뜻은
번역하지 않는 다섯 가지 원칙을 말합니다. 다라니의 경우는 대부분
범어를 번역하지 않고 음사만 하였는데, 문자의 한계로 인해 의미전달
이 제대로 되지 않는 것을 방지하자는 취지에서, 그리고 진언이나
용어가 갖는 신비성을 간직하자는 의도에서 범어를 번역하지 않고
음사만 하였습니다. 하지만 여기에서 의도치 않은 폐해도 발생하였습
니다.

첫째는 공부에 게으른 수행자들에게 구태여 열심히 공부를 하지 않아도 되는 핑계거리를 제공하였습니다.

둘째는 대자대비하신 관세음보살님의 세계를 담고 있는 천수다라니가 일부의 돈벌이 수단으로 이용된다는 점입니다.

일반 신도들은, 우리말도 아니고 무슨 뜻인지도 모르니까 그저 좋은 것이겠거니 하는 마음으로 독송하고 있습니다. 그러나 의미와 뜻을 알고 나서 독송한다면 더욱 좋지 않을까요?

이제 오종불번, 번역하지 않는 다섯 가지 이유를 자세히 살펴보겠습니다.

(1) 비밀지고불번秘密之故不飜

진언이나 다라니처럼 비밀스러운 뜻이 있는 것은 문자로 번역한다 한들, 일정한 수준이나 경지에 이르지 못한 사람은 이해가 불가능하므로 번역하지 않는다는 것입니다. 부처님의 10대 제자 정도는 되어야 이해한다는 뜻입니다. 염화시중拈華示衆의 미소라고나 할까요?

(2) 함다의고불번含多義故不飜

반야, 마하, 보살 등등의 단어와 같이 한 단어가 여러 가지 뜻을 가지고 있는 말은 번역하지 않는다는 것입니다.

(3) 차방소무고불번此方所無故不飜

경전을 번역할 당시 중국에서는 쓰지 않고 인도에서만 쓰이는 고유명사 같은 말은 번역하지 않는다는 것입니다.

(4) 고례고불번古例故不飜

'아뇩다라삼먁삼보리'와 같은, 불교가 중국에 전래되면서부터 관습적
으로 사용해 온 말은 번역하지 않는다는 것입니다.

(5) 존중고생선고불번尊重故生善故不飜

반야의 경우 '반야지혜'라고 합니다. 이렇게 하면 '역전驛前앞'이나
'석유石油기름'이라고 하는 것과 같습니다. 그러나 이를 번역하여
'지혜'라고만 한다면 그 뜻(威意: 위의)이 가벼워질 우려가 있으며
신심을 저해할 우려가 있으므로 번역을 하지 않고 '반야' 또는 '반야지
혜'라고 한다는 것입니다.

3) 대다라니의 성격

대다라니에 담겨 있는 관음신앙은 불공不空이 '청경관자재보살심다
라니경'이라 번역을 하는 데서 알 수 있듯이 청경관음(青頸觀音, 성관자
재, 니라간타, Nilakantha)에 대한 신앙입니다. 그러나 니라칸타에 대한
신앙은 원래 불교의 독창적인 신앙이 아닙니다. 힌두 신화에 바탕을
둔 쉬바(Shiva)신을 신격화한 신앙을 모태로 관세음보살 신앙이 형성
된 것입니다. 초기불교에서 극복하였던 바라문교, 힌두교 등의 영향
을 받으며 습합되는 과정에서 대승불교의 형성과 더불어 밀교의
형태로 발전되었다고 볼 수 있습니다.

  실제로 대다라니의 내용을 분석해 보면 고대 인도의 힌두신화에
등장하는 신들이 많이 나옵니다. 따라서 신화 속에 등장하는 신들의

성격을 모르면 대다라니의 온전한 이해가 불가능합니다. 저도 대다라니를 번역하면서 인도신화에 대한 몇 권의 책을 읽었습니다. '청경관음이 목이 푸른 이유', '관음존께서 멧돼지의 얼굴과 사자의 얼굴을 한 까닭', '호랑이 가죽을 착용한 까닭' 등등의 설명은 이와 같은 독서를 통해 터득한 내용입니다.

이와 같이 대다라니는 고대 힌두교적 신앙과 신화를 바탕으로 형성된 '청경관음존'을 신앙하는 귀의문이라 할 수 있습니다. 이는 불법승 삼보를 귀의처로 삼는 불교와는 분명이 다르며, 유신적有神的 입장에 근거한 타력신앙이라는 점에서도 석가모니 부처님의 근본 가르침과도 거리가 있다고 하겠습니다.

그러나 인도의 고대 종교와 불교를 엄격히 구분하여 독창적인 불교를 이야기한다는 것은 어려운 일입니다. 윤회사상을 비롯한 많은 부분이 인도 고대 종교에서 왔지만 이미 불교의 중심사상으로 자리 잡았듯이 다라니 역시 그렇기 때문입니다.

실제로 인도에서는 붓다(Buddha)를 비슈누신의 십+ 화신化身 중 아홉 번째 화신으로 믿고 있어, 그들에게 붓다는 힌두교의 주신主神 비슈누 그 자체인 것입니다. 비슈누의 화신인 붓다가 이 세상에 출현하여 악마와 악인을 파멸시켰다는 것입니다. 물론 힌두교의 관점에서 그렇다는 것이지만 불교가 인도 힌두 세계에서 더 이상 특색 있는 종교로서의 존립 근거를 상실하는 주요 원인이 되었다고 할 수 있습니다.

4) 대다라니의 해설[69]

(1) 귀의문歸依文

나모 라다나-다라야야.

삼보에 머리 숙여 절하옵니다.

☞ 삼보三寶: 불(佛, buddha)·법(法, dharma)·승(僧, samgha)

☞ 나모(namo) / 나무南無

나모(namo)는 귀의歸依하다, 귀명歸命하다, 예경禮敬하다, 머리 숙여 절하다, 계수(稽首: 몸을 굽혀 이마가 땅에 닿도록 절을 하는 것) 등등의 뜻으로, 한문으로는 '南無'로 표기합니다.

　나모(namo)를 삼장법사가 중국말로 옮길 때 '南無'로 표기한 것입니다. '南無'의 중국식 발음은 'na mo'이므로, 범어와는 발음상의 차이가 없습니다.

　그러나 같은 한자漢字라도 우리식 발음과 중국식 발음은 차이가 있습니다. 원래는 '南無'를 우리식 발음으로 '남무'로 읽어야 하겠지만, '남무'로 읽지도 않고, 그렇다고 중국식 발음으로 'na mo'로 읽는 것도 아니고, '나무'로 읽습니다. 그러나 '신묘장구대다라니'에서는 '나모: namo'라고 범어식 발음으로 정확하게 읽습니다. 어떤 원칙을

---

69 다라니 부분은 앞의 개괄 부분에서 밝혔더라도 전체의 이해를 위해 중복하겠습니다.

발견할 수는 없습니다.

❖ 라다나(ratna): 보배. 귀중품.

❖ 다라야(traya): 셋(三).

❖ 야(aya): ~에게.

나막 알야 바로기제-새바라야,

거룩한 성관자재보살님께 (머리 숙여 절하옵니다.)

❖ 나막(namah): namo(南無)와 같은 뜻.

❖ 알야(arya): 성스러운, 거룩한, 가장 존경스런 분, 불타세존.

❖ 바로기재 새바라(avalokitesvara): 관자재보살觀自在菩薩, 관자재보살.

❖ 야(aya): 여격(與格)어미로, ~에게.

☞ **알야 바로기제-새바라야**

'관觀하여 보는(見)'이란 뜻의 과거수동분사 아바로스키타(Avalokita)
에 신神을 의미하는 이스바라(isvara)가 합쳐져 '관하여 보는 신
(Avalokitesvara)', 즉 '관자재'에 여격어미 야(aya)가 붙어 '관자재께'의
의미가 됩니다.

모지사다바야, 마하-사다바야,

보살님과 마하살님께 (머리 숙여 절하옵니다.)

☞ 보리살타(boddhisattva): 보리살타菩提薩陀는 줄여서 보살이라고도 하는데, '깨달음의 존재', '깨달음을 구하는 중생', '도중생道衆生', '도심중생道心衆生' 등의 뜻입니다. 보살은 '상구보리上求菩提 하화중생下化衆生'을 지향하는 대승불교의 대표되는 이름입니다. 위로는 부처님처럼 되고자 하며, 아래로는 고통의 바다에 빠진 중생을 제도하고자 하는 두 가지 마음을 갖고 있는 분입니다. 상구보리 하화중생을 넓게 해석하면 '옳게 수행하는 모든 이'라 할 수 있습니다.

❀ 모지사다바(boddhisattva): 보리살타(깨달음을 구하는 중생).

❀ 모지(boddhi): 알다. 깨닫다.

❀ 사다바(sattva): 존경스러운, 지혜로운, 최상.

❀ 야(aya): ~에게.

❀ 마하 사다바(mahasattva): 마하살摩訶薩, 대보살, 대자대비한 분, 위대한 존재 등의 뜻입니다.

❀ 마하(maha): 큰, 위대한, 드높은, 견줄 수 없는.

❀ 나막 알야(namah arya)가 여기까지 이어집니다.

마하-가로니가야.

대자대비하신 분께 (머리 숙여 절하옵니다.)

☞ 마하가로니가: 이 낱말이 관세음보살님의 대자대비하심을 가장 잘 나타내고 있습니다. 중생들의 아픔과 고통을 보시고 마음 아파하며 자신을 희생하여 우리를 고통에서 구해주겠다는 관세음보살님의 자비심을 말합니다.

❀ 마하 가로니가(mahakarunika): 대비존大悲尊, 대자대비하신 분.

❀ 마하(maha): 큰, 위대한, 드높은, 견줄 수 없는.

❀ 가로니가(karunika): 자비로운, 관대한.

❀ 야(aya): ~에게.

☞ **나막 알야 바로기제-새바라야, 모지사다바야, 마하-사다바야, 마하-가로니가야.**

"대자대비하신 성관자재보살마하살님께 머리 숙여 절하옵니다.
(귀의합니다.)"라는 뜻이 됩니다.

옴

'OM'으로도 표기를 하나 'AUM'이 맞습니다. 이미 앞에서 설명을
하였으므로 여기서는 설명을 생략하겠습니다.

살바-바예수, 다라나-가라야 다사명, 나막 까리다바.

일체의 두려움으로부터 의지처가 되어 주시는 분, 바로 당신에게 머리
숙여 절하옵니다.

☞ "일체의 두려움을 구제해 주시는 분"으로 해석하면 의미가 반감됩니
다. 두려움을 구제한다는 뜻은 이미 위난과 두려움의 고통을 겪고
있는 것입니다. 고통을 겪고 있을 때 구해주는 것보다는 미리 고통을
겪지 않도록 해주는 것이 더 자비로운 것입니다. 따라서 "일체의
위난과 두려움을 겪지 않도록 미리 막아줌으로서 우리의 의지처가

되어주시는 분"이라는 뜻으로 해석해야 진언의 의미가 있는 것입니다.

❖ 살바(sarva): 일체, 모두, 모든 것으로부터.

❖ 바예수(bhayesu): 두려움, 공포, 위험.

❖ 다라나(trana): 구제하다. 지키다. 보호하다. 수호하다.

❖ 가라야(karaya): ~하는 분에게.

❖ 다사명(tasmai): 그분, 바로 당신, 관세음보살님을 일컫습니다.

❖ 나막(namah): 나모(namo)와 같은 뜻.

❖ 까리다바(skrtva): 머리 숙여 공경하다. 머리를 조아리다.

(2) 관세음보살님의 자비심을 찬탄합니다.

이맘, 알야 바로기제-새바라, 다바 니라간타, 나막 하리나야 마발다-
이사미.
존경하는 성관자재님이이여! 성청경관음이시여! 이제 다시 마음을
가다듬어, 당신을 찬탄하는 심진언을 외우며 귀의하옵니다.

❖ 이맘(imam): 이제 마음에 되새기어(다시 한 번 마음에 다짐을 하는 말).
   앞에서 이미 불법승 삼보, 성관자재, 보살, 마하살, 대자대비하신 분께
   머리 숙여 공경하며 귀의하였으나, 이제 다시 한 번 마음에 되새기어
   관세음보살님을 찬탄하며 부르는 것입니다. 그 이유는 관세음보살님을
   주인공으로 하기 때문입니다. 대비주大悲呪의 성격을 분명히 하는 대목입
   니다.

❖ 알야(arya): 가장 존경스런 분.

192

❖ 바로기제 새바라(avalokitesvara): 성관자재聖觀自在. 여기서는 관세음보살 님을 부르는 호격.

❖ 다바(tava): 그대의, 당신의.

❖ 니라간타(nilakantha): 푸른 목, 청경관음靑頸觀音. 여기서는 청경관음을 부르는 호격.

❖ 니라(nila): 푸른(靑).

❖ 간타(kantha): 목(頸).

❖ 나막(namah): 나모(namo)와 같은 뜻입니다.

❖ 하리나야(hrdayama): 만트라(mantra), 심진언心眞言. 독송함으로서 마음속 에 반야般若를 느끼게 하는 진언. 여기서는 관세음보살님을 찬탄하는 대비주大悲呪를 말합니다.

❖ 마발타 이사미(vartayisyami): 말하다.

☞ 청경관음이 목이 푸른 까닭은?

고대 인도신화에 따르면, 쉬바신의 피부는 잿빛 또는 흰색이며 목에 는 푸른 점이 있다고 합니다. 니라간타(nilakantha: 푸른 목)라고 불리 기도 하는데, 이는 쉬바신이 다른 신들을 보호하기 위해 독을 들여마 심으로써 생긴 것이라고 합니다. 한때 신들은 생명이 유한하였으므 로 불멸의 감로수를 얻기 위해 우유의 바다에 약재를 넣고 거대한 산을 뱀으로 감아 저었는데, 이 과정에서 뱀으로부터 뿜어 나온 독이 모든 신들을 위험에 빠뜨렸습니다. 그러자 쉬바신이 이 독을 거두어 들이마신 후 목에 저장하였기 때문에 목의 색이 푸르게 변하였다고 합니다. 자신을 희생하여 남을 구하는 위신력과 자비심을 보여주는 대목입니다.

☞ 청경관음의 문제점

이처럼 자신을 희생하여 중생을 구원하는 성관자재의 자비행에 대하여 찬탄하고 위신력에 귀의하여 구원을 바라는 것이 천수다라니의 주된 내용입니다. 또한 신묘장구대다라니(천수다라니)는 삼독을 소멸하여 열반에 이르는 것을 목표로 하고 있습니다. 사찰에서 행해지는 법문이나 해설에서도 "천수경은 천수다라니를 중심으로 전송과 후송으로 이루어져 있지만 핵심은 천수다라니다."라고 강조합니다. 천수다라니의 주력呪力에만 주력主力하는 사찰도 있습니다. 그러나 여기에는 생각해볼 몇 가지 문제점이 있습니다.

첫째, 성관자재(니라깐타)는 불법승 삼보를 귀의처로 삼는 불교와는 다른 힌두 쉬바신이라는 점입니다.

둘째, 힌두신의 자비행과 위신력에 의지하는 유신론적有神論的 타력신앙이라는 점입니다.

셋째, 불교에 힌두신앙이 너무 많이 침투해 있다는 사실입니다. 힌두신앙의 침투는 인도에서 불교가 사라지는 한 원인이 되기도 하였습니다. 불교와 힌두교의 구분이 모호해진 것입니다.

살발타-사다남, 수반 아예염 살바-보다남, 바바말아 미수다감.

① (제가 지금 외우는 이 심진언은) 일체 모든 소망을 성취케 하고, 견줄 수 없는 최상이며, 길상吉祥으로서 무적이며, 일체의 존재하는 모든 세계와 삶의 길을 청정케 하는 대비주大悲呪입니다.

② (당신은) 일체 모든 소망을 성취케 하시고, 견줄 수 없는 최상이시며, 길상으로서 무적이시며, 일체의 존재하는 모든 세계와 삶의 길을

청정케 하시는 대비주大悲主님이십니다.

- ❀ 살발타 사다남(sarvarthasadhanam): 일체 모든 소망을 성취케 하는 것.
- ❀ 살발타(sarvartha): 모든 일체의 소망.
- ❀ 사다남(sadhanam): 성취, 달성, 완성.
- ❀ 수반(subham): 행복, 길상. 행복, 빛나고 아름다운 것, 풍요로움.
- ❀ 아예염(ajeyam): 불가승不可勝. 누구도 이길 수 없는 무적無敵, 지존.
- ❀ 살바 보다남(sarvabhutanam): 모든 귀신, 정령精靈, 모든 존재들(all beings).
- ❀ 살바(sarva): 일체, 모두, 모든.
- ❀ 보다(abhuta): 존재하는 것, 생겨난 것.
- ❀ 남(anam): ~들(복수).
- ❀ 아예염 살바 보다남: 모든 인간이나 귀신들이 이길 수 없는, 당해낼 수 없는.
- ❀ 바바(bhava): 존재하는 세계. 존재, 탄생, 근원.
- ❀ 말아(marga): 통로, 길(人生 길), 여행(인생 여행).
- ❀ 미수다감(visudhakam): 정화淨化, 청정. 밝혀줌.

☞ 대비주大悲主와 대비주大悲呪

앞 구절(나막 하리나야 마발다 이사미)에서 관세음보살님을 찬탄하는 심진언(大悲呪)을 외웠습니다. 따라서 뒤에 오는 구절은 그 심진언의 위신력을 밝히는 것이어야 하므로 '심진언은 일체의 소망을 성취시켜 주는 견줄 수 없는 최상이며, 일체의 존재하는 모든 세계와 삶의 길을 청정케 하는 대비주大悲呪입니다.'라고 해석해야 할 것입니다. 그러면 대비주大悲主이신 관세음보살님에 대한 찬탄이 아니라 대비주大悲呪에 대한 찬탄이 됩니다.

그러나 여기서 '대비주大悲主에 대한 찬탄이냐? 아니면 대비주大悲呪에 대한 찬탄이냐?'를 구분할 필요는 없습니다. 왜냐하면 대비주大悲呪는 대비주大悲主님이신 관세음보살님에 대한 찬탄이므로, 대비주大悲呪에 대한 찬탄도 결국은 대비주大悲主님에 대한 찬탄이기 때문입니다. 따라서 '대비주大悲呪냐, 대비주大悲主냐'의 구분 없이 해석하여도 무방할 것으로 보입니다.

(3) 총원總願

다냐타,
(① 심진언의 위신력이 또는 ② 관세음보살님의 위신력이) 이와 같사오니,

❖ 다냐타(tadyatha): (앞에서 말한 바와 같이) 이와 같이.
❖ 심진언: 대비주大悲呪.

옴 ⇒ 아오움
이미 앞에서 설명을 하였으므로 여기서는 설명을 생략하겠습니다.

아로게 아로가-마지, 로가-지가란제, 혜혜하례.
광명존이시여! 광명의 지혜존이시여! 세간을 초월하신 분이시여!
이리로, 이리로, 이리로 (우리가 있는 곳으로) 어서 빨리 오시옵소서!

❖ 아로게(aloke): 광명光明, 빛. 무명無明 넘어선 세계에서의 빛.

❖ 아로가(aloka): 무명에서 벗어난 깨달은 세상의 빛 또는 광명.

❖ 아로가마지(akokamati): 광명혜光明慧, 광명의 지혜.

❖ 마지(mati): 지혜, 찬가, 소망.

❖ 로가지가란제(lokatikranta): 세간世間을 초월한 분이여!

❖ 로가(loka): 세간. 열린 공간.

❖ 지가란제(tikranta): 초월하다. 지나치다.

❖ 혜혜하례(ehehehale): 이리로, 이리로, 이리로 어서 빨리 오시옵소서. '이리로'를 반복함으로써 어서 빨리 오시라는 간절한 뜻을 나타냅니다.

마하모지-사다바, 사마라 사마라, 하리나야.

위대하신 보살이시여! 이 간절한 심진언을 기억하옵소서! 마음속에 새겨 주시옵소서!

❖ 마하모지 사다바(mahaboddhisattva): 대보살大菩薩.

❖ 마하(maha): 대(大, great), 위대한, 성스러운.

❖ 모지(boddhi): 깨우침, 지혜.

❖ 사다바(sattva): 최상, 존경, 지혜, 수승.

❖ 모지 사다바(boddhisattva): 보살.

❖ 사마라(samara): 마음에 두다, 세기다. 헤아리다.

❖ 하리나야(hrdayama): 만트라(mantra), 심진언心眞言. 독송함으로써 마음속에 반야를 느끼게 하는 진언. 여기서는 관세음보살님을 찬탄하는 대비주를 말합니다.

구로 구로 갈마

베푸시옵소서, 베푸시옵소서, 어서 자비를 베푸시옵소서!

☞ '행하십시오. 행하십시오. 마땅히 해야 할 바를 행하십시오.'가
맞는 해석입니다. 그러나 그렇게 해석을 하면 진언으로서의 의미가
반감됩니다. 자비의 화신인 관세음보살님께서 마땅히 행하셔야 할
일은 우리의 간절한 진언을 듣고 자비를 베푸시는 일입니다. 따라서
'베푸시옵소서, 베푸시옵소서, 자비를 베푸시옵소서!'가 관세음보살
님의 대비주大悲呪를 독송하는 마음에 더 가깝습니다.

❈ 구로(kuru): 행하십시오.
❈ 갈마(karma): 마땅히 행하여야 할 바. 관세음보살님이 마땅히 행하여야
   할 바는 자비입니다.

사다야 사다야, 도로 도로, 미연제 마하-미연제.

소망을 이루게 하여 주시옵소서, 소망을 이루게 하여 주시옵소서!
그리고 보호하여 주시옵소서, 굳게 지켜 주시옵소서! 무적의 승리자시
여, 위대한 승리자시여!

❈ 사다야(sadhaya): 성취하다. 완성하다.
❈ 도로(dhuru): 굳게 지키다. 보호하다. 호지하다.
❈ 미연제(viyanta i): 승리자. 아무도 이길 사람이 없는 자.
❈ 마하 미연제(mahaviyanta i): 위대하신 승리자.

다라 다라, 다린-나례-새바라.

도와주시옵소서, 도와주시옵소서! 제왕자재존이시여!

❈ 다라 다라(dhara dhara): 도와주십시오. 도와주십시오.

❈ 다린 나례 새바라(dhalindresvara): 제왕자재존帝王自在尊, 바로 '관세음보살
   님'이십니다. 관세음보살님은 중생이 고통 받는 곳이면 어디든지 나투실
   수 있으므로 '자재自在'입니다.

❈ 자재自在: 사전적 풀이로는 속박이나 장애가 없이 마음대로인 것을 말합
   니다.

자라 자라, 마라-미마라, 아마라-몰제, 예혜혜.

움직이소서, 어서 움직이소서! 본원청정한 분이시여! 청정원만한 분
이시여! 어서 강림하시옵소서!

❈ 자라 자라(cala cara): 발동發動, 행동, 움직이다. 움직여서 우리에게로
   오십시요.

❈ 마라 미마라(malavimala): 본원청정本源清淨, 원래가 청정한 존재.

❈ 아마라 몰제(amalamurte): 청정본체清淨本體, 청정원만清淨圓滿, 무구청정無
   垢清淨.

❈ 마라(mala): 오물, 때, 부정, 원죄, 진구塵垢.

❈ 예혜혜(ehyehe): (우리에게로) 오시기 바랍니다. 강림降臨하시기 바랍니다.

로제-새바라, 라아-미사-미나사야, 나베사-미사-미나사야, 모하
자라-미사-미나사야, 호로 호로, 마라 호로, 하례.

세간의 주인이신 자재존이시여! 탐독을 소멸케 하여 주시옵소서, 진독을 소멸케 하여 주시옵소서, 치독을 소멸케 하여 주시옵소서! 탐진치 삼독을 어서 빨리 가져가시옵소서, 거두어 가시옵소서! 청정본체인 분이시여!

❀ 로계 새바라(lokesvara): 세간의 주인. 관자재

❀ 라아 미사 미나사야(ragavisavinasaya): 탐독을 없애다.

❀ 라아 미사(ragavisa): 삼독 중의 탐독(貪毒; 탐욕스런 마음)

❀ 미나사야(vinasaya): 소멸, 파괴하다.

❀ 나베사 미사 미나사야(dvesavisavinasaya): 진독(瞋毒; 성내는 마음)을 없애다.

❀ 나베사 미사(dvesavisa): 삼독 중의 진독.

❀ 모하자라 미사 미나사야(mohacalavisavinasaya): 치독을 없애다.

❀ 모하자라 미사(mohacalavisa): 삼독 중의 치독(痴毒; 어리석은 마음).

❀ 호로 호로(huru huru): 취해 가다. 거두어 가다. '호로 호로' 이렇게 반복함으로서 '어서 빨리 가져가십시오'라는 강조의 의미가 있습니다.

❀ 마라(mala): 오물, 더러움, 때, 진구塵垢.

❀ 하례(hale): (더러움을) 가져가는 분, 즉 청정본체인 분, 원래부터 청정하여 더러워지려야 더러워질 수 없는 청정 그 자체인 분.

☞ 앞 구절에서 살펴본 바와 같이, 관세음보살님은 본원청정(本源清淨, 마라미마라)하여 청정본체(清淨本體, 아마라 몰제)이신 분이므로 우리의 탐진치 삼독을 아무리 많이 가져가도 더러워지지 않으며 본원청정 그대로이십니다. 그러므로 우리의 탐진치 삼독을 어서 빨리 다 가져가 달라고 간절히 기원할 수 있는 것입니다. 그렇지 않다면 관세음보살님

께 더러운 삼독의 때를 모두 거두어 가 달라고 하는 것은 불경不敬 중에 불경이 될 것입니다. 『천수경』을 독송하는 분은 적어도 이 정도는 알고 독송해야 할 것입니다.

바나마-나바, 사라 사라, 시리 시리, 소로 소로, 못쟈 못쟈, 모다야 모다야

불연화시여! 어서 가까이 오시옵소서! 연꽃의 마음을 간직한 분이시 여, 어서 빨리 나투시옵소서! 바르고 참된 지혜를, 그 참된 지혜를, 어서 빨리 깨닫게 하시옵소서!

❀ 바나마나바(padmanabha): 불연화佛蓮花, 깨우침의 꽃. 청정의 꽃, 관자재보 살님.
❀ 사라 사라(sara sara): 가까이 오소서! 가까이 오소서!
❀ 시리 시리(siri siri): 연꽃이여! 연꽃이여!
❀ 소로 소로(suru suru): 나타나시옵소서! 나타나시옵소서!
❀ 못쟈 못쟈(buddhya buddhya): 각성, 참된 지혜.
❀ 모다야 모다야(bodhya bodhya): 깨닫게 하옵소서! 깨닫게 하옵소서!

☞ 불연화佛蓮花: 불연화는 깨우침을 상징하는 불(佛)꽃입니다. 깨우 침이란 온갖 더러움에서 벗어난 상태로서 새로운 세계를 향한 창조의 바탕입니다. 불佛은 새로운 미래에 대한 창조의 근원성을 나타냅니 다. 이와 같은 창조적인 에너지를 바탕으로 관세음보살님의 자비와 지혜가 나오는 것입니다. 연꽃이 더러운 진흙탕에 뿌리를 두고 있지

만 진흙탕에 물들지 않는 것은 사바세계에 물들지 않는 관세음보살님의 지혜를 상징하는 것이며, 연꽃이 진흙탕에 뿌리를 두고 있음은 사바세계를 향한 관세음보살님의 자비를 상징하는 것입니다. 그래서 연꽃은 청정무구淸淨無垢와 이구청정離垢淸淨의 상징이며 관세음보살님의 지혜와 자비의 상징인 것입니다. 여기서 진흙탕은 우리가 살고 있는 번뇌 망상으로 가득 찬 사바세계를 일컫습니다. 따라서 관세음보살님이 계신 곳은 진흙탕 속 사바세계입니다. 중생제도를 위해서 말입니다.

☞ '사라 사라, 소로 소로, 모다야 모다야'는 같은 말을 반복함으로써, "어서 가까이 오소서, 어서 빨리 나투시옵소서, 어서 빨리 깨닫게 해주시옵소서"의 간절한 재촉의 의미를 담고 있습니다.

(4) 별원別願

관세음보살님의 역할과 위신력에 따라 붙여진 열두 가지 상징적인 이름을 들어가며 관세음보살님에게 진언하는 내용입니다.

① 매다리야 니라간타, 가마사 날사남 바라하라—나야, 마낙 사바하.
   (관세음보살의 첫 번째의 이름) 자비로우신 청경관음존이시여! 바라는 바가 모두 이루어지는 큰 기쁨을 주시옵소서! 바라옵건대, 사뢰는 바가 모두 이루어지게 하여 주시옵소서!

❈ 매다리야(maitriya): 자비로운.

❈ 니라간타(nilakantha): 푸른 목, 청경관음靑頸觀音. 여기서는 청경관음을 부르는 호격임.

❈ 가마사(kamasya): 욕망, 소망, 원망願望.

❈ 날사남(darsanam): 바라는 바가 모두 나타나다.

❈ 바라하라 나야(prahladaya): 큰 기쁨, 환희, 행복.

❈ 마낙(manah): 보살핌을 바라다. 필자는 '원하옵건대, 바라옵건대'로 해석합니다.

❈ 사바하(svaha): 사뢰는 바가 모두 이루어지게 하여 주시옵소서! 원래 '신들에게 공양을 바칠 때 내는 소리'를 뜻한다고 합니다. 원래는 '신들에게 공양을 바칠 때 내는 소리'를 뜻한다고 합니다.

② 싯다야 사바하.

  (관세음보살의 두 번째 이름) 성취존이시여! 사뢰는 바가 모두 이루어지게 하여 주시옵소서!

❈ 싣다(siddha): 위대한 신통력·신비한 초능력을 성취한 분, 성취존成就尊. 자신을 죽이려다 죽은 적마저 살려내는 신통력과 자비심을 함께 갖춘 분.

❈ 야(aya): ~에게.

③ 마하-싯다야 사바하.

  (관세음보살의 세 번째 이름) 대성취존이시여! 사뢰는 바가 모두 이루어지게 하여 주시옵소서!

❀ 마하 싯다(mahasiddha): 대성취존大成就尊.

❀ 마하(maha): 큰, 대大, 견줄 데 없는, 성스러운.

❀ 야(aya): ~에게.

④ 싯다-유예-새바라야 사바하.

  (관세음보살의 네 번째 이름) 요가를 성취하신 자재존이시여!
  사뢰는 바가 모두 이루어지게 하여 주시옵소서!

❀ 싯다유예새바라(siddhayogesvara): 요가를 통해 자재한 경지를 성취하신
  분께.

❀ 유예(yoge): 요가는 '절대자에 대한 성스러운 탐구'를 뜻합니다.

❀ 새바라(svara): 자재존自在尊.

❀ 야(aya): ~에게.

⑤ 니라간타야 사바하.

  (관세음보살의 다섯 번째 이름) 청경관음존이시여! 사뢰는 바가
  모두 이루어지게 하여 주시옵소서!

❀ 니라간타(nilakantha): 푸른 목, 청경관음. 여기서는 청경관음을 부르는
  호격임.

❀ 야(aya): ~에게.

⑥ 바라하-목카, 싱하-목카야 사바하

  (관세음보살의 여섯 번째 이름) 멧돼지의 얼굴, 사자 얼굴을 한

분이시여! 사뢰는 바가 모두 이루어지게 하여 주시옵소서!

❖ 바라하(varaha): 산돼지, 멧돼지. 비슈누신의 세 번째 화신化身.

❖ 목카(mukha): 얼굴.

❖ 싱하(simha): 사자, 비슈누신의 네 번째 화신.

❖ 야(aya): ~에게.

☞ 관음존께서 멧돼지의 얼굴과 사자의 얼굴을 한 까닭은?

멧돼지의 형상과 사자의 형상을 신성하게 여기는 것은 '관세음의 화현化現인 비슈누신이 멧돼지 형상과 사자의 형상을 하고 악마를 물리치고 인간을 구한' 인도의 고대 신화에서 연유합니다. 비슈누신에게 기도하는 사람은 어떠한 역경이나 공포로부터 보호를 받는다고 합니다.

  1) 히란약샤(Hiraṇyākṣa)라는 악마가 육지를 바다 밑으로 끌고 들어갔습니다. 그러자 바라하는 육지를 구하기 위하여 멧돼지로 변해 무려 1,000년 동안이나 싸워 악마를 죽이고, 그의 뻐드렁니로 바다에서 육지를 들어 올렸다고 합니다.

  2) 악마 히란약샤(Hiraṇyākṣa)에게는 히란야카시푸라는 쌍둥이 형이 있었습니다. 그는 브라마로부터 사람이나 짐승이 어떠한 무기로도 해칠 수 없는 강한 신체를 부여 받았습니다. 하지만 그는 천국과 지상을 혼란시키는 악행을 일삼았습니다. 그러자 비슈누는 사자의 형상으로 변해 강력한 발톱으로 히란야카시푸를 찢어 죽였습니다.

⑦ 바나마-하따야 사바하.

　(관세음보살의 일곱 번째 이름) 손에 연꽃을 드신 분이시여! 사뢰는 바가 모두 이루어지게 하여 주시옵소서!

❁ 바나마 하따(padmahsta): 손에 연꽃을 드신 분에게. '관세음보살님'입니다.
❁ 바나마(padma): 연꽃. 지혜, 깨달음의 상징.
❁ 하따(hasta): 손.
❁ 야(aya): ~에게.

⑧ 자가라-욕다야 사바하.

　(관세음보살의 여덟 번째 이름) 법륜의 주재자이신 분이시여! 사뢰는 바가 모두 이루어지게 하여 주시옵소서!

❁ 자가라 욕다(cakrayukta): 법륜法輪의 주재자. 법륜法輪은 자연의 윤회하는 영원한 우주의 법칙을 말합니다.
❁ 자가라(cakra): 바퀴, 시간의 수레바퀴, 원반무기.
❁ 욕다(yukta): 절대영혼과 혼연일체가 된 위대한 영혼을 지닌 분.
❁ 야(aya): ~에게.

⑨ 상카-섭나녜 모다나야 사바하.

　(관세음보살의 아홉 번째 이름) 법라의 소리로 깨닫게 해 주시는 분이시여! 사뢰는 바가 모두 이루어지게 하여 주시옵소서!

❁ 상카섭나녜 모다나(samkhasabnane nibodhana): 법라法螺의 소리로 일깨워 주는 분.

❧ 상카(samkha): 소라, 고동. 여기서는 깨우침을 주기 위해 부는 나팔의
뜻입니다.

❧ 섭나녜(sabda): 진리의 소리, 음성.

❧ 모다나(nibodhana): 일깨움, 가르침, 알림.

❧ 야(aya): ~에게.

☞ 소리 수행

소리 수행은 육근六根 중에 이근(耳根: 소리)[70]을 사용하는 수행으로
주력수행이나 염불수행 등을 말합니다. 즉 진리의 소리를 듣는 수행입
니다. 그러나 단순히 듣기만 하는 것이 아니라, 자신이 주력이나
진언을 독송하면서 동시에 그 소리를 듣는 것입니다. 그 소리를 관觀하
여 그 소리와 자신이 하나가 되는 것입니다. 설령 테이프를 듣는다
하더라도 그 소리와 자신이 하나가 되어야 하는 것입니다. 자신이
하는 독송을 자신이 듣고 관하면 집중도 잘되고, 잡념이 들지 않습니
다. 잡념이 들지 않으므로 쉽게 선정에 들 수 있는 것입니다. 그러나
그 소리를 놓칠 때는 이미 잡념이 들어차서 집중을 놓친 상태가
됩니다. 이근수행이 수승한 비결이 바로 여기에 있습니다.

  각종 정근(석가모니불, 관세음보살, 약사여래불, 나무아미타불, 지장보살
등등), 밀교의 "옴 마니 반메 훔", 증산도에서 하는 "태을주", 기독교의
'주기도문' 등등이 대표적입니다. 지금도 히말라야 설산에는 수많은

---

70 『능엄경』에는 25가지 수행법을 열거하면서, 그중 관세음보살이 사용한 이근수행
  법이 가장 원통圓通한 방법이라고 밝히고 있습니다. 원통이란 말은 가장 빠르고,
  쉽고, 효과적이라는 뜻입니다. 이를 이근원통법耳根圓通法이라고 합니다.

수행자들이 우주의 소리, 진리의 소리를 듣기 위해 "옴(AUM)" 소리수행을 하고 있습니다. 소리수행이 그만큼 효과적이라는 뜻입니다.

⑩ 마하라-구타-다라야 사바하.

　(관세음보살의 열 번째 이름) 위대한 금강저를 지니신 분이시여! 사뢰는 바가 모두 이루어지게 하여 주시옵소서!

❀ 마하 라구타 다라(mahalakutadhara): 큰 방망이를 가진 자.
❀ 마하(maha): 큰, 대大, 견줄 데 없는, 성스러운.
❀ 라구타(lakuta): 곤봉, 방망이, 금강저金剛杵. 무지無智와 무명無明을 타파하고 지혜의 빛을 가져오는 상징물.
❀ 다라(dhara): 가지다, 잡다.
❀ 야(aya): ~에게.

⑪ 바마-사간타-이사-시체다-가릿나-이나야 사바하.

　(관세음보살의 열한 번째 이름) 왼쪽 어깨에 흑사슴의 털가죽을 걸치신 승리자시여! 사뢰는 바가 모두 이루어지게 하여 주시옵소서!

❀ 바마사간타 이사시체다 가릿나 이나(vamaskanthadisastitakrsnajina): 왼쪽 어깨에 흑사슴의 털가죽을 걸치신 분, 즉 승리자.
❀ 바마(vama): 왼쪽.
❀ 사간타(skantha): 어깨.
❀ 이사(disa): 쪽, 방향.
❀ 시체다(stita): 굳게 지키다.

❀ 가릿나(krsna): 흑사슴.

❀ 이나(ajina): 가죽.

❀ 야(aya): ~에게.

☞ 크리슈나(Krishna)

인도의 힌두신들 가운데 가장 사랑받는 영웅 신으로 비슈누의 8번째 아바타라(化現)입니다. 뱅갈 지역에서는 크리슈나를 '크리스토'라고도 부르는데, 기독교의 그리스도는 크리슈나의 변형이라고 합니다.

☞ 법의法衣 착용방식: 우견편단右肩偏袒

오른쪽 어깨를 드러내는 것은 고대 인도의 문화이며, 사슴 가죽은 승리자가 두르는 휘장쯤으로 이해하면 됩니다. 부처님이나 승려들이 입는 의복을 가사袈裟 또는 법의法衣라고도 합니다. 그 착용방식은 대개 오른쪽 어깨를 드러낸 채, 왼쪽 어깨에서 겨드랑이로 걸치는 우견편단 방식입니다. 대부분의 불상에서도 이와 같은 착용방식을 취하고 있습니다.

『금강경』에 보면, 장로 수보리존자가 편단우견하고 부처님께 여쭙는 장면이 나옵니다. "시時 장로수보리長老須菩提 재대중중在大衆中 즉종좌기卽從座起 편단우견偏袒右肩 우슬착지右膝着地 합장공경合掌恭敬 이백불언而白佛言"

⑫ 먀가라잘마-이바-사나야 사바하.

(관세음보살의 열두 번째 이름) 호랑이 가죽 옷을 입은 분이시여!

사뢰는 바가 모두 이루어지게 하여 주시옵소서!

❧ 먀가라 잘마 이바사나(vyaghracarmanivasana): 호랑이 가죽 옷을 입으신 분.

❧ 먀가라(vyaghra): 호랑이.

❧ 잘마(carma): 가죽.

❧ 이바사나(nivasana): 집, 옷, 내의.

❧ 야(aya): ~에게.

☞ 호랑이 가죽을 착용한 까닭은?

인도의 전통 요가수행자들은 명상을 행하거나 요가수행 중에 일어나는 갈애(渴愛: 맹목적인 집착, 탐욕, 충동)를 극복하기 위해 호랑이 가죽 위에 앉아서 수행을 하거나 또는 호랑이 가죽을 걸쳤다고 합니다. 따라서 여기서 말하는 호랑이 가죽은 선정에 드신 관세음보살님의 모습을 칭송하는 내용으로 이해해야 될 것입니다.

(5) 귀의문歸依文

위에서 살펴본 바와 같이 관세음보살님은 각양각색의 모습으로 나투시어, 제도할 중생의 근기에 따라 때로는 자비로운 모습으로, 때로는 금강저를 든 모습으로, 또는 연꽃을 든 모습 등등의 다양한 모습으로 나타나 무량한 자비심을 베푸시는 것을 알 수 있습니다. 이러한 관세음보살님께 다시 귀의하는 것입니다.

나모 라다나 다라야야

삼보에 머리 숙여 절하옵니다.

☞ 삼보三寶: 불(佛, buddha)·법(法, dharma)·승(僧, samgha)

❖ 나모(namo) / 나무南無: 계수(稽首; 몸을 굽혀 이마가 땅에 닿도록 하는 절),
  공경하여 예를 올리다.

❖ 라다나(ratna): 보배. 귀중품.

❖ 다라야(traya): 셋(三).

❖ 야(aya): ~에게.

나막 알약 바로기제-새바라야 사바하.

성스러운 관자재보살님께 머리 숙여 절하옵니다. 사뢰는 바가 모두
이루어지게 하여 주시옵소서!

❖ 나막(namah): 나무(南無; namo)와 같은 뜻.

❖ 알야(arya): 불타세존, 가장 존경스런 분.

❖ 바로기재 새바라(avalokitesvara): 성관자재聖觀自在, 관세음보살님

❖ 야(aya): ~에게.

❖ 스바하(svaha): 사뢰는 바가 이루어지게 하여 주시옵소서!

6. 찬탄讚歎: 사방찬, 도량찬

1) 사방찬四方讚

일쇄동방결도량一灑東方潔道場　　이쇄남방득청량二灑南方得清凉
삼쇄서방구정토三灑西方俱淨土　　사쇄북방영안강四灑北方永安康

도량은 절(寺)을 의미하지만 한편으로는 우리의 마음자리를 나타내기도 합니다. 사방은 꼭 동서남북 사방이라기보다는 도량의 주변 환경 또는 마음의 구석구석을 말합니다. 따라서 사방에 물을 뿌린다는 것(灑)은 도량(절)의 주변 환경을 깨끗이 한다는 뜻도 있지만 마음속의 번뇌 망상이라는 온갖 더러운 때를 모두 씻어낸다는 상징적인 의미도 갖습니다.

인도 고대의 민간신앙이나 바라문신앙에 의하면, 물에는 모든 것을 정화시키는 신성한 힘이 있다고 합니다. 많은 사람들이 악업을 씻고자 강물에 목욕을 하는 관습이 오늘날까지 행해지고 있습니다. 초기불전에도 목욕과 관련된 부처님 말씀이 자주 등장합니다.

"순다리카의 개울에서 어리석은 사람들은 목욕을 하지만 그의 악업은 씻어지지 않는다. 순다리카의 개울이 무슨 쓸모인가? 바후카강도, 또 아디캇카강도 무슨 도움을 줄 수 있겠는가? 가슴속에 악한 생각을 품은 자 또는 죄악을 저지른 자가 지은 모든 악업을 강물은 씻어 주지 못한다."[71]

"브라만이여! 법과 계율에서 목욕하면 어떤 존재든 안락함을 얻을 것이다. 만일 그대가 거짓말을 하지 않고, 살생하지 않고, 도둑질하지 않는다면, 또 그대가 확신에 차 있고 옹졸하지 않다면 무엇 때문에 가야 [72]에 가야 한단 말인가. 그대 집에 있는 우물물 또한 가야의 물과 다를 바 없지 않은가."[73]

또한 도량을 깨끗이 씻어내는 물은 일상생활에서 일어나는 마음속의 번뇌 망상을 씻어내는 관세음보살님의 천수다라니를 말합니다.

따라서 사방찬은 동서남북의 사방을 찬탄하는 것이 아니라, 사방이란 도량(마음) 구석구석을 의미하므로 마음 구석구석에 꽉 들어찬 번뇌 망상이라는 더러운 때를 천수다라니의 물로 모두 씻어내어 깨끗해진 '청정한 마음을 찬탄'하는 의미입니다.

이렇게 깨끗해진 마음으로 참회를 하는 것입니다. 뒤에 나오는 '도량찬' 역시 참회에 앞서 도량(마음)을 깨끗이 하는 준비과정입니다.

결도량潔道場, 득청량得清凉, 구정토俱淨土, 영안강永安康은 크게 보면 같은 의미입니다. 마음이 깨끗해지면(潔道場), 마음이 청량함을 얻고(得清凉), 깨끗하고 청량한 마음이 정토이며(俱淨土), 정토가 바로 영원히 즐겁고 편안한 자리(永安康)이기 때문입니다. 정토란 극락정토極樂淨土로서 아미타 부처님이 계시는 곳이지만, 그 정토는 멀리

---

71 『중아함경, 수정범지경』

72 가야강: 부처님 당시에 대표적인 성수로 손꼽히던 강.

73 『중부』7경, 「와투빠마 경」, '삐야닷시, 김재성, 『부처님, 그 분(생애와 가르침)』, 고요한 소리'에서 재인용.

있는 것이 아니라 내 마음(도량)속에 있는 유심정토唯心淨土인 것이며,
내가 처한 현실이 바로 정토인 것입니다. 그러나 조건이 붙습니다.
내가 마음을 부처님처럼 쓸 경우에만 정토입니다. 그러니 내가 부처님
같은 마음을 내는 한, 영원히 불국토이며 정토인 것입니다.

  그러나 살다보면 온갖 경계를 만나게 됩니다. 화도 내고, 욕심도
부리고, 못된 짓도 하게 됩니다. 예토穢土인 것입니다. 목욕탕에서
온탕과 냉탕을 왔다 갔다 하듯 우리는 정토와 예토를 번갈아 왔다
갔다 하며 살아가는 것입니다. 쉬운 예로, 법회에서 법문을 들을
때는 누구나 정토인데, 법회가 끝나고 신발장으로 향하는 순간부터
서로 먼저 나가겠다고 하다 보니, 남의 신발도 밟고 서로 부딪치면서
다시 예토로 돌아가는 것입니다.

(1) 일쇄동방결도량-灑東方潔道場
동쪽을 향해 물을 뿌리면 도량이 맑아집니다. 사방에 뿌리는 물은
지혜의 물로 여기서는 우리가 지금 배우고 있는 천수다라니, 즉 대비주
大悲呪를 나타내며, 씻어내는 대상은 마음속의 온갖 번뇌 망상을
말합니다. 도량이라 함은 곧 우리의 마음자리를 말하므로, 대비주를
지성으로 수지 독송함으로서 우리의 마음속에 있는 번뇌 망상, 부정적
인 생각, 어두운 부분들을 전부 씻어낸다는 뜻입니다.

  동쪽은 태양이 떠오르는 방위이며, 계절로는 씨를 뿌리는 봄이며,
새 생명이 잉태되는 시작의 의미가 있으므로 동쪽부터 시작하는
것입니다. 이는 수행을 시작하는 발심을 의미한다고 볼 수 있습니다.

❀ 쇄灑: 뿌릴 쇄, 청소하다. 씻어내다.

❀ 결潔: 깨끗할 결, 씻어내다.

(2) 이쇄남방득청량二灑南方得淸凉

남쪽을 향해 물을 뿌리면 청량함을 얻습니다. 온갖 번뇌 망상이 씻겨
나간 자리는 청량합니다. 이렇게 되면 가정과 사회, 주변의 인간관계
가 좋아지고 충돌이 없게 됩니다.

　남쪽은 계절로는 더운 여름이며 성장기를 의미합니다. 여름의 이글
이글 끓어오르는 뜨거운 욕망과 번뇌 망상을 씻어냄으로서 청량함을
얻는 수행이 절정에 오름을 말합니다. 욕망과 번뇌의 뜨거움을 수행의
열기로 바꾸는 용맹정진의 단계입니다.

(3) 삼쇄서방구정토三灑西方俱淨土

서쪽을 향해 물을 뿌리면 극락정토가 됩니다. 서방 극락정토는 아미타
부처님이 계시는 곳입니다. 서방에 있다 하여 서방정토란 말을 씁니
다. 마음의 번뇌와 망상을 씻어낼 때, 그 자리가 바로 극락정토입니다.
다시 번뇌와 망상의 때가 끼게 되면 더러운 예토穢土가 되는 것입니다.

　가을은 수확의 계절입니다. 씨 뿌리는 봄에 수행을 시작하여(善根:
선근을 심어) 여름의 이글이글 끓어오르는 번뇌 망상을 씻어냈으니(용
맹정진을 하여) 이제 거두어들이는 계절인 가을에 서방정토에 가는
것은 당연한 것입니다.

❀ 구俱: 함께하다. 갖추다.

(4) 사쇄북방영안강四灑北方永安康

북쪽으로 물을 뿌리면 영원히 행복하고 편안한 자리가 됩니다. 자신이 행복하고 편안해지면 가족, 이웃, 사회 그리고 온 인류가 편안해지는 것입니다. 그 자리에 영원히 안주安住하는 것입니다.

북쪽은 죽음, 완성, 저장, 지혜, 겨울을 의미합니다. 따라서 멈춤(止), 휴식의 의미가 있습니다. 이미 서방정토에 이르렀으니 이제 편안히 쉬어야 하는 것입니다. 서방정토는 바로 열반의 세계입니다. 그래서 안강安康입니다.

흔히 방향을 말할 때 '동서남북'이라고 합니다. 그러나 여기서는 '동서남북'이 아닌 '동남서북'으로 사방을 한 바퀴 순회하는 순서를 택하고 있습니다. 동방에서 일쇄를 시작하여 이쇄는 남방, 삼쇄는 서방, 사쇄는 북방의 순으로 순회巡廻하고 있습니다. 춘하추동의 사계절이 순회하는 동양철학의 오행사상五行思想과 일치하고 있습니다.

『금강경, 묘행무주분』에서도 세존께서 수보리존자에게 질문하시는 장면에 "수보리 남서북방사유상하허공"(須菩提! 於意云何, 東方虛空可思量不, 不也. 世尊! 須菩提, 南西北方四維上下虛空, 可思量不, 不也. 世尊!)이라는 말이 나옵니다. 같은 의미로 이해됩니다.

이렇게 동방東方으로부터 시작하는 것은 동방이 아침의 태양이 떠오르는 생기生起의 방향이자 생기生氣의 방향이기 때문일 것입니다. 동방은 계절로는 새 싹이 돋고, 새 생명이 잉태하는 봄으로서 선근을 심거나, 수행을 하거나 또는 무슨 일을 하건 간에 뭔가 새롭게

216

시작하는 상징적인 의미가 있는 것입니다. 씨 뿌리는 동방(봄)에서 시작하여, 성장하는 남방(여름)과 수확의 계절인 서방(서방)을 거쳐, 저장의 계절인 북방(겨울)에 이르고, 다시 봄이 오는 것은 우주순환의 법칙으로, 우리는 그 순환의 법칙에 맞춰 살아갈 뿐입니다. 이것이 생주이멸生住異滅이고 성주괴공成住壞空이고 무상無常입니다.

☞ 음양오행의 속성屬性 원리

독자들의 이해를 돕기 위해 음양오행의 속성屬性 원리를 표로 만들어 보았습니다. 음양오행의 논리는 개인의 사주팔자四柱八字 풀이에서 부터 『주역周易』의 괘상卦象풀이를 하거나, 풍수지리, 기문둔갑, 육임六壬, 천문天文, 태을太乙, 병법兵法, 이기론理氣論 등등에 실로 다양하게 쓰입니다. 음양오행의 속성을 모르고서는 동양사상의 근간을 이해할 수 없습니다.

干	支	방향	계절	음양	五行	五時	五常	五色	五變	五臟	五腑	五氣	숫자
甲乙	寅卯	東(左)	春	陽陰	木	아침	仁사랑	靑靑龍	生	간(肝)	담(膽)	風	3 8
丙丁	午巳	南(前)	夏	陽陰	火	낮	禮예의	赤朱雀	長	心	小腸소장	火暑	7 2
戊己	辰戌丑未	中央	換節期	陽陰	土	낮	信믿음	黃	化	비(脾)	胃腸위장	濕	5 10
庚辛	申酉	西(右)	秋	陽陰	金	저녁	義의리	白白虎	收	폐(肺)	大腸대장	燥	9 4
壬癸	子亥	北(後)	冬	陽陰	水	밤	智지혜	黑玄武	藏	신(腎)	膀胱방광	寒	1 6

음양오행론은 결코 미신이 아닙니다. 태양과 우주상의 별들이 자전과 공전을 하면서 서로 영향을 주고받는 역학관계에서 발생하는 이치를 체계화한 이론입니다. 미신이라고 하는 것은 그 오묘한 이치를 모르는, 서구사상에 치우친 사람들의 표현일 뿐입니다. 원래 미신은 우리의 문화전통을 말살하기 위해 일제가 만든 단어입니다. 조선시대에는 우리말에 '미신'이라는 단어가 없었습니다.

광복 후 서양문화가 들어오면서 우리는 모순된 언어를 사용하기 시작했습니다. 계절은 전통적인 개념으로 춘하추동이라고 하면서, 방향은 서양식 개념으로 동서남북으로 부르고 있는 것입니다. 계절은 방향을 바탕으로 생겨나는 시간의 개념인 것입니다. 이를 시절時節이라고 합니다. 불교에서 '시절인연'이라는 말을 쓰는 것을 봅니다.

해를 기준으로 지구가 공전과 자전을 하면서 시간과 방향이 정해지고, 시간과 방향에 따라 계절이 생긴다는 사실을 잊고 있는 것입니다. 시간과 방향과 계절에 영향을 받지 않는 것은 세상에 없습니다. 이를 초월하는 것을 불교에서 무시간無時間, 출세간出世間, 불생불멸不生不滅, 진여眞如라고 합니다.

2) 도량찬道場讚

도량청정무하예道場淸淨無瑕穢　　삼보천룡강차지三寶天龍降此地
아금칭송묘진언我今稱誦妙眞言　　원사자비밀가호願賜慈悲密加護

도량찬은 도량을 찬탄하는 말로 사방찬과 거의 같은 의미입니다.

도량은 바로 우리의 마음자리이므로 도량을 찬탄하는 것은 '번뇌 망상이라는 더러운 때를 씻어내어 깨끗해진 마음'을 찬탄하는 의미입니다. 달리 말하면 동남서북 어디를 가든 항상 도량(마음)을 깨끗이 하고, 천수다라니를 수지, 독송하여 번뇌 망상에서 벗어나라는 말씀입니다.

도량찬은 앞에 나온 사방찬과 마찬가지로 참회에 앞서 도량을 깨끗이 하는 준비과정입니다. 귀하고 어려운 손님을 초대할 때는 집안 청소도 하고 단장을 한 후, 정성스런 마음으로 손님을 맞이합니다. 마찬가지로 참회의 증명법사 역할을 해주실 십이존불을 참회의 장에 모시기 위해, 도량을 깨끗이 하고 사방(주변)을 청정하게 하는 것입니다. 이와 같은 과정이 사방찬과 도량찬입니다.

따라서 사방찬이나 도량찬은 우리의 마음자리에 꽉 들어찬 번뇌 망상이라는 더러운 때를 천수다라니의 물로 모두 씻어내어 깨끗해진 '청정한 마음'을 찬탄하는 의미입니다. 이렇게 깨끗해진 마음으로 참회의 장을 마련하여 십이존불을 모시고, 참회하고 업장소멸을 하는 것입니다. 그러기 위해서 앞에서 천수다라니를 독송하여 도량(마음)을 청정하게 한 것입니다.

☞ 천수기도
관세음보살님의 『천수경』 수행을 통해 도량(마음)이 청정해지고, 정토가 구현되어, 삼보천룡의 보호를 받음으로서 영원한 편안함을 얻을 수 있는 것입니다. 천수기도는 티끌과 더러움이 사라진 청정무하예淸淨無瑕穢한 의식의 세계에서, 나아가 무의식의 세계에서 나오는 진리의 소리를 듣고자 하는 간절한 마음을 말하며, 기도를 뛰어 넘는 것을 참선이라고 합니다. 이유는, 기도가 무엇을 희구하는 것이라면 참선은 그런 마음을 내려놓는 것이기 때문입니다.

① 현상계(눈에 보이는 범부의 현상 세계) ⇒ ② 의식계(사변의 세계, 철학, 일반종교, 기도의 세계) ⇒ ③ 무의식계(깨달음의 세계, 참선)

무의식계無意識界까진 못 간다 해도 적어도 티끌과 더러움이 사라져 청정무하예清淨無瑕穢한 의식의 세계(意識界)에까지 나아가기 위해서는 경전공부와 수행을 함께 해야 합니다. 경전은 뒷전이고 무조건 기도나 염불을 한다고 그 세계에 도달하는 것은 절대 아닙니다. 수행은 못하더라도 우선 경전공부만이라도 바르게 하다 보면, 언젠가는 수행을 해야겠다고 결심하는 날이 옵니다. 바르게 알게 되면 실천을 하게 되는 법입니다.

(1) 도량청정무하예道場清淨無瑕穢

앞의 '사방찬'에서 이미 물을 뿌려 도량을 깨끗이 씻어냈습니다(潔道場). 이제 도량이 청정하므로 티끌과 더러움이 있을 수 없습니다. 이것이 바로 청정무하예清淨無瑕穢입니다.

마음에 일어나는 번뇌 망상을 더러운 티끌(瑕穢)로 보고, 이 더러운 번뇌 망상을 씻어내(潔) 청정清淨하게 하고, 티끌이나 더러움을 없애는(無瑕穢) 것을 반복해서 강조하고 있습니다. 결국 결潔, 청정清淨, 무하예無瑕穢는 같은 의미입니다.

❀ 도량道場: 도장으로 써놓고 도량으로 읽습니다. 도장道場은 무술도장도

220

도장이고, 댄스도장도 도장이라 합니다. 도량의 사전적 의미는 불도를 닦는 곳이라 합니다. 도장을 왜 도량으로 읽는지 잘 모르겠습니다. '道場'의 중국어 발음은 'dàochǎng'입니다. 아마도 이를 음기音記한 것 같습니다. 즉 소리 나는 대로 '따오창'으로 읽다가 '다오량' ⇒ '도량'으로 변한 것 같습니다. 저의 견해입니다.

❖ 청정淸淨: 말 그대로 청정함, 깨끗함입니다. 청정의 반대개념이 하예瑕穢입니다.

❖ 하예瑕穢: 티끌과 더러움이란 마음속에 내재된 부정한 번뇌 망상을 말합니다. 따라서 무하예無瑕穢는 티끌과 더러움이 없는(無) 청정함을 말합니다.

(2) 삼보천룡강차지三寶天龍降此地

불, 법, 승 삼보는 청정한 도량에만 강림降臨하십니다. 청정하고 티끌 하나 없이 깨끗한 도량에 삼보가 강림하니 불법의 수호신인 천룡 또한 따르지 않을 수 없겠지요?

이미 도량을 깨끗이 씻어내고, 청정하게 하고, 더러운 티끌이 없게 했습니다. 이제 삼보를 모실 준비가 끝난 것입니다. 반대로 도량(마음)이 깨끗하지 않으면 악신惡神 또는 악귀惡鬼가 접하는 것입니다. 악신을 말할 때는 강림한다는 말을 쓰지 않습니다.

귀한 손님을 모실 때는 집안 청소도 하고 단장도 한 후, 정성스런 마음으로 손님을 맞이합니다. 삼보를 이렇게 모셔야 하는 것입니다. 즉 도량을 먼저 깨끗이 해야 하는 것입니다. 이는 바로 마음을 깨끗이 하는 것입니다. 우리의 마음이 도량인 것입니다.

☞ 천룡天龍, 팔부신장八部神將, 팔부용왕八部龍王, 팔금강八金剛, 사천왕四

天王

이들은 원래 고대인도의 종교에서 숭상하던 토속신이었다가 불법佛法과 불국토의 수호신이 되었습니다. 『법화경』에서는 천天, 용龍, 야차夜叉, 건달바乾闥婆, 아수라阿修羅, 가루라迦樓羅, 긴나라緊那羅, 마후라가摩睺羅伽 등을 여덟 신장(八部神將)으로, 그리고 하늘의 천신天神과 바다의 용왕龍王이 대표적이므로 천룡天龍이라고 합니다. 팔부신중八部神衆, 천룡팔부天龍八部, 용신팔부龍神八部 등으로 부르며, 약칭하여 팔부八部라고도 부릅니다.

사천왕四天王은 동남서북 사방의 하늘을 지키는 네 명의 왕을 말하며, 이들은 고대인도의 종교에서 숭상하던 귀신들의 왕王이었습니다. 왕년에 왕이었던 자존심을 버리고 불교에 귀의하여, 각각 수미산의 동남서북 네 방위에서 불법과 사부대중을 지키는 수호신이 되었습니다. 사찰 경내로 들어서면서 사천왕상 앞에서 예를 올리는 것은 불법과 사부대중을 지켜 주는 것에 대한 감사표시인 것입니다. 마찬가지로 법당의 화엄신장에게 예를 표하는 것도 감사표시가 되어야 하는 것입니다. 뭘 빌고 기도하는 자체가 비불교적인 것임을 명심하야 합니다.

불교에서는 천신이나 용왕도 불법을 수호하는 수호 신장神將에 불과합니다. 여기에 불전함을 놓는 것도, 불전을 놓고 기도하는 것도 모두 비불교적인 것입니다. 수호신장에게 불전을 놓고 기도하려면, 일주문을 지나면서 만나는 사천왕에게도 불전을 놓고 기도해야 하는 것입니다. 사천왕들의 입장에서 보면 중생들의 차별대우에 얼마나 섭섭하겠습니까? 자기들은 추운 겨울에도 밖에서 도량을 외호外護하면서 도량을 드나드는 대중을 보호하는데, 따뜻한 법당 안에 있는 화엄신장에게만 불전을 올리며 불보살님에게만 하는 삼배까지 하니 말입니다.

(3) 아금지송묘진언我今持誦妙眞言

이제 묘妙한 진언을 외웁니다. 청정 무하예無瑕穢한 도량에 삼보천룡이 강림했으므로 묘한 진언을 외우는 것은 당연합니다. 묘한 진언을 외우는 것은 자신을 경계하기 위함이며, 부처님 법에 대한 흐트러지지 않는 믿음을 의미합니다.

❀ 지송持誦: 지송의 의미는, 한 번 읽고 마는 것이 아니라 그 뜻을 마음에 새겨 외우며, 가르침을 실천하고 생활화한다는 뜻입니다.
❀ 묘진언妙眞言: 불가사의한 묘한 힘을 가진 진리의 말씀인 천수다라니를 말합니다.

(4) 원사자비밀가호願賜慈悲密加護

묘진언을 외우면서 '자비를 베푸시어 은밀하게 지켜 주시옵소서!' 하며 기도하는 것입니다. 다라니를 독송하면 하루아침에 확 달라지는 것이 아닙니다. 그러나 지속적으로 독송하다 보면 어느 날 갑자기 변화된 모습을 발견하게 될 것입니다. 이것이 밀가호密加護입니다. 은밀하게 자비를 베푸신다는 뜻입니다. 청정무하예한 도량에 삼보를 모시고 묘진언을 외우므로 은밀한 보살핌(密加護)이 따르는 것은 당연합니다.

입시철만 되면 100일 기도니 30일 기도니 하며, 100일 후 30일 후에 치르는 시험에 합격시켜 달라고 하는 기도와는 차원이 다릅니다. 오늘 기도했으니 내일 이루어지게 해 달라고 하는 기도는 원사자비밀가호願賜慈悲密加護가 아닙니다. 그런 기도는 없습니다.

❖ 사賜: 사전적 의미는 임금이 또는 귀인이 베푸는 것을 말합니다.
❖ 밀가호密加護: 은밀하게 베푸시는 보살핌을 의미합니다.
❖ 호護: 보살핌이나 보호를 의미합니다. 가피加被로 이해해도 됩니다.

7. 참회懺悔: 참회게~참회진언

1) 참회게懺悔偈

아석소조제악업我昔所造諸惡業　개유무시탐진치皆由無始貪瞋癡
종신구의지소생從身口意之所生　일체아금개참회一切我今皆懺悔

참회懺悔란 과거의 모든 죄업을 스스로 깨달아 남을 원망하는 마음, 미워하는 마음, 탐욕스런 마음, 성내는 마음, 어리석은 마음 등등의 모든 부정적인 마음을 버리고, 앞으로 다시는 그와 같은 죄업을 짓지 않겠다고 반성하며 다짐하는 것을 말합니다.

『육조단경』에 따르면, 참懺은 지금까지 지었던 과거의 죄업을 반성하는 것이며, 회悔는 앞으로 지을지도 모르는 미래의 죄업을 미리 살펴 다시는 참懺을 하지 않도록 하는 것입니다. 참懺이 자신이 과거에

행한 일들에 대한 반성이라면, 회悔는 어떤 일을 행하기에 앞서 자신을 관조하고 자각하는 미래에 대한 다짐입니다.

죄를 짓게 하는 탐욕스런 마음(貪心), 성내는 마음(瞋心), 어리석은 마음(癡心)의 삼독三毒과 그러한 마음의 작용으로 인해 몸으로(身業), 입으로(口業), 생각으로(意業) 짓는 삼업三業과 십악十惡을 참회하는 것입니다. 이렇게 죄의 뿌리를 알고 참회하는 것입니다. 이런 의미도 모르고 참회한다고 하는 것은 어불성설입니다.

(1) 아석소조제악업我昔所造諸惡業 개유무시탐진치皆由無始貪瞋癡

오랜 옛적부터 지어온 모든 악업은 시작 없는 탐, 진, 치 삼독으로 인해 생긴 것입니다. 죄를 짓게 만드는 마음의 작용과 원인을 말합니다. 탐욕스런 마음(貪心), 성내는 마음(瞋心), 어리석은 마음(癡心)이 작용하여 죄를 짓게 되는 것입니다.

무슨 죄를, 언제부터, 어떻게 지었는가를 알고 지은 죄의 근원을 찾아야 참회를 할 수 있는 것입니다. 죄의 근원은 삼독의 마음입니다. 삼독의 마음은 별개가 아닙니다. 탐욕스런 마음, 어리석은 마음에서 성을 내고, 어리석은 마음에서 탐욕스럽게 됩니다. 또한 탐욕스럽지 않은 사람은 결코 어리석지도, 성을 내지도 않을 것입니다.

이러한 삼독의 마음만 다스리면 죄를 짓는 원인이 사라지는 것입니다. 한 순간 어떻게 마음을 쓰는가에 따라 부처도 되고 도둑놈도 되기 때문입니다. 삼독심三毒心을 다스리지 못하면 백팔번뇌로, 다시 팔만사천 번뇌 고통으로 커져 불행의 원인이 되는 것입니다. 수행자가 부모형제를 버리고 출가를 하는 것도 결국은 윤회의 고리인 탐진치 삼독심을 떨쳐버리기 위함입니다. 부모를 모시고 처자식을 부양하며 속가에 머물다 보면 탐진치의 유혹에서 벗어나기 힘들게 됩니다. 속가, 속세가 바로 탐진치 삼독의 온상이기 때문입니다.

그러나 속가, 속세를 버리고 출가를 하는 것이 중요한 것이 아닙니다. 또한 모두가 속가를 버리고 출가를 할 수도 없는 것입니다. 출가를 하건 속가에 머물건 불법佛法에 의지하여 들끓는 삼독심을 잠재운다면 그것이 바로 출가입니다. 출가를 하고서도 세속적인 명예와 재물을 탐한다면 불타는 집을 나와 화약이 가득한 집으로 들어가는 것과 다를 바 없습니다. 비록 속가에 머물더라도 탐진치 삼독을 물리친다면 그것이 진정한 출가이며, 그곳이 바로 참된 수행처이며, 진정 부처님이 머무는 곳입니다. 절간에 계시는 부처님은 화재와 함께 불타 없어질지라도, 삼독을 떠나보낸 내 마음속의 부처님은 화재가 나든 장마가 지든 영원할 것입니다.

우리가 수행을 하고 관세음보살님의 자비를 배우는 것은 관세음보살님 같은 마음을 배우는 것입니다. 우리의 마음이 관세음보살님의 마음과 같다면 이미 참회는 끝난 것이며, 삼독이니 십악이니 하는 것은 우리의 마음에 더 이상 존재하지 않을 것입니다. 이미 관세음보살이자 부처이기 때문입니다.

❀ 석昔: 옛날, 과거, 오래전.
❀ 조造: (죄를) 짓다.
❀ 개皆: 모두, 다, 모든 것이.
❀ 유由: ~로 인해, ~로 말미암아.

❀ 무시無始: 시작이 없는, 언제부터 시작되었는지 모르는 아주 오래전에,

❀ 삼업三業: 신업身業, 구업口業, 의업意業.

☞ 종교에서 말하는 죄의 원인

① 기독교: 원죄原罪.

② 소크라테스: 무지無知, 너 자신을 알라!

③ 유교: 공자는 불인不仁, 맹자는 성선설性善說, 순자는 성악설性惡說.

④ 불교: 무명無明, 삼독三毒.

☞ 삼독三毒

① 탐욕스런 마음(貪心)은 세속의 소유욕, 명예욕(권력욕), 성욕, 식욕 등을 말하며, 탐욕으로 말미암아 살인, 절도, 사기, 횡령, 뇌물수수, 탈세, 성폭력 등등을 초래합니다. '무엇인가를 소유하고 싶다' 또는 '더 많이 갖고 싶다'는 내면적 욕구가 외부로 표출될 때 범죄행위로 이어지는 것입니다. 현대 자본주의 사회에서 수사기관의 조사를 받거나 감옥에 가는 사건사고의 대부분은 모두가 내면적 욕구, 즉 탐심을 제어하지 못한 것에서 비롯된 것입니다.

② 성내는 마음(嗔心)은 자신의 분노를 남에게 표출하여 서로 화나게 만드는 마음입니다. 성내는 마음은 남에게 표출하지 않더라도 삶의 질곡에서 벗어나려는 현실도피나 자살욕구로 이어지기도 합니다.

한편으로는 화내고 분노하는 행위는 말 못하는 갓난아이가 울음으로 "나에게 문제가 있어요. 나 좀 돌봐 주세요"라는 자신의 의사를

전달하는 유아기적 행위와 같습니다. 따라서 주위에 신경질적으로 화를 잘 내고 분노하는 사람이 있다면 각별한 관심과 애정이 필요하다고 하겠습니다.

③어리석은 마음(癡心)은 해야 할 일에 대해 나태하고 게으름을 피우는 음주, 오락, 마약, 도박, 취미생활 등의 향락과 수면욕에 관련됩니다. 따라서 마약이나 오락, 취미생활 등을 통해 쾌감을 받게 되면 그 쾌감에 집착해서 계속 향유하려는 경향을 보이게 됩니다. 그러한 쾌감도 반복하다 보면 질리거나 싫증을 느끼게 되고, 새로운 쾌감, 더 큰 자극을 찾아다니다가, 결국 그것에서 벗어나지 못하고 인생을 망치기도 합니다.

☞ 삼독三毒과 삼재三災 불공佛供

사주를 보는 철학관에서 '삼재'라는 말을 합니다. 또한 연말이 되면 어떤 절에서는 삼재불공을 드리라고 합니다. 삼재는 수재水災, 화재火災, 풍재風災를 일컫습니다. 그렇다면 삼재는 불교와 무슨 상관이 있을까요? 결론적으로 불교나 불공과는 아무 관련이 없습니다.

* 수재水災: 물에 의한 재앙으로 삼독 중에 탐욕스런 마음(貪心)을 말합니다. 탐심은 재화(財貨: 이익)를 바탕으로 합니다. 재화는 재화財禍를 불러옵니다. 탐심貪心 ⇒ 재화財貨 ⇒ 재화財禍 ⇒ 재화災禍로 이어지는 것입니다.

인간은 기본적인 탐심이 없으면 생존할 수 없습니다. 이를 오욕五慾[74]이라고 합니다. 이 중에서 식욕과 수면욕은 동물들도 가지고 있습니다. 그중의 하나가 재물욕입니다.

풍수風水에서 물은 재화財貨를 나타냅니다. 물이 있는 곳에 재화가 모이고, 재화가 모이는 곳에 사람이 끓습니다. 역사적으로 세계문명은 강을 끼고 일어났습니다.

사주팔자에서 물은 명석한 두뇌를 나타냅니다. 머리 좋은 사람이 이재利財에 밝습니다. 그래서 사기를 치고, 금고를 털고, 공금을 횡령하고, 뇌물을 받고, 불법자금을 수수하고, 탈세를 하며 순간적이나마 부유한 생활을 합니다. 이렇게 머리 나쁜 사람은 감히 못하는 일을 합니다. 이재와 머리 좋은 사람, 모두 욕심과 관계있습니다. 이로 인해 닥치는 이재利災가 수재水災입니다.

* 화재火災: 불(火)에 의한 재앙으로 삼독 중에 화내는 마음(嗔心)을 말합니다. 흔히들 사람을 평할 때 성미가 불(火)같다고 합니다. 화내고 성내는 마음으로 입는 재화災禍가 화재입니다. 이에 대한 부처님의 가르침은 인욕忍辱입니다.

『법화경, 안락행품』에서는 항상 인욕을 행할 것을 강조합니다. 인욕을 행함으로써 안락을 얻을 수 있기 때문입니다.

---

74 오욕은 ① 모든 욕망의 근원이 되는 색色·성聲·향香·미味·촉觸의 다섯 가지 경계(五境)를 말하며, 이를 오진五塵이라고도 한다. ② 중생심을 가진 인간이 갖고 있는 다섯 가지 기본적인 욕망으로, 식욕食慾·색욕色慾·재물욕·명예욕·수면욕을 말한다.

* 풍재風災: 바람(風)에 의한 재앙으로 삼독 중에 어리석은 마음
(癡心)을 말합니다. 실속은 없고 사치스럽고 허풍만 떠는 사람
을 어리석은 사람이라 합니다. 이런 사람은 삶의 목표나 실천이
없는 게으른 사람입니다.

소문, 풍문, 이간질, 간사함, 아첨, 꼬드기는 말, 잘 알지도
못하면서 아는 척하는 말, 겉 다르고 속 다른 말 등이 풍風입니
다. 바람은 실체가 없으나 천 리를 갑니다. 천 리를 가는 동안
여러 사람에게 재앙을 안깁니다. 이것이 풍재입니다. 허리케
인이나 태풍이 몰아쳐서 생기는 것만이 풍재가 아닙니다.
어리석은 사람은 주관이 없고, 이간질이나 남의 꼬임(兩舌:
양설)에 말에 쉽게 흔들립니다. 그래서 '십악참회'에 '치암중죄'
가 포함되는 것입니다.

이러한 탐욕, 분노, 우치의 삼독에 기인하는 번뇌나 재화災禍가
삼재입니다. 우리 중생들의 생활은 아침에 일어나서 잠자리에 들
때까지, 심지어 꿈속에서도 스스로 번뇌(고통)를 만들고, 그 고통
속에서 살아갑니다. 그로 인한 신구의身口意 삼업을 짓습니다. 이러한
삼재나 삼업은 우리의 그릇된 마음에서 기인하는 것인데, 삼재가
들었으니 삼재불공을 드리라고 합니다. 심지어는 부적을 붙이라고도
합니다. 불공을 드리고 부적을 붙인다고 이러한 삼재가 막아지고,
삼업이 소멸되겠습니까? 우리 모두 정신 바로 차리고 본마음으로
삽시다. 본마음으로 살기 위해, 더 이상 그릇된 불교를 믿지 않기
위해, 부처님을 욕되게 하지 않기 위해, 올바른 불교신도가 되기

위해, 적어도『천수경』정도는 확실히 공부할 필요가 있는 것입니다.

(2) 종신구의지소생從身口意之所生 일체아금개참회一切我今皆懺悔

신업, 구업, 의업 삼업으로 지은 죄업을 이제 모두 참회합니다. 삼업으로 지은 악업은 업장이 되어 수행을 가로 막거나 불행의 원인으로 작용합니다. 불행의 원인인 업장을 참회를 통하여 사전에 소멸시키는 것입니다. 참회는 불행을 막는 예방주사와 같은 것입니다.

　앞에서는 탐욕스런 마음, 성내는 마음, 어리석은 마음이 작용하여 죄를 짓게 하는 원인임을 알았습니다. 종신구의지소생從身口意之所生은 그러한 마음의 작용으로 인해 몸으로(身業), 입으로(口業), 생각으로(意業) 죄를 짓는 것을 뜻합니다. 삼독의 마음은 삼업三業을 통해서 남에게 피해를 주고 죄를 짓게 되는 것입니다.

　삼독을 마음속에 품고 있더라도 실제로 행동으로 옮기지 않는 한 남에게 직접적인 피해는 주지 않습니다. 그러나 마음속으로는 죄를 짓는 것입니다. 이것이 의업意業입니다. 참회는 이와 같이 남에게 직접적인 피해는 주지 않지만 마음으로 지은 죄(意業)와 시작도 없는 과거로부터 알게 모르게 지어온 모든 악업을 스스로 깨우치고 뉘우치는 것입니다. 달리 말하자면 옛날의 악습을 버리고 앞으로는 올바른 인간의 모습으로 살겠다는 의지의 표현이자 자기 다짐입니다. 그러한 다짐의 실천이『천수경』공부이며, 수행이며, 선업善業을 쌓는 것입니다. 이것이 바로 '일체아금개참회'입니다.

❈ 생生: 생기다. 여기서는 '짓다. 즉 죄를 짓다.'로 해석함이 더 적합합니다.

❖ 종從: ~에서, ~로부터.

❖ 금今: 바로 지금, 현재, 오늘, 이제.

2) 참제업장 십이존불懺除業障 十二尊佛

나무참제업장 보승장불南無懺除業障寶勝藏佛

보광왕 화염조불普光王火焰照佛

일체향화 자재력왕불一切香火自在力王佛

백억항하사 결정불百億恒河沙決定佛

진위덕불振威德佛

금강견강 소복괴산불金剛堅强消伏壞散佛

보광월전 묘음존왕불普光月殿妙音尊王佛

환희장 마니보적불歡喜藏摩尼寶積佛

무진향승왕불無盡香勝王佛

사자월불獅子月佛

환희장엄주왕불歡喜莊嚴珠王佛)

제보당마니 승광불帝寶幢摩尼勝光佛

앞장의 사방찬과 도량찬에서 도량을 깨끗이 하여 참회의 장에 십이존
불을 모실 준비를 하였습니다. 십이존불은 우리가 진실로 참회하면,
우리의 참회를 인정하고 업장을 소멸하고 확인해 주는 증명법사
역할을 하시므로, 열두 분의 존호尊號를 부르면서 참회의 장으로
초대를 하는 것입니다.

또한 십이존불을 초대하는 이유는 열두 분 모두 맡은 바 소임이 다르기 때문입니다. 요샛말로 전공과 특기가 다르다는 말씀입니다. 탐욕으로 지은 죄를 멸해 주시는 분, 살인으로 지은 죄를 멸해 주시는 분, 사음으로 지은 죄를 멸해 주시는 분, 축생의 죄를 멸해 주시는 분 등등 이렇게 역할이 다른 십이존불을 모시면 중생이 무명에서 지을 수 있는 모든 죄를 소멸할 수 있는 것입니다. 이가 아프면 치과에 가고, 눈이 아프면 안과에 가듯, 우리의 지은 죄에 따라 업장소멸을 증명해 주실 부처님들의 전공이 각기 다른 것이지요.

십이존불을 초대하는 또 다른 이유는 십이존불 앞에서 "옛날의 악습을 버리고 앞으로는 올바른 인간의 모습으로 살겠습니다."라고 선언하기 위해서라고도 할 수 있습니다.

(1) 나무참제업장 보승장불南無懺除業障 寶勝藏佛

남에게 신세진 일과 일체의 허물을 소멸해 주시는 보승장불에게 참회하여 귀의합니다.

(2) 보광왕 화염조불普光王 火焰照佛

보광왕의 지혜의 화염(불꽃)으로 재물을 사치하고 낭비한 모든 죄업을 태워버리는 화염조불에게 참회하여 귀의합니다.

(3) 일체향화 자재력왕불一切香火 自在力王佛

자비의 향기로 우리가 저지른 크고 작은 모든 죄업을 소멸해 주시는 자재력왕불에게 참회하여 귀의합니다.

(4) 백억항하사 결정불百億恒河沙 決定佛

　　백억 항하의 모래알 수만큼 많은 죄업을 소멸해 주시는 결정불에게
　　참회하여 귀의합니다.

❀ 항사사恒河沙: 항하강의 모래. 항하恒河는 인도의 갠지스강을 말합니다.

(5) 진위덕불振威德佛

　　위엄과 공덕으로 음행과 구업으로 지은 모든 죄업을 소멸해 주시는
　　진위덕불에게 참회하여 귀의합니다.

(6) 금강견강 소복괴산불金剛堅强 消伏壞散佛

　　금강석과 같은 견강한 지혜로써 지옥의 죄업마저 소멸해 주시는
　　소복괴산불에게 참회하여 귀의합니다.

(7) 보광월전 묘음존왕불普光月殿 妙音尊王佛

　　보광월전에서 달빛이 널리 비추듯 묘한 음성으로 죄업을 소멸해
　　주시는 묘음존왕불에게 참회하여 귀의합니다.

(8) 환희장 마니보적불歡喜藏 摩尼寶積佛

　　환희의 창고에 가득 찬 여의보주를 가지고 화내고 분노하여 지은
　　죄업을 소멸해 주시는 마니보적불에게 참회하여 귀의합니다.

(9) 무진향승왕불無盡香勝王佛

　　끝없는 진리의 향기로 생사 고통의 죄업을 소멸해 주시는 무진향승
　　왕불에게 참회하여 귀의합니다.

(10) 사자월불獅子月佛

　　사자의 위덕과 지혜의 월광月光으로 축생으로 태어날 죄업을 소멸
　　해 주시는 사자월불에게 참회하여 귀의합니다.

(11) 환희장엄 주왕불歡喜莊嚴 珠王佛

　　살생이나 도적질하여 지은 죄업을 소멸해 주시는 환희장엄 주왕불
　　에게 참회하여 귀의합니다.

(12) 제보당마니 승광불帝寶幢摩尼 勝光佛

　　제왕과 같은 위엄있는 보배 깃발로 탐욕으로 지은 죄업을 소멸해
　　주시는 승광불에게 참회하여 귀의합니다.

3) 십악참회十惡懺悔

살생중죄금일참회殺生重罪今日懺悔
투도중죄금일참회偸盜重罪今日懺悔
사음중죄금일참회邪淫重罪今日懺悔
망어중죄금일참회妄語重罪今日懺悔
기어중죄금일참회綺語重罪今日懺悔

양설중죄금일참회兩舌重罪今日懺悔

악구중죄금일참회惡口重罪今日懺悔

탐애중죄금일참회貪愛重罪今日懺悔

진에중죄금일참회瞋恚重罪今日懺悔

치암중죄금일참회癡暗重罪今日懺悔

이제 십이존불을 참회의 장으로 초대를 하였으니, 경건하고 진실한 마음으로 삼독과 삼업으로 지은 십악 중죄를 낱낱이 고하고 참회하는 것입니다. 자신이 지은 죄목을 밝히고 반성하며, 다시는 그와 같은 죄를 짓지 않겠다고 다짐하는 것을 수사분별참회隨事分別懺悔라고 하며, 줄여서 사참事懺이라 하는데, 『천수경』의 십악참회는 대표적인 사참법事懺法에 해당합니다.

　신구의 삼업에 해당되는 열 가지 죄가 십악입니다. 십악의 반대는 십선十善입니다. 십악을 참회하고 십악의 악업을 짓지 않으면 십선을 행하는 것입니다. 그러나 이는 소극적인 방법입니다. 대승불교에서는 적극적인 보살도를 요구합니다. 예를 들면, 적극적으로 보시를 하고, 방생을 하고, 자연을 보호하는 것입니다.

❀ 삼업 십악三業 十惡: 신업 3, 구업 3, 의업 4.

　　* 신업身業: 살생殺生, 투도偸盗, 사음邪淫.

　　* 구업口業: 망어妄語, 기어綺語, 양설兩舌, 악구惡口.

　　* 의업意業: 탐애貪愛, 진에瞋恚, 치암癡暗.

(1) 살생중죄금일참회殺生重罪今日懺悔

　살생하여 지은 중죄 오늘 참회하옵니다.

❀ 불살생不殺生: 불살생은 살생을 하지 말라는 의미를 넘어 모든 생명을
나의 생명처럼 소중하게 여기라는 생명존중의 뜻입니다. 살생하지 않는
마음은 자비와 사랑하는 마음입니다. 자신을 사랑하는 사람은 아무리
힘들어도 자살하지 않습니다. 자살은 크나큰 살생입니다. 희망을 잃고
좌절하여 절망하는 것도, 희망이라는 생명체를 죽이는 살생입니다. 여기
서 살생이라 함은 고의적인 살생이나 불필요한 살생을 뜻합니다. '화랑오
계'에도 살생을 해야 할 때에는 가려서 하라(殺生有擇)는 내용이 있습니다.
전장에서 적군을 죽여야 할 때도 살생을 최소화하라는 뜻입니다. 서산대
사가 승병을 모집하여 왜군에 맞선 것 또한 살생유택입니다. 필요할
때는 살생도 해야 하는 것입니다.

　우리는 살생을 하지 않고는 생명을 유지할 수 없습니다. 채식을 하든,
육식을 하든 남의 생명을 취하는 것입니다. 다른 동물들도 마찬가지입니
다. 이를 먹이사슬이라 합니다. 먹이사슬에 의지하여 생태계가 유지된다
고 합니다. 아프리카 초원에서 채식동물이 너무 번식하면 초지草地가
고갈되어 여타 동물이 살 수 없다고 합니다. 그래서 상위 포식동물이
적당하게 잡아먹어야(殺生) 적정 개체수를 유지하여 초지가 보존된다고
합니다. 이것이 인간을 포함한 동물들이 태어나면서부터 짊어지는 천형이
자 원죄입니다. 살기 위한 살생 말입니다. 그래서 만물의 영장인 인간은
살생에 대한 참회를 하는 것입니다.

❀ 중죄重罪: '무거운 죄=업장'이라는 뜻도 있겠지만, 시작도 없는 과거부터
자신도 모르게 또는 본의 아니게 반복(重)하여 지어온 죄를 말합니다.
이미 쌓은 업장을 소멸하는 것도 중요하지만 계속하여 알게 모르게 반복하

여 짓게 되는 죄(업)의 고리를 끊는 것이 더 중요합니다.

❀ 방생放生: 불교계에서 행하는 방생의식은 불살생 의지의 표현으로 살생에 대한 참회와 생명존중을 의미합니다. 『범망경, 48경계』에는 중생이 생명의 위험에 처해 있을 때는 힘을 다해 도와야 한다고 가르치고 있습니다. 한국 불교계에서 행하는 방생의식은 『범망경』의 영향이라고 할 수 있습니다. 그러나 무분별한 방생으로 생태계를 어지럽히는 일은 재고되어야 할 것입니다.

송宋나라 지반志磐의 저술인 『불조통기佛祖統紀』에 따르면, 오늘날의 방생의식은 천태종의 개조인 천태지자天台智者가 "전생의 부처님인 유수장자(流水長子)가 죽어가는 물고기 만 마리를 구제함으로서, 도솔천에 왕생한 물고기들이 천자가 되어 유수장자의 은혜를 갚았다."는 '유수장자자품流水長者子品'의 전생담에 근거해, 고기 잡는 기구를 모두 없애고, 강가에서의 고기잡이를 금함으로서 정립된 것이라 합니다.

(2) 투도중죄금일참회偸盜重罪今日懺悔

남의 물건을 훔친 중죄 오늘 참회하옵니다.

❀ 투도偸盜: 도둑질. 남의 물건을 훔치는 것만이 아니라 능력에 맞지 않는 자리를 차지하고 있는 것도 투도(도둑질)입니다. 정치권에서 행해지는, 능력이나 경력에 맞지 않는 낙하산 인사를 자주 보게 됩니다. 또한 국가예산을 비효율적으로 쓰는 것도 투도(도둑질)입니다.

❀ 보시布施: 투도(도둑질)에 대한 적극적인 참회는 보시를 하는 것입니다. 여기에는 재보시財布施는 물론 법보시法布施가 함께 이루어져야 합니다.

(3) 사음중죄금일참회邪淫重罪今日懺悔

　　사음하여 지은 중죄를 오늘 참회하옵니다.

❀ 사음邪淫: 사음은 사행邪行으로 읽는 경우도 있으며, 맑은 정신과 깨끗한
　　마음을 가질 때 사음한 마음이나 사행심邪行心과 사견邪見은 사라집니다.
　　선정에 들기 위해 계戒를 지키라는 뜻입니다. 번뇌 망상으로 가득 찬
　　산란한 마음으로는 선정에 들 수 없기 때문입니다.

(4) 망어중죄금일참회妄語重罪今日懺悔

　　거짓말로 지은 중죄 오늘 참회하옵니다.

❀ 망어妄語: 거짓말.

(5) 기어중죄금일참회綺語重罪今日懺悔

　　비단결 같은 겉만 번지르르한 꾸밈말로 지은 중죄 오늘 참회하옵
　　니다.

❀ 기어綺語: 교묘하게 잘 꾸며 내는 말. 교언巧言.

(6) 양설중죄금일참회兩舌重罪今日懺悔

　　이간질로 지은 중죄 오늘 참회하옵니다.

❀ 양설兩舌: 한 입에 혀가 두 개니까 서로 다른 말로 이간질을 할 수 있습니다.

(7) 악구중죄금일참회惡口重罪今日懺悔

　악담이나 패설悖說로 지은 중죄 오늘 참회하옵니다.

❀ 악구惡口: 욕설, 악담, 험담.

(8) 탐애중죄금일참회貪愛重罪今日懺悔

　재물, 색욕 등의 탐욕으로 지은 중죄 오늘 참회하옵니다.

❀ 탐애貪愛: 자기의 능력 이상을 바라는 것 또는 노력 없이 바라는 것,
즉 도둑놈 심보를 말합니다. 불교에서 무조건 무소유를 이야기하는 것이
아닙니다.

(9) 진에중죄금일참회瞋恚重罪今日懺悔

　성냄으로 지은 중죄 오늘 참회하옵니다.

❀ 진瞋: 눈 부릅뜰 진, 성낼 진.
❀ 에恚: 성낼 에, 화를 내다.

(10) 치암중죄금일참회癡暗重罪今日懺悔

　어리석어 지은 중죄 오늘 참회하옵니다.

❀ 치癡: 어리석을 치, 미치광이, 동물같이 본능으로 움직이는 행동.
❀ 치암癡暗: 어리석음은 어둠이며 무명입니다. 어리석음의 반대가 지혜입니다.
지혜는 빛이며 밝음이며 광명입니다. 그래서 법명에 있어서도, 성자聖者의

이름을 딴 가톨릭교의 세례명과는 달리, 불교에는 혜慧나 광光 자가 들어가는 법명이 많습니다.

4) 업장소멸業障消滅과 진참회眞懺悔

백겁적집죄百劫積集罪   일념돈탕제一念頓蕩除
여화분고초如火焚枯草   멸진무유여滅盡無有餘

백겁 동안이나 쌓이고 쌓인 모든 죄업도 일념으로 참회하면 모든 죄가 한 순간에 없어져서, 마치 건초더미에 불을 붙이면 순식간에 남김없이 다 타버리듯 소멸됩니다.

❖ 백겁百劫: 겁에 대해서는 앞에서 이미 설명드렸습니다. '백천만겁난조우百千萬劫難遭遇'를 참고 바랍니다.

❖ 적집積集: 시작도 없는 과거부터 오랫동안 쌓아온, 즉 백천만겁 동안 쌓아온.

❖ 일념一念: 일 찰나, 한 순간. 여기서 순간이란 그냥 순간이 아니라, 깨끗한 마음을 내는 순간, 참회하는 순간, 발심하는 순간 등을 의미합니다. 『화엄경』에서는 처음 발심하는 그 순간이 바로 정각正覺이라고 합니다.

   "초발심시변정각 생사열반상공화初發心時便正覺 生死涅槃相共和: 부처를 이루고자 처음 마음 낼 때의 그 마음이 곧 바로 깨달은 부처의 근본 마음이요, 생사와 열반이 언제나 함께하네!"

   이 구절은 『화엄일승법계도』에도 나오며, 『화엄경약찬게』에도 나옵니다.

❖ 돈頓: 갑자기, 한순간.

❀ 돈頓, 탕蕩, 제除: 깨지다, 부서지다(頓), 쓸어버리다(蕩), 없애다(除). 모두 "없애다"라는 뜻으로 같은 의미입니다.

❀ 멸진滅盡: 다 없어지다. 진盡은 '모두 다'의 뜻입니다.

❀ 여餘: 남을 여.

❀ 무유여無有餘: 남김이 없다는 뜻입니다.

❀ 불교는 마음의 종교입니다. 한 순간 마음을 부처처럼 쓰면 한 순간 부처요, 도둑처럼 쓰면 도둑입니다. 진실한 마음으로 참회하고 마음속에 죄를 씻어버리면 백겁 동안 지은 죄일지라도 한 순간에 없어지는 것입니다. 모든 게 마음먹기에 달려 있는 것입니다. 일체유심조입니다.

❀ 업장의 소멸: 경전공부와 도업道業을 이루겠다는 간절한 기도와 진실한 참회와 더불어 선업善業을 쌓음으로써 업장을 소멸하는 것입니다.

죄무자성종심기罪無自性從心起　심약멸시죄역망心若滅時罪亦亡
죄망심멸양구공罪亡心滅兩俱空　시즉명위진참회是則名爲眞懺悔

죄라는 것은 본래 실체가 없는데(無自性) 마음을 따라 일어납니다(從心起). 여기서 마음이라 할 때는 그냥 마음이 아니라 '죄를 일으키는 망령된 그 마음(妄心)'을 말합니다. 죄를 짓는 그 마음이 없어지면(心若滅時), 죄 또한 없어지는 것입니다(罪亦亡). 죄도 없어지고 죄를 짓는 그 마음도 소멸되어(罪亡心滅), 죄와 죄를 짓는 그 마음이 함께(俱) 사라져서 비운 상태가 되면(兩俱空), 이것을 일러 진짜 참회라 하는 것입니다(眞懺悔). 즉, 죄도 없고(空) 죄를 짓는 그 마음도 없어진(空) 모두가 텅 빈 상태(俱空)가 되는 것입니다. 모두가 텅 빈(空) 상태입니다. 즉 개공皆空입니다. 죄도 사라지고, 죄를 짓는 그 마음도 사라졌으니, 죄는 실체가 없는 것입니다. 이러한 이치를 아는 것이 깨닫는 것이며, 참회이자 수행입니다.

여기서 깨닫는다는 것은 법계法界의 실상(實相: 내면의 이치)을 바로 보는 안목을 말합니다. 이러한 이치를 모르고 무작정 기도를 하고, 절을 하고, 간경을 하는 참회는 의미가 없습니다. 물론 꾸준히 그렇게 하다 보면 의미를 깨닫게 되겠지만 말입니다.

❀ 자성自性: 자성은 고정된 실체를 말합니다. 죄에는 원래 자성이 없습니다(無自性). 단지 마음을 따라 일어나는 것입니다. 그런데 그 마음이 사라지면 죄는 의지할 곳이 없게 되는 것입니다.

❀ 종심기從心起: 마음을 따라 일어나다.

❀ 심약멸시心若滅時 죄역망罪亦亡: 만약 마음이 사라질 때는, 죄 역시 사라진다.

❀ 양구공兩俱空: 마음과 죄 두 가지(兩)가 모두 사라져 비워지면 공이 됩니다.

❀ 시즉명위是則名爲: 이것이(是) 곧(則) 이름하여 ~인 것입니다(名爲).

❀ 참회에는 크게 이참理懺과 사참事懺의 두 가지가 있습니다.

  * 이참理懺은 이치적으로 참회의 올바른 뜻을 이해하는 것입니다. 즉 법계의 실상을 관찰하여 죄의 자성이 없는 본래의 공한 이치를 깨닫는 관찰실상참회觀察實相懺悔를 말합니다. 『천수경』만 올바로 이해하고 실천하면 이참理懺은 끝낸 것이라고 할 수 있습니다.

  * 사참事懺은 실제로 기도, 독경, 사경, 법보시, 재보시, 절 등의 행동을 수반한 참회를 말합니다.

  * 진정한 참회란 이참과 사참이 병행될 때 완전한 참회가 됩니다.

5) 참회진언懺悔眞言

옴 살바 못자 모지 사다야 사바하
옴 살바 못자 모지 사다야 사바하
옴 살바 못자 모지 사다야 사바하

(1) 옴 살바 못자 모지 사다야 사바하

일체의 모든 부처님과 보살님들에게 머리 숙여 절하옵니다! 참회가
이루어지게 하여 주시옵소서! 참회가 이루어 지이다!

❖ 살바(sarva): 일체, 모든.
❖ 못자(buddha): 부다, 부처님.
❖ 모지 사다(bodhisttava): 보리살타, 보살.
❖ 야(aya): ~에게.
❖ 사바하(svaha): 사뢰는 바가 또는 원하는 바가 이루어지게 하여 주시옵소서!

천주교의 고해성사와 같이 자신의 죄업을 불보살님들께 다 털어
놓고 참회하는 것입니다. 천주교의 고해성사는 신부님께 하지만 불교
에서의 참회는 스님들에게 하는 것이 아닙니다. 장소에 구애 없이
어디서나 불보살님을 부르며 스스로 하는 것이 차이점입니다. 불보살
님을 부르는 것은 누구나 청정한 '자성부처'이기 때문에 '본래의 나
또는 본래의 나의 마음'을 부르는 것입니다. 그 '본래의 나'가 진아眞我
이며, 본래의 모습(本來面目)이며, 자성청정自性淸淨인 것입니다.[75]
그 자성청정한 본래의 마음을 양명학에서는 양지良志라고 합니다.

양지는 양심良心입니다. 양심은 자신을 가장 잘 아는 최고의 선지식입니다. 우리는 양심이라는 선지식에 의지하여 참회를 하고 수행을 해야 합니다. 스스로 양심이 발현되지 못하므로 성현의 말씀이나 종교에 의지하여 양심에 자극을 주어 발현시키는 것입니다.

따라서 참회는 본래의 나의 마음인 양지, 양심으로 돌아가겠다는 다짐입니다. 양지, 양심이 부처님 마음입니다. 우리는 양심에 비추어 보아 편할 때가 가장 편합니다. 죄를 지으면 편안하지 않은 것은 양심이 편치 않기 때문입니다.

어린 아이가 엄마를 부르며 엄마를 찾는 것은 엄마의 품으로 돌아가겠다는 뜻입니다. 어린 아이에게는 엄마의 품이 본래 있어야 할 곳입니다(本來面目). 어린 아이는 엄마의 품에서 떨어지면 불안을 느낍니다. 그래서 본능적으로 엄마를 찾습니다. 울던 아이도 엄마 품에 들면 울음을 멈춥니다. 안락하고 편안하기 때문입니다.

우리가 불보살을 찾고 부르는 것도 이와 같다고 볼 수 있습니다. 이 모든 것이 마음에서 이루어지기 때문입니다. 한 순간 불안하기도 하고 편안하기도 합니다. 우리 마음이 편안하기 위해 참회를 하는

---

75 이는 힌두의 아트만(ātman)이 아닙니다. 설명을 위해 굳이 본래의 나, 진아眞我, 본래의 모습(본래면목), 자성청정自性淸淨 등으로 이름을 붙여 본 것입니다. 무념無念에는 본래 모양(相)과 이름(名)이 없습니다. 무념의 세계는 시時와 공空을 초월했기 때문에 그저 고요할(空) 뿐입니다. 무념에 접한 유념의 세계는 시와 공을 따라 흘러갑니다. 무상無常하다는 말씀입니다. 무상하니까 이름(名)을 붙일 수 없었습니다. 언어가 생기고부터 이름이 있게 되었습니다.
장자는 『장자, 천지』에서 "태초에 무만 있었고(太初有無), 유도 없었고(無有) 이름도 없었다(無名)."라고 합니다.

것이며, 참회하러 절에 가는 것입니다. 업장소멸은 그 나중입니다. 마음이 편하면 업장소멸은 저절로 이루어지기 때문입니다. 편안한 마음에서 죄를 짓고 못된 짓을 하는 사람은 없습니다. 안락하고 편안한 그 순간이 공空이고, 진아眞我이고, 무념無念이고, 무아無我이고, 불생불멸不生不滅이고, 열반涅槃이고 행복幸福입니다.

공, 진아, 무념, 무아 등등은 이명동의어異名同意語입니다. 이들 용어는 번뇌 망상이 사라진 자리에 새롭게 돋아나는 것들의 이름입니다. 집착과 탐욕을 내려놓으면 번뇌 망상이 사라집니다. 번뇌 망상이 숙면을 방해하고, 정상적인 사고를 방해하고, 몸과 마음을 망치게 하여 폐인을 만들기도 합니다. 이는 제가 직접 경험한 내용입니다. 필자는 억울하게 사업체가 망가져서 분노와 좌절 속에 보낸 시간이 있었습니다.

☞ 계戒, 정定, 혜慧 삼학의 수행을 통한 업장소멸
생각에 끄달려 본래의 나(眞我)를 잃어버리고 미혹한 마음으로 무명 속에 살아가는 습관이 업業입니다. 달리 말하면 자기도 모르게 생각을 일으키고, 그 일으킨 생각에 집착하며, 그 생각대로 행동하여 짓는 것을 업業이라 합니다. 그러한 생각은 알고 보면 탐, 진, 치 삼독으로 인한 것입니다.

우리는 시작도 없는 오랜 옛적부터 탐, 진, 치 삼독으로 인한 많은 악업을 지어왔습니다(我昔所造諸惡業 皆由無始貪瞋癡). 이와 같은 죄는 업장이 되어 우리의 행복이나 깨달음 또는 수행을 끊임없이 방해합니다. 하루 빨리 업장을 소멸해야 하는 이유가 여기에 있습니다. 업장이란 행복을 방해하는 병고病苦를 말합니다.

이와 같은 업장이 무속인을 찾아가서 굿을 하거나 절에 가서 축원을 한다고 소멸된다면 참다운 부처님 법은 없는 것입니다. 그런 것들은 모두 비불교적인 것들입니다. 업장은 스스로 계, 정, 혜 삼학의 수행을 통해서만 소멸됩니다. 오직 마음의 깨달음과 그렇게 깨달은 것에 대한 실천을 통해서만 가능하다는 뜻입니다. 마음의 깨달음을 얻는 방법이 계정혜 삼학을 닦는 것입니다.

『천수경』에서의 업장소멸을 십악참회나 외우고 '참회진언'을 독송하는 것으로만 받아들인다면 스스로 무당 수준에 머무르는 것입니다. 『천수경』에는 계정혜 삼학에 관한 게송이 모두 다섯 번(① 백천삼매돈훈수, ② 원아조득지혜안, ③ 원아속득계정도, ④ 원아정혜속원명, ⑤ 원아근수계정혜) 나옵니다. 이렇게 반복하고 되풀이하는 것은 그만큼 중요하기 때문입니다. 진언 이전에 이러한 뜻을 이해하고 실천하라는 뜻입니다.

또한 「예불문」은 계향戒香, 정향定香, 혜향慧香으로 시작합니다. 근본적이고 중요하기 때문입니다. 이렇듯 삼학은 불교의 근본 가르침으로 불교의 모든 가르침을 담고 있다고 할 수 있습니다. 보살행의 덕목인 육바라밀도 삼학에서 발전한 것으로, 삼학은 수행의 시작이자 전부라고 할 수 있습니다.

제1단계: 계戒의 단계입니다.
계율을 지킨다는 의미로 계戒라고 합니다. 복잡한 경제생활을 해 나가는 현대인들에게는 인간이 지켜야 하는 사회적 규범이나 도덕적 질서가 계라고 할 수 있습니다. 즉 인간으로서 해야 할 일과 하지 말아야 할 일을 구분하여 지키는 것이 계입니다.

이와 같은 계戒는 일률적이라기보다는 개인이 속한 사회나 단체의 성격에 따라 달라질 수 있는 것입니다. 승가에게는 승가의 계율이, 재가자에게는 재가자의 계율이 존재할 것입니다. 이렇듯 처한 입장에 따라 규범이나 가치관은 차이가 있을지라도 인간 내면의 보편적 가치는 다를 수 없을 것입니다. 이와 같은 인간의 양심에 따른 내면의 보편적 규범이나 가치관을 계라고 할 때, 양심에 따라 계를 지킨다는 의미로 심계心戒라고도 합니다.

계는 생각(번뇌 망상)에 끄달리지 않는 것입니다. 번잡한 번뇌 망상에 따라 일어난 생각(妄念)을 따라나서는 것을 멈추어, 조금도 흐트러지지 않는 굳건한 마음의 상태를 계라고 하며, 「예불문」에서는 계를 지키는 것을 향기가 나는 것에 비유하여 계향戒香이라고 합니다.

제2단계: 정定의 단계입니다.

정定은 모든 번잡한 번뇌 망상에 따라 일어난 산란하고 부정적인 생각(妄念)이 멈추어, 그로부터 벗어난 고요하고 안정된 상태를 말합니다. 무슨 일이든 안정된 상태에서만 자기가 하는 일에 최선을 다할 수 있습니다.

오직 한 가지 일에 최선을 다하여 몰입하는 것이 정定이며, 삼매(三昧, 사마타, samatha)라고 합니다. 독서에 몰두하여 다른 생각 없이 오직 읽는 책에만 몰입하는 것을 독서삼매라고 합니다.

수행에서는 계戒를 이루면 정定은 자연스럽게 이루어지는 것으로 받아들입니다. 번잡하게 번뇌 망상에 따라 일어난 생각(妄念)을 따라 나서는 것을 멈추어, 조금도 흐트러지지 않는 굳건한 마음의 상태가 되면, 이미 정定의 상태가 되어 다른 생각을 내지 않는 고요한 삼매에 이르는 선정禪定의 단계에 드는 것입니다. 「예불문」에서는 이와 같이 정의 상태에 드는 것을 향기가 나는 것에 비유하여 정향定香이라고 합니다.

제3단계: 혜慧의 단계입니다.

앞에서 "오직 한 가지 일에 최선을 다하여 몰입하는 것이 정定이며, 삼매三昧"라고 했습니다. 그러나 삼매에 머무르기만 하면(止) 쓸모없는 정定이 됩니다. 즉 무기無記가 됩니다. 삼매에서 독서를 하여 독서삼매에 이르듯 삼매에서 나아가야 합니다. 그 나아가는 곳이 혜慧입니다.

혜慧는 지혜를 말합니다. 불교는 자비의 종교이기 이전에 지혜의 종교입니다. 지혜에서 자비의 마음이 나오기 때문입니다. 지혜를 바탕으로 올바른 자비를 행할 수 있는 것입니다. 불교에서는 지혜로운 삶을 진정 행복한 삶으로 여깁니다. 지혜가 없으면 명예도 돈도 올바로 유지하고 쓸 수 없는 것입니다. 옛말에 "돈은 개같이 벌더라도 정승같이 써야 한다"라는 말이 있습니다. 정승같이 쓰기 위해서는 지혜가 필요합니다.

수행을 하는 것도 결국 이와 같은 깨달음의 지혜를 얻고자 하는 것입니다. 미혹에 빠지지 않는 것이 혜慧입니다. 미혹은 번뇌 망상에 따라 일어난 번잡한 생각에 집착하는 것입니다. 집착함으로서 미혹에 빠지는 것입니다. 미혹에 빠짐으로서 그릇된 판단을 하게 되는 것입니다. 그릇된 판단이 실패를 부르는 것입니다. 번뇌 망상에 따라 일어나는 생각을 알아차려 더 이상 집착하지 않게 되면 지혜가 생기는 것입니다. 그러니 혜를 계발해야 하는 것입니다.

생각(번뇌 망상)에 끄달리지 않는 것이 계이며, 계를 잘 지키는 일이 정이고, 정에 이르면 자연히 지혜의 계발로 이어지는 구조입니다. 이는 설명상의 과정일 뿐 실제로는 계니 정이니 혜니 하는 구분도 없는 것입니다.

업장의 소멸을 수행의 과정으로 여길 수도, 또는 인간이 살아가면서 지켜야 하는 사회적 규범이나 도덕적 질서로 여길 수도 있습니다. 또한 지나간 일(죄업)에 대한 반성(업장소멸)도 중요하지만 같은 잘못을 반복하지 않는 것이 더욱 중요하다 하겠습니다. 그러기 위해서 필요한 것이 바로 지혜입니다. 지혜의 반대는 무명입니다. 모든 죄업은 무명에서 시작됩니다. 지혜가 부족하므로 악업을 쌓는 것이며, 악업을 쌓음으로서 소멸해야 할 업장도 늘어나는 것입니다. 악업을 쌓지 않으면 소멸해야 할 업장도 없을 것입니다. 따라서 업장의 소멸이란 지혜의 증득이라고 단정할 수 있습니다.

삼학三學은 꼭 수행에만 해당하는 것도 아닙니다. 또한 결코 어려운 것도 아닙니다. 일상생활에서 한 눈 팔지 않고 열심히 사는 것이 삼학의 실천입니다. 이것 조금 하다 잘 안 되면 금방 포기하고 다른 것으로 옮겨가는 것은 삼학이 아닙니다. 어떤 일을 하더라도 잡념 없이 순수한 열정으로 한 가지 일에 최선을 다해 몰입하는 것이 계戒)이며 정定입니다. 그러면 그 일에 도가 트여 최고의 권위자가 될 것이고, 그것이 바로 성공이며 기쁨이며 행복일 것입니다. 한 가지 일에 도가 트이고, 최고의 권위자가 되고 성공하는 것이 바로 혜慧를 이룬 것입니다.

「예불문」에서는 이와 같이 혜의 상태에 드는 것을 향기가 나는 것에 비유하여 혜향慧香이라고 합니다. 불교는 결코 어려운 것이 아니며, 생활불교는 이를 두고 하는 말입니다.

8. 준제주准提呪 : 준제공덕취~원공중생성불도

1) 준제주찬准提呪讚

준제공덕취准提功德聚　적정심상송寂靜心常誦

일체제대난一切諸大難　무능침시인無能侵是人

천상급인간天上及人間　수복여불등受福如佛等

우차여의주遇此如意珠　정획무등등定獲無等等

나무 칠구지 불모 대준제보살南無 七俱胝 佛母 大准提菩薩

(1) 준제공덕취准提功德聚　적정심상송寂靜心常誦

준제보살의 크신 공덕을 마음에 모아, 고요하고 청정한 마음으로 늘 외우옵니다.

고요하고 청정한 마음은 번뇌 망상으로부터 벗어난 마음입니다. 번뇌 망상으로 가득 찬 삿된 마음으로는 어떤 진언이나 경을 독송해

봤자 소용이 없습니다.

❀ 준제准提: 범어는 cundi로 준제准提, 혹은 준니准尼로 음역하며, 6관음
중의 한 분입니다. 준제는 심성의 청정함을 의미합니다. 청정은 모든
번뇌 망상으로부터 벗어난 상태입니다.

❀ 취聚: 취정회신聚精會神, 즉 정신을 한 곳에 모은다는 뜻입니다. 여기서는
준제보살의 크신 공덕을 기리는 그 마음을 한 곳으로 모은다(聚)는 뜻입니
다. 다시 말해, 일념一念으로 마음을 한 곳으로 모아 준제보살의 크신
공덕을 기린다는 뜻입니다. 어떤 해설에서는 '준제보살의 공덕덩어리'라
고 번역하고 있으나, 이는 잘못된 것입니다.

❀ 상常: 항상. 흐트러지지 않는, 늘 한결같은 마음을 의미합니다. 계속해서
유지한다는 의미의 '지持'와 같은 뜻입니다.

❀ 적정寂靜: 번뇌에서 벗어난 것을 적寂이라 하고, 고환苦患이 끊어진 것을
정靜이라 합니다. 즉 열반의 고요하고 편안한 모습, 또는 그 이치를 말합
니다.

❀ 적정심寂靜心: 번뇌 망상을 여읜 고요하고 청정한 마음을 말합니다. 준제진
언뿐만 아니라 모든 경전과 진언은 적정심에서 일념으로 독송해야 하는
것입니다.

☞ **준제보살準提菩薩**

준제보살은 준제관음보살準提觀音菩薩, 준제불모, 칠구지불모, 존나
불모 등으로 불립니다. 불모佛母라는 이름에서도 알 수 있듯이 모성母
性을 상징하는 보살입니다. 결국은 모두 관세음보살님을 말합니다.

(2) 일체제대난一切諸大難 무능침시인無能侵是人

　　일체의 모든 재난들이 준제진언을 외우는 사람에게 능히 침범할
　　수 없게 하여 주시옵소서!

　　적극적으로 해석하면, 일체의 모든 재난들은 준제진언을 외우는
사람에게는 능히 침범할 수 없다는 확신입니다.

❀ 제대난諸大難: 인생살이에서 만나는 온갖 불행, 부정적인 것들, 또는 번뇌
　　망상, 잡념.
❀ 무능無能: ~ 할 수 없는(can not).
❀ 시인是人: 이 사람, 즉 준제진언을 외우는 사람을 말합니다.

☞ 어떻게 살 것인가?

'일체제대난'이란 일생을 살아가면서 만나는 크고 작은 모든 부정적인
것들, 즉 만나고 싶지 않은 불행한 일들을 말합니다. '무능침시인'이란
그와 같은 불행도 준재진언을 받아 외우는 사람에게는 침범을 못한다
는 뜻입니다. 그러나 이와 같은 문자적인 의미에 의존해서 어떠한
불행한 일들이 침범하지 못하기를 바란다는 뜻으로 이해한다면 진정
한 의미를 모르는 것입니다.

　　어느 누구도 한 평생 살면서 일체의 부정적인 것들로부터 자유로울
수는 없습니다. 그러면 만나고 싶지 않은 불행한 일들을 어떻게 맞이할
것인가? 하는 문제가 남습니다. 불행한 일들을 만났을 때, 대부분의
사람들은 좌절하고 불평하고 괴로워하고 심지어는 자살도 합니다.

그러나 '일체제대난 무능침시인'의 진정한 의미는 어떠한 불행 앞에서
도 좌절하거나 힘겨워하지 않고, 회피하기보다는 오히려 당당하게
맞아들이는 것입니다. 평상심을 갖는 것입니다. 이익을 맞이하여
집착하거나 자만하지도 않으며, 역경을 만나서도 우울하거나 좌절하
지 않는 마음이 평상심입니다. 그 평상심으로 불행마저 내 것으로
만들어 그 불행에서 벗어나는 성숙한 인간의 모습을 의미합니다.
관세음보살님은 '나무관세음보살' 하며 당신에게 귀의하는 중생들이
모두 이와 같기를 바라십니다.

(3) 천상급인간天上及人間 수복여불등受福如佛等
　　하늘과 땅위의 모든 중생들이 복을 받음이 모두 부처님 같게 하여
　　주시옵소서!

❀ 급及: 및, ~와, 그리고.
❀ 천상급인간天上及人間: 하늘과 땅위의 모든 중생, 즉 수행을 한 사람이나
　　수행을 하지 않은 사람이나, 종교가 다른 사람이나 누구나 차별을 두지
　　않음을 의미합니다. 여기서 인간人間을 꼭 인간세계로 국한해서 해석할
　　필요는 없습니다.
❀ 복福: 복이란 깨달음을 얻어 해탈함 또는 번뇌 망상이 없는 것을 의미합
　　니다.
❀ 여불등如佛等: 마치 부처님과 똑같이, 모두가 부처와 같이 동등하게. 여기서
　　'부처님과 똑같이, 동등하게'라고 해도 결코 불경스러운 것이 아닙니다.
　　왜냐하면 사람이 부처이기 때문입니다. 또한 불교는 모두가 부처가 되는
　　것을 목적으로 하는 종교이기 때문입니다. 기독교에서 "내가 하느님이다"

라고 하면 최고의 불경일 것입니다.

❀ 여如: ~와 같이, ~처럼.

❀ 등等: 똑같이, 평등하게, 동등하게.

(4) 우차여의주遇此如意珠 정획무등등定獲無等等

　　여의주와 같은 준제진언을 만났으니 반드시 비교할 수 없는 큰
　　깨달음을 얻게 하여 주시옵소서!

❀ 우遇: 만나다. "백천만겁난조우" 할 때의 우遇입니다.

❀ 차此: 이 차, 이것.

❀ 획獲: 획득하다. 얻다.

❀ 무등등無等等: 비교할 또는 상대할 무리(等)가 없다(無)는 뜻입니다. 앞의
　　등等은 동사로 '비교하다, 상대하다'의 뜻이며, 뒤의 등等은 명사로 '무리
　　(類)'의 뜻입니다. 이는 부처님의 정각正覺, 깨달음이라고 할 수 있습니다.
　　"부처님과 같은, 비교할 상대가 없는 그런 깨달음을 얻게 해주십사" 하는
　　뜻입니다. 욕심이라면 이 정도는 되어야 합니다. 불교는 작은 욕심은
　　버리고, 이렇게 큰 욕심을 내라는 종교입니다. 그러니 "중생이 부처다"라고
　　하는 것입니다.

☞　여의주如意珠

용의 턱 아래에 있다는 구슬로서, 이 구슬만 얻으면 무엇이든지 마음대
로 할 수 있다고 합니다. 이 구절에서는 '준제진언'을 말합니다. 여기서
여의주는 『천수경』, 대비주大悲呪, 나아가 부처님의 가르침(法)을
말합니다. 부처님의 법은 실로 여의주와 같기 때문입니다.

☞ 준제진언의 공덕

준제진언은 여의주와 같아서 준제보살의 크신 공덕을 마음에 새겨 일념으로 '적정심상송寂靜心常誦'하면 일체의 재난이 침범하지 못하며, 부처님과 같은 복을 받아 궁극적으로는 큰 깨달음을 얻는다는 뜻입니다.

(5) 나무 칠구지 불모 대준제보살南無 七俱胝 佛母 大准提菩薩

　　칠억 부처님의 어머니인 대준제보살님께 귀의합니다.

　부처님도 대자대비의 상징인데, 부처님의 어머님인 준제보살님은 얼마나 대자대비하시겠습니까? 대준제보살님은 바로 무한한 대자대비를 상징합니다. 한편 준제보살은 관세음보살님의 다른 이름이기도 합니다.

❀ 나무南無: 귀의한다는 뜻이라고 앞에서 배웠습니다.
❀ 구지(俱胝: koti): 억億. 따라서 칠구지七俱胝는 7억이란 뜻으로, 7억은 준제관음의 무한한 자비를 표현한 상징적인 숫자입니다.
❀ 불모佛母: 부처님의 어머니, 역시 대자재비의 상징입니다.

2) 정법계진언淨法界眞言

옴 람 옴 람 옴 람

(1) 정법계진언淨法界眞言

법계를 깨끗하게 하는 진언이라는 뜻입니다. 즉, 법계의 청정을 기원하는 진언입니다.

법계란 진리가 지배하는 세계입니다. 쉽게 말하면 우리들이 사는 세계이고, 구체적으로 말하면 중생들이 윤회하는 지옥, 아귀, 축생, 아수라, 인간, 천당의 육도세계六度世界와 성문, 연각, 보살, 부처님의 세계를 합한 십계十界가 법계입니다.

화엄사상에서 보면, 모든 법계는 본래 더러움과 깨끗함이 없는 청정무구淸淨無垢한 세계입니다. 그러나 그것은 깨달은 부처님의 눈으로 볼 때 그러한 것이고, 미혹한 중생의 눈으로 보면 온갖 차별과 더러움과 혼탁함이 동시에 존재합니다.

따라서 수행자의 입장에서는 마음속에 있는 분별심, 차별심, 번뇌망상 등을 깨끗이 하여, 부처님의 눈과 같이 깨끗해진 눈으로 본래의 청정무구한 법계를 보고자 하는 마음이 '정법계진언'입니다. 한 마음이 청정하면 여러 마음이 청정하고, 여러 마음이 청정하면 국토(法界)가 청정하다는 말이 있습니다. 먼저 자신의 몸과 마음을 청정하게 하는 것이 법계를 청정하게 하는 것입니다.

'정법계진언'의 마음은 꼭 '옴 람'만이 아니라, 불공을 드리고, 기도를 하고, 염불을 하고, 독경을 하고, 참선을 하는 마음, 경전을 공부하는 마음 등등 모두가 '정법계진언'의 마음입니다. 이러한 의미도 모르면서 녹음기처럼 '정법계진언'만 반복한다고 법계가 청정하게 되는 것은 아닙니다.

2) 옴 람

불佛의 종자(種子, 불의 씨앗)가 탐진치 삼독으로 인해 생긴 우리의
번뇌 망상을 다 태워버리고 깨달음의 문에 들도록 법계를 청정하게
한다는 뜻입니다.

❈ 람(ram)은 광명光明, 화대火大의 종자(지혜의 불, 번뇌를 태워 법계를 정화하는
불꽃)라는 뜻입니다.

따라서 '람'은 법계의 번뇌 망상을 다 태워 버린다는 의미보다는, '화대의
종자(지혜의 씨앗)를 심어, 싹이 나서 열매를 맺고 또 그 씨앗을 심고,
이렇게 반복할 때 법계는 지혜로 가득찰 것이며, 태워버릴 번뇌 망상도
없을 것이다.'라고, 좀 더 적극적으로 해석하는 것이 합당합니다.

3) 호신진언護身眞言

옴 치림 옴 치림 옴 치림

(1) 호신진언護身眞言

대부분 몸(身)을 보호하는 진언으로 해설합니다. 하지만 호신護身이
라 해서 태권도나 호신술을 배워 치한으로부터 물리적인 몸을 보호하
는 차원만이 아닙니다. 여기서 몸이란 생명, 생명다움(眞我), 존재
등을 말합니다. 생명이 없으면 수행도, 기도도, 악행도, 선행도,
할 수 있는 것이 아무것도 없습니다. 이 세상에 생명보다 더 귀중한
것은 없습니다. 그래서 '십악참회'에서도 생명을 죽인 살생에 대한

참회가 제일 앞에 나옵니다. 나를 포함한 모든 생명체에 대한 경외와 존중을 말하는 것입니다.

그러나 그러한 생명도 목숨이 붙어 있다 해서 온전한 생명이라고 할 수 없습니다. 생명이 생명다워야 하는 것입니다. 생명이 붙어 있다 해도 무명의 번뇌 망상 속에서 살아가는 인생은 정신적으로도, 육체적으로도 고통스러울 것입니다. 따라서 호신護身이란 무명의 번뇌 망상 속에서 살아가는 고통스런 삶으로부터 보호받는 참된 삶(眞我)을 말합니다. 이렇게 보호받고 살아가는 삶(人生)은 사주팔자나 업력에 지배되는 일도 없고, 죄업이 소멸되고, 일체의 번뇌 망상이 제거되어 어떠한 불행도 침범하지 못하는 행복한 삶, 진아眞我의 삶일 것입니다. 혹 진아를 아트만이라고 오해 없으시길 바랍니다. 『금강경』에서 말하는, 그냥 이름이 진아일 뿐입니다.

(2) 옴 치림

일체의 죄업을 소멸하고, 일체의 고뇌와 악몽을 제거하고, 일체의 부정한 것으로 부터 보호받으며, 일체의 원하는 바가 원만하게 이루어 지기를 기원하는 진언입니다.

한편으로는 이미 죄업이 소멸되어 번뇌 망상이 사라진 청정한 삶이 지속되기를 기원하는 진언으로 이해할 수도 있습니다. 번뇌 망상이 사라진 청정한 삶이 '진아'의 삶이기 때문입니다.

❀ 옴(AUM): 앞에서 자세히 설명했습니다.
❀ 치림(dim): 깊은 삼매에서 정법의 눈이 열려 관상觀相에 든 것을 상징합니다.

4) 관세음보살본심미묘육자대명왕진언觀世音菩薩本心微妙六字大明王眞言

옴 마니 반메 훔

옴 마니 반메 훔

옴 마니 반메 훔

(1) 관세음보살본심미묘육자대명왕진언觀世音菩薩本心微妙六字大明
王眞言

관세음보살의 본래 마음은 미묘하며, 그것은 여섯 자로 되어 있는
크고 밝은 진언 중의 왕이라는 뜻입니다.

☞ 본심미묘本心微妙

관세음보살님의 마음이 미묘하다는 뜻입니다. 미묘微妙에 대해서는
앞서 '무상심심미묘법無上甚深微妙法'에서 설명을 했습니다. 여기서
는『관음경』에 나오는 내용의 한 예를 들어 설명하겠습니다. 더 자세한
내용은『관음경』을 참조하시기 바랍니다.

무진의보살의 '세존이시여! 관세음보살은 어떠한 인연으로 사바세
계에 다니며, 어떻게 중생을 위하여 법을 말하며, 방편의 힘은 어떠하
나이까?'라는 질문에 부처님께서는 이렇게 답하십니다.

"선남자여! 관세음보살은 부처의 몸으로서 제도할 이에게는 부처
의 몸을 나타내어 법을 말하고, 벽지불의 몸으로 제도할 이에게는
벽지불의 몸을 나타내어 법을 말하고, 성문의 몸으로 제도할 이에게는
성문의 몸을 나타내어 법을 말하느니라."

이렇듯 관세음보살님은 제도할 대상에 따라 대학생은 대학생의 수준으로, 중학생은 중학생의 수준으로 제도하시므로 관세음보살님의 본심이 미묘하다고 하는 것입니다.

❧ 대명大明: 아주 밝다는 뜻입니다. 밝은 것은 지혜이고, 어두운 것은 무명입니다.

❧ 왕진언王眞言: 진언 중에 최고의 진언이라는 뜻입니다.

(2) 옴 마니 반메 훔

사람들마다 주장하는 바가 다르고, 인터넷에도 황당한 내용이 있어서, 저의 주장이 아닌 객관적인 견해를 인용합니다. 다만 전체적인 내용을 해치지 않는 범위 내에서 수정을 했습니다.

① 김무생

육자진언은 '온 우주(Om)에 충만하여 있는 지혜(mani)와 자비(padme)가 지상의 모든 존재(hum)에게 그대로 실현될지라'라는 뜻을 가지고 있습니다. 이것은 곧 육자진언을 염송하면 법계(우주)에 두루한 지혜와 자비가 수행자에게 실현된다는 것입니다. 즉 육자진언을 염송하면 사람의 내면적 에너지(지혜와 자비)를 활성화시켜서 우주의 에너지와 통합할 수 있게 된다는 것입니다.

❧ 옴(Om): 태초 이전부터 울려오는 우주의 소리(에너지)를 의미하여 보통 성음聖音이라 합니다.

❀ 마니(mani): 여의주如意珠로서 깨끗한 지혜를 상징하고,

❀ 반메(padme): 연꽃으로서 무량한 자비를 상징합니다.

❀ 훔(Hum): 우주의 개별적 존재 속에 담겨 있는 소리를 의미하며, 우주 소리(Om)를 통합하는 기능을 가지고 있습니다.

②달라이라마

육자진언은 지혜와 방편이 불이不二의 일체一體를 이루고 있는 실천법에 의해서 부정한 '몸·말·마음'을 청정무구淸靜無垢한 부처님의 '몸·말·마음'으로 바꾸는 것을 의미합니다. 육자진언의 염송을 통해서 자신을 완전한 부처님의 상태로 바꾸고 계발해야 하는 것입니다.

❀ 옴(Oum): 옴의 A·U·M 세 글자는 수행자의 부정한 '몸·말·마음'을 상징하면서, 동시에 부처님의 청정무구한 '몸·말·마음'을 상징합니다.

❀ 마니(mani): 보석을 의미하며, 방편의 요소를 상징합니다. 즉 깨달음과 자비, 사랑을 얻게 되는 이타적인 뜻을 상징합니다.

❀ 반메(padme): 연꽃을 의미하며 지혜를 상징합니다.

❀ 훔(Hum): 지혜와 방편이 둘이 아님을 상징합니다.

③총지종

이 육자대명六字大明의 소의경은 『대승장엄보왕경大乘莊嚴寶王經』입니다. 관음을 설한 경은 많으나 이 육자대명 '옴 마니 반메 훔'을 설한 경은 오직 이 『대승장엄보왕경』뿐입니다.

이 경은 부처님께서 제개장보살除蓋障菩薩의 청법에 의하여 설하신 관음법觀音法인데 제일권에 이 경과 다라니를 지송하면 그 공덕이

무량함은 물론 모든 죄업을 소멸하고 명을 마칠 때 반드시 십이여래가 영접하여 극락으로 인도한다고 설해져 있고, 또 제삼권에도 이 진언은 그 얻는 곳을 모르더라도 이것을 지송하기만 하면 무수한 여래와 보살과 삼십이천 등이 모이고, 사대천왕과 모든 호법선신들이 지송자를 호위하며, 이 사람은 다함없는 변재辯才와 청정지혜와 대자비를 얻고 육도를 구족하며, 만약 이 사람으로부터 나오는 기식氣息이 닿는 자에게는 그 사람이 보살의 위位를 얻고, 혹은 손이 닿거나 보는 사람 또한 그 자리에서 보살의 위에 오른다 라고 설시되어 있습니다.

5) 준제진언准提眞言

나무 사다남 삼먁삼못다 구치남
다냐타,
옴 자례 주례 준제 사바하 부림
옴 자례 주례 준제 사바하 부림
옴 자례 주례 준제 사바하 부림

(1) 준제진언

준제진언은 준제보살님에게 귀의하는 진언으로 모든 부처님의 어머니(佛母)이신 대준제보살님이 세상 사람들을 교화하시는 대자대비의 소리입니다.

(2) 나무 사다남 삼먁삼못다 구치남

　칠십억의 올바르게 원만히 깨달으신 부처님들께 귀의하옵니다.

　여기서도 70억은 무수히 많다는 상징적인 숫자입니다.

❖ 나무(namah): 귀의한다.

❖ 사다남(saptanam): 칠, 일곱의.

❖ 삼먁(samyak): 올바른, 정등正等.

❖ 삼못다(sambuddha): 원만히 깨달은 분.

❖ 구치남(kotinam): 십억十億의 복수.

❖ 남(nam): ~들(복수).

(3) 다냐타, 옴 ! 자례-주례 준제 사바하 부림 (세 번)

　이와 같이 귀의하오니, 옴! 준제보살님이시여! 어서 움직이셔서
　사뢰는 바가 모두 이루어지게 하여 주시옵소서!

❖ 다냐타(tadyatha): (앞에서 말한 바와 같이) 이와 같이.

❖ 자례(cale): 움직이다.

❖ 주례(cole): 일어나다.

❖ 준제(cundi): 청정존이시여.

❖ 사바하(svaha): 사뢰는 바가 모두 이루어지게 하여 주시옵소서!

❖ 부림(bhurim): 절대적인 주재자, 즉 관세음보살님을 일컫습니다.
　준제보살님도 결국은 관세음보살님의 다른 이름입니다.

6) 준제후송准提後頌

아금지송대준제我今持誦大准提　즉발보리광대원卽發菩提廣大願
원아정혜속원명願我定慧速圓明　원아공덕개성취願我功德皆成就
원아승복변장엄願我勝福遍莊嚴　원공중생성불도願共衆生成佛道

준제진언을 독송한 후, 다시 한 번 마음에 결심을 하고 원을 세우는 것입니다. 간절한 소원과 기도하는 마음이 하나가 될 때 비로소 대원大願은 성취되는 것입니다. 혹 기도가 소원한 바 뜻대로 다 이루어지지 않았다면 다시 한 번 더욱 간절한 마음으로 기도해 봅시다.

(1) 아금지송대준제我今持誦大准提　즉발보리광대원卽發菩提廣大願
　　제가 이제 준제진언을 끊임없이 계속하여 외우오며, 보리심을 발하여 넓고 큰 원을 세우옵니다!

'아금지송대준제' 하는 것은 일회성이 아닌, 끊임없이 지속적인 간절한 기도입니다. 이제 준제보살님께 보리심을 발하여 넓고(廣) 큰 원(大願)을 세우는 간절한 기도를 하는 것입니다. 이와 같은 간절한 기도가 '즉발보제광대원'인 것입니다. 일부 해설에는 지송持誦을 지송至誦으로 잘못 보아 '지성으로 외우오니'라고 되어 있으나 잘못된 해석입니다.

✤ 지송持誦: 외움(誦)이 끊임없이 계속되는, 일회성이 아닌, 그래서 간절한.

❦ 발보리發菩提: 보리심을 발하는 것. 깨달음의 길을 가겠다는 결심입니다.

❦ 광대원廣大願: 중생을 제도하고 이 세상의 소금과 빛이 되겠다는 넓고 큰 원을 세우는 것입니다. 보리심을 발하는 것이 대원입니다.

☞ **욕심과 대원大願**

작은 욕심과 큰 욕심의 차이가 소승불교와 대승불교의 차이입니다. 개인의 성불만을 위한 것이 작은 욕심의 소승小乘이라면, 중생의 성불을 위한 보리심을 발하는 것이 큰 욕심의 대승大乘입니다. 발보리심의 큰 욕심이 대원입니다. 자신이나 가족을 위한 일은 욕심이 되며, 이웃의 중생을 위한 일은 비록 작은 욕심이라 할지라도 대원이 되는 것입니다. 여기서 "원컨대 속히 선정의 지혜를 닦아 올바른 깨우침을 얻게 하여 주시옵소서! 원컨대 모든 공덕이 다 이루어지게 하여 주시옵소서!" 하는 욕심을 내는 것도 결국은 자신만의 성불이 아닌 원공중생성불도願共衆生成佛道를 위한 것입니다. 따라서 욕심이 아닌 대원大願인 것입니다. 본능적인 욕심으로 사는 생은 업생業生이고, 대원을 세워서 능동적인 삶을 산다면 원생願生을 사는 것입니다.

업과 윤회를 강조하는 불교에서 윤회의 고리를 끊는 것은 업생業生을 사느냐, 원생願生을 사느냐에 달려 있다고 할 수 있습니다. 얼마만큼 원생으로 살았느냐에 따라 육도윤회의 고리를 끊고 해탈을 함으로서 다시 태어나지 않을(不生) 수 있는 것입니다. 태어나는 것을 기준으로 수행과를 정리하면 다음과 같습니다.

아라한과: 일체의 탐욕과 번뇌와 어리석음을 끊고 영원히 열반에 들어 다시는 생사유전하지 않는 불생不生.

수다원과: 수행의 경지가 깊어 번뇌와 삼독을 끊고 해탈할 수 있는 경지이나 아직 일곱 번은 환생하기를 반복해야 하는 칠왕래七往來.

사다함과: 욕계, 색계, 무색계 삼계三界를 떠났기 때문에 한 번만 태어나면 되는 일왕래一往來.

아나함과: 안으로는 욕망이 없음이니, 욕계欲界에 태어남을 받지 않기 때문에 다시 안 온다고 해서 불환不還.

보살: 태어나기를 수없이 반복합니다. 마음공부가 덜 되어서가 아니라 중생제도를 위해서입니다. 보살은 태어나기를 즐겨 합니다. 이를 변역생사變易生死라 하며, 그래서 보살인 것입니다.

(2) 원아정혜속원명願我定慧速圓明　원아공덕개성취願我功德皆成就

　　원컨대 속히 선정의 지혜를 닦아 올바른 깨우침을 얻게 하여 주시옵소서! 원컨대 모든 공덕이 다 이루어지게 하여 주시옵소서!

❀ 정혜定慧: 정은 고요한 삼매를 말하며, 혜는 삼매에서 오는 지혜를 말합니다.
❀ 원圓: '막히지 아니한, 가득찬'의 뜻입니다. 일부에서는 원圓을 '원만하다'로 해석하고 있으나 잘못된 해석입니다.
❀ 명明: 밝은 깨우침. 무명의 반대말입니다.

(3) 원아승복변장엄願我勝福遍莊嚴　원공중생성불도願共衆生成佛道

　　원컨대 수승한 복을 내려 두루 장엄하게 하여 주시옵소서! 원하옵건대 모든 중생이 다함께 불도를 이루게 하여 주시옵소서!

❀ 승勝: 수승한, 딴 것보다 더 나은, 능가하는, 뛰어난.

❀ 변遍: 두루, 널리. 원래는 '편'이 맞습니다. 두루 '편' 자 입니다. 중국식
   발음을 따라 bian: 변이라고 하는 것 같으며, 정확한 이유는 알 수 없습니다.

❀ 장엄莊嚴: 존귀하고 엄숙함. 여기서 수승한 복이 장엄하고 엄숙하다는
   뜻입니다. 즉 훌륭한 공덕을 쌓아 아름다운 것으로 몸을 장식하고, 향·꽃
   등을 부처님께 올려 장식하는 것을 말합니다.

❀ 공共: 함께, 모두, 나 혼자가 아니라 모두 함께 라는 뜻입니다.

☞ 성불도成佛道

불교는 부처님을 믿는 종교가 아니라 부처가 되는(成佛) 종교입니다.
부처님의 가르침은 부처가 되는 길을 안내하고 있습니다. 부처님의
가르침을 배우고 실천하고 깨우치는 과정을 수행이라 하며, 불도佛道
를 닦는다고도 합니다. 수행의 궁극적인 목적은 성불하는 데 있습니
다. 불도를 이루는 것입니다(成佛道). 그리고 혼자만이 성불하는 것이
아니라, 또는 내가 먼저 성불하고 난 다음에 중생의 성불을 돕겠다는
것이 아니라 모두가 함께 성불해야 하는 것입니다. '원공중생성불도'
입니다. 그래서 법보시를 하고 포교를 해야 하는 것입니다. 중생을
구제하여 성불의 길로 인도하는 것이 궁극적인 관세음보살님의 뜻입
니다.

참선의 교과서인 『좌선의坐禪儀』에도 첫머리에 자신만의 해탈을
구하는 수행은 하지 말라고 합니다.

"반야를 배우는 보살은 먼저 마땅히 대자비심을 일으키고, 커다란

서원을 발하여, 삼매를 정미롭게 닦으며, 중생제도를 서약하되, 내 한 몸의 해탈을 구하는 수행은 하지 말라.(學般若菩薩 先當起大悲心, 發弘誓願, 精修三昧, 誓度衆生, 不爲一身獨求解脫爾.)"

9. 총원總願: 여래십대발원문, 사홍서원

이 부분은 『천수경』의 유통분에 해당합니다. 일반 논문에서의 서론, 본론, 결론을 불교용어로는 서분序分, 정종분正宗分, 유통분流通分이라 합니다. 특히 유통분에서는 그 경론의 뛰어남을 밝히며 널리 유통시키기를 권하고 있습니다. 이 같은 방법은 동진東晉 시대의 도안(道安, 312~385)이 창안한 이래 준례準例가 되었습니다.

도안은 당시 유행하던 전통사상을 매개로 불교를 해석하는 격의불교格義佛敎를 비판하며 자주적인 중국불교를 주장한 학승으로, 경전을 서분, 정종분, 유통분의 3절로 나누는 전통을 세웠는데, 이를 삼분과경三分科經이라 합니다. 또한 승려들의 의식이나 행규行規를 정하고, 승려들의 성姓은 모두 석釋으로 할 것을 제창, 스스로 석도안釋道安이라 하였습니다. 모든 강물이 바다에 이르면 이름을 잃듯이 사문이 되면 석가釋家가 된다는 것입니다. 그 후 사가私家의 성을 버리고 법명이나 이름 앞에 석釋을 붙이던 것이 오늘날까지 한국불교에도 행해지고 있습니다.

이는 원래, 성도 후 고향을 찾은 부처님이 부왕의 궁전으로 들어가지 않고 탁발을 계속하자, 부왕이 신하를 보내 "명예로운 우리 집안에 구걸하는 사람은 없었다."라고 꾸짖게 되고, 이에 부처님은 "이것은 우리 가계에 예전부터 내려오는 관습입니다."라고 대답한 데서 기인합니다. 즉 부왕은 가족과 가정을 말했으나 부처님은 종교적인 영적 계보를 말한 것이었습니다. 그 후 불교도들은 자신을 가리켜 '샤카푸트라', 즉 석가족의 한 사람 또는 불자라 부르면서 정신적으로 또는 영적으로 부처님에게 연결되어 있음을 나타내었습니다.[76]

1) 여래십대발원문如來十大發願文

원아영리삼악도願我永離三惡道　　원아속단탐진치願我速斷貪瞋癡

원아상문불법승願我常聞佛法僧　　원아근수계정혜願我勤修戒定慧

원아항수제불학願我恒隨諸佛學　　원아불퇴보리심願我不退菩提心

원아결정생안양願我決定生安養　　원아속견아미타願我速見阿彌陀

원아분신변진찰願我分身遍塵刹　　원아광도제중생願我廣度諸衆生

불교는 원래 무엇을 빌고 기원하는 종교가 아니라 서원을 세우고 실천하는 종교입니다. 서원은 절대자의 권능에 의지하여 소원을 비는 기도나 기원과는 근본적으로 다르며, 스스로 공부하여 깨달음을 얻고 중생구제의 원을 세우거나 다짐하는 것을 말합니다. 부처님께서 성불하기 전에 세웠던 서원을 본원本願이라 하고, 모든 불보살님들이 공통으로 발하는 서원을 총원總願이라 하며 대표적으로 사홍서원이 있습니다. 다음으로 각기 다른 불보살님들이 발하는 서원을 별원別願

---

76 와타나베 쇼코 저, 법정 옮김, 『불타 석가모니』(문학의 숲, 2010) 참조.

이라 합니다.[77]

여래십대발원문은 아미타 부처님께서 과거 전생에서 인행시(因行時: 인지因地라고도 한다. 부처의 싹을 심고, 그 싹을 길러가는 오랜 기간, 즉 불도를 닦아가는 오랜 기간을 말함)에 세웠던 중생제도를 위한 열 가지 서원입니다. 어서 빨리 물러서지 않는 보리심을 내어 수행을 하고, 지혜를 얻어 중생을 제도하겠다는 불자의 열 가지 큰 원이기도 합니다.

발원문이니까 '~ 하길 원하옵니다.'로 해석할 수 있으나, 좀 더 적극적인 실천의 의지로 '~ 하겠습니다.'로 해석해야 좋습니다. 여래 십대발원문의 물러서지 않는 불퇴전不退轉의 보리심을 발하여, 삼보에 귀의하고, 탐진치 삼독을 끊고, 계정혜 삼학을 닦고, 모든 부처님의 가르침을 공부하는 것 하나하나가 바로 수행인 것입니다. 수행은 바로 실천을 말합니다. 부처님의 말씀을 열 가지 아는 것보다는 한 가지라도 실천하는 것이 더욱 중요합니다.

발원은 자발적으로 원을 세운다는 뜻입니다. 여기서 원의 뜻을 수동적인 '~ 하길 원하옵니다. ~ 하게 하여 주십시오.'로 새기면

---

77 팔만대장경 어디에도 기원이나 기도라는 말을 사용하지 않습니다. 반면 대승경전에는 불보살의 서원이 아주 많이 등장합니다. 이는 모두 별원으로, 대표적으로 아미타불이 과거 법장보살이었을 때 세웠던 '미타인행48원彌陀因行四十八願', 약사불이 과거 보살로서 수행할 때에 세웠던 질병 없는 세상을 위한 '약사십이대원藥師十二大願', 보현보살의 불도를 이루기 위한 '십종대원十種大願' 등이 있습니다. 대승경전에 등장하는 서원들의 공통점은 철저하게 중생구제의 이타적 보살도를 행하겠다는 다짐이나 맹세입니다. 그렇게 하는 것이 올바른 깨달음을 얻는 것이며, 이웃에게 기쁨과 행복을 회향할 수 있기 때문입니다.

복이나 빌고 합격이나 기도하는 무당수준으로 떨어지고 맙니다. 따라서 중생구제의 대원을 세우고 수행을 하는 불자라면 보다 적극적이고 능동적인 '~ 하겠습니다.'의 뜻으로 새겨야 하는 것입니다.

여기서도 서원의 가짓수가 무려 열 가지나 됩니다. 그러나 그 핵심은 모든 중생을 제도하고 말겠다는 '원아광도제중생願我廣度諸衆生'과 물러서지 않는 보리심인 '원아불퇴보리심願我不退菩提心'입니다. 수행자의 서원은 널리 중생을 구제하는 것입니다. 수행의 목적이 자신의 성불로 끝난다면 불교는 이기적인 종교에 불과할 것입니다. 따라서 수행의 목적은 중생의 구제에 있습니다. 이것이 대승大乘입니다.

그렇다고 중생구제가 서원만 세운다고 할 수 있는 것은 아닙니다. 능력이 있어야 하는 것입니다. 경찰이 치안을 유지하기 위해서는 무술도 배워야 하고 무기도 소지해야 합니다. 힘도 없고 무기도 없는 나약한 경찰은 치안을 유지할 수 없습니다. 치안을 유지하려고 싸움판에 끼어들었다가 오히려 얻어맞기만 한다면 아무리 치안을 유지하고 싶어도 불가할 것입니다.

중생구제도 마찬가지입니다. 삼악도에 빠진 자가, 탐진치 삼독에 찌든 자가, 지혜도 없는 자가 어떻게 중생을 제도하겠습니다. 스스로가 제도의 대상인데 누구를 제도하겠습니까? 그래서 먼저 중생제도의 대원을 세우고, 스스로 수행을 하고 보살도를 행해야 하는 것입니다.

수행에서 깨달음이란 특별한 것이 아닙니다. 삼보에 귀의하여 계정혜 삼학과 불도를 열심히 배우고 닦는 것이 수행이며 깨달음(成佛)에 이르는 길입니다. 스스로 이렇게 함으로서 깨달음을 얻어 중생구제를 할 수 있는 것입니다. 이와 같은 원이 바로 '여래십대발원문'이며,

이러한 모습을 우리에게 보여주신 분이 바로 부처님이십니다. 그래서 여래십대발원문의 핵심은 불도를 이루어 중생을 제도하겠다는 '원아광도제중생'과 물러서지 않겠다는 '원아불퇴보리심'입니다.

☞ 기원祈願과 서원誓願

다음은 송나라 때의 명재상인 범중엄范仲淹에 관한 이야기입니다.

"조정의 관직에 있을 때는 민생을 걱정하고, 조정을 떠나서는 임금을 걱정하니, 이는 나아가나 물러가나 걱정이 떠날 날이 없는 것이니, 그렇다면 재미는 언제 있을 것인가? 그 사람은 답할 것이다. 천하의 근심을 앞서 걱정하고, 천하의 즐거움은 뒤에 누린다."[78]

범중엄이 어릴 때 관상가觀相家를 만났었답니다.
관상가에게 물었습니다.
"장래 재상이 되고 싶습니다. 제가 재상이 될 수 있겠습니까?"
그러자 그 관상가는 비웃었습니다.
"이런, 나이도 어린놈이 자만이 너무 지나치군!"
그러자 범중엄은 화제를 돌려 다시 물었습니다.
"그럼, 의사는 될 수는 있겠습니까?"
그러자 관상가는 그에게 물었습니다.

---

[78] 그의 글 「악양루기岳陽樓記」의 끝 부분에 나오는 이야기입니다.

"재상이 되겠다던 놈이 어째서 갑자기 의사로 눈높이를 낮추었느냐?"

범중엄이 대답하였습니다.

"재상과 의사만이 사람을 구제할 수 있기 때문입니다."

그러자 그 관상가는 다음과 같이 말하였습니다.

"너의 마음이 그러하다면 틀림없이 재상이 될 것이다."

그리고 그는 정말로 재상이 되었습니다.

재상이 되는 것(발원)이 가문의 영광이나 개인의 영달을 위한 것이 아니라, 범중엄에게는 사람을 구제하기 위한 것(서원)이었기에 명재상이 될 수 있었던 것입니다.

(1) 원아영리삼악도願我永離三惡道

지옥·아귀·축생의 삼악도를 영원히 떠나겠습니다.

❀ 삼악도三惡道: 죄업을 쌓은 결과로 태어나 고통을 받는 곳으로 ①지옥의 고통, ②아귀의 굶주림, ③축생의 우치愚癡에서 방황하는 세계를 말합니다. 부처님의 가르침은 '선업을 쌓고 참회하여 업장을 소멸함으로써 육도윤회의 사슬에서 벗어나라'는 것입니다. 삼악도에서 벗어나는 길은 우선 악업을 짓지 말아야 하는 것입니다.

(2) 원아속단탐진치願我速斷貪瞋癡

탐·진·치 삼독을 빨리 끊겠습니다.

❀ 탐진치: 탐진치는 악업의 원인입니다. 육도윤회의 사슬에서 벗어나는 길은 악업을 짓지 않는 것입니다. 악업의 뿌리가 바로 탐진치입니다.

(3) 원아상문불법승願我常聞佛法僧
항상 불·법·승 삼보를 배우고 익히겠습니다.

혹시나 나태해지기 쉬운 마음에 대한 경계입니다. 아무리 탐진치 삼독을 끊었다 하더라도 한 순간의 일로 그친다면 소용없는 일입니다. 삼보에 의지하여 계속해서 삼독을 끊고, 삼학의 도를 닦겠다는 결심을 나타냅니다.

❀ 문문: 듣다. 들어 배우고 익히다.

(4) 원아근수계정혜願我勤修戒定慧
항상 계·정·혜 삼학을 열심히 닦겠습니다.

실참수행實參修行을 강조한 것입니다. 수행에는 기도, 간경, 주력, 염불, 참선 등 여러 가지가 있습니다. 이 중에서 자신의 근기와 취향에 맞는 한 가지를 택해 수행하면 됩니다.

❀ 삼학三學: 공부를 하는데 망령된 생각이 들지 못하도록 하는 세 가지로 계율戒律, 선정禪定, 지혜智慧를 말하며, 이 세 가지는 서로가 별개가 아닌, 하나의 고리로 연결된 개념입니다.

(5) 원아항수제불학願我恒隨諸佛學

　　항상 모든 부처님을 따라 그 가르침을 배우겠습니다.

　'원아상문불법승'의 의미와 비슷한 뜻입니다. 여기서는 교학敎學을 강조하고 있습니다. 아무리 실참수행을 잘하여 스스로는 깨달음의 경지에 이르렀다 하더라도 머릿속에 정리된 체계적인 이론(경전공부)이 없다면 중생구제는 처음부터 불가할 것입니다. 실참수행을 하더라도 경전공부를 게을리 해서는 안 되는 것입니다. 기본적인 경전공부의 바탕 위에 실참수행이 이루어져야 하는 것입니다.

(6) 원아불퇴보리심願我不退菩提心

　　물러서지 않는 보리심으로 정진하겠습니다.

　이 한 구절이 여래십대발원문의 정신을 나타내고 있습니다. 내가 원하는 것(願我), 즉 삼악도에서 영원히 떠나는 것, 탐진치 삼독을 끊는 것, 계정혜 삼학을 닦는 것, 모든 부처님의 가르침을 배우는 것 등등의 모든 것이 '중생을 제도하고 말겠다'는 물러서지 않는 보리심인 것입니다. 내가 원하는 것이 자리自利라면 '불퇴보리심'은 이타利他를 뜻합니다. 부처님의 가르침은 한마디로 자리이타입니다.

❀ 보리심菩提心: 보리심이란 부처님의 지혜인 '더없이 높고 바른 깨달음; 무상정등정각無上 正等 正覺'을 이루고자 하는 마음입니다. 무상정등정각이란 범어 'Anuttar samyak sambodhi'의 한역어 '阿耨多羅三藐三菩提: 아뇩

다라삼먁삼보리'로서, 위없는(無上) 평등한(正等) 바른 깨달음(正覺)이라는 말로 부처님의 지혜를 일컫습니다. 부처가 되겠다는 서원을 세우는 것이 발보리심입니다. 발보리심은 금강경에 나오는 '발아뇩다라삼먁삼보리심 發阿耨多羅三藐三菩提心'과 같은 말로 견성성불見性成佛하고자 하는 마음입니다. 견성성불의 본체는 확철대오(廓徹大悟: 도의 본체를 깨닫는 것)하여 도를 이루는 것이며, 그 작용으로 무한한 자비심으로 일체중생을 제도하는 것을 말합니다. 보리심, 견성성불, 불도 등은 모두 같은 의미를 갖습니다. 세속을 등지고 산속에서 혼자만의 도를 추구하는 것은 보리심이 아닙니다.

(7) 원아결정생안양願我決定生安養

원컨대 결정코 안양국에 태어나겠습니다.

❀ 안양국安養國: 안양국은 편안한 나라, 부처님이 계시는 나라로, 바로 극락세계, 청정국토, 서방정토, 앞에서 살펴본 원적산, 무위사, 반야선을 타고 가는 나라 등과 같은 뜻의 말입니다. 결국 안양국에 태어나겠다는 말은 불도를 이루어 성불하겠다는 뜻입니다.

(8) 원아속견아미타願我速見阿彌陀

원컨대 하루 빨리 아미타 부처님을 친견하겠습니다. (즉 불도를 이루겠습니다.)

❀ 아미타불은 끝없이 무한한 생명(無量壽)을 나타내므로 부처님을 친견하겠다는 의미는 불도를 꼭 이루겠다는 굳은 서원을 나타냅니다. 아미타부처님을 친견하는 것은 바로 자기의 본래 모습을 보는 것입니다.

☞ 끊임없이 용맹정진

여기까지는 깨달음(成佛)을 향해 끊임없이 용맹 정진하겠다는 결심에 대한 대원입니다. 삼악도를 떠나는 것, 삼독을 끊는 것, 삼보를 배우는 것, 삼학을 닦는 것, 모든 부처님의 가르침을 배우는 것, 보리심에서 물러나지 않는 것, 안양국에 태어나겠다는 것, 아미타 부처님을 친견하겠다는 것 등등은 기어코 깨달음을 향해 용맹 정진하겠다는 결심을 나타내는 서원으로 다 같은 의미로 볼 수 있습니다.

(9) 원아분신변진찰願我分身遍塵刹

　원컨대 허공중에 많고 많은 먼지의 수만큼이나 많은 부처님의 분신이 되어 중생들이 고통 받는 곳에 두루 두루 나투겠습니다.

　중생제도의 서원입니다.

❖ 분신分身: 중생을 제도하기 위해 여러 가지로 나타내는 몸.
❖ 변遍: 두루(周), 널리(普).
❖ 진塵: 진塵은 원래 먼지, 티끌, 번뇌의 의미이나 여기서는 '먼지의 수만큼이나 많이'로 이해하는 것이 좋습니다.

(10) 원아광도제중생願我廣度諸衆生

　제가 이제 모든 중생들을 두루 제도하겠습니다.

　앞에서, 물러서지 않는 보리심으로 삼보에 귀의하여 삼악도에서 영원히 떠났습니다. 탐·진·치 삼독을 끊었습니다. 계정혜 삼학을 닦았습니다. 모든 부처님의 가르침도 공부했습니다. 비로소 중생을 구제할 수 있는 훌륭하고도 충분한 자격이 생겼습니다. 그래서 큰소리로 외치는 것입니다. "제가 이제 모든 중생들을 두루 제도하겠습니다!"

그런데 누구에게 외칠까요? 부처님께 외치는 것입니다. 외치는 것은 다짐입니다. 바로 내 마음속에 있는 자성自性 부처님께 말입니다. 약속이나 다짐은 자신에게 하는 것입니다. 자신에게 하는 약속은 무슨 증서나 증인이 필요하지 않습니다.

❀ 변遍과 광廣은 똑같이 '두루, 널리'의 뜻으로 쓰였습니다.

☞ 중생제도의 서원誓願

수행의 목적은 자신만의 성불이 아니라 기어코 성불하여 중생을 구제하겠다는 큰 서원이어야 하는 것입니다. 참선수행을 하는 것도 중생구제의 마음에서 시작을 하는 것입니다. 준제진언을 염송하면서도 자기 혼자만이 아니라 모두가 성불하기를 서원하였습니다(願共衆生成佛道). 사홍서원에서도 중생을 다 건지겠다고 서원합니다(衆生無邊誓願度).

『천수경』에는 중생구제에 대한 구절이 여러 번 반복됩니다. 이렇듯 관세음보살님의 서원은 항상 중생구제에 있습니다.

2) 발사홍서원發四弘誓願

중생무변서원도衆生無遍誓願度 번뇌무진서원단煩惱無盡誓願斷
법문무량서원학法門無量誓願學 불도무상서원성佛道無上誓願成
자성중생서원도自性衆生誓願度 자성번뇌서원단自性煩惱誓願斷
자성법문서원학自性法門誓願學 자성불도서원성自性佛道誓願成

사홍서원은 불교의 의식에서 빼놓지 않고 독송하는 4가지 서원으로,
『천수경』전편全篇이 신행信行의 실천방안이라면 사홍서원은 모든
불교도의 또는 불국토건설의 강령인 것입니다.

  중국 혜능(慧能, 638~713)대사의 『육조단경』에도 등장하지만 원래
는 『법화경』의 「약초유품藥草喩品」에 근거합니다.

  "가섭이여, 마땅히 알지어다. 여래가 세상에 출현하시는 것은
  큰 구름이 일어남과 같고, 큰 음성으로 온 세계의 천신들과
  사람과 아수라들에게 두루 들리게 함은 저 큰 구름이 삼천대천
  세계에 두루 덮는 것과 같으니라. '나는 여래, 응공, 정변지,
  명행족, 선서, 세간해, 무상사, 조어장부, 천인사, 불세존이니
  라. ①제도되지 못한 이를 제도하고(未度者 令度) ②이해하지
  못하는 이를 이해하게 하고(未解者 令解) ③편안하지 못한
  이를 편안하게 하고(未安者 令安) ④열반하지 못한 이를 열반
  하게(未涅槃者 令得涅槃) 하느니라. 지금 세상과 오는 세상을
  모두 아느니라. 나는 모든 것을 아는 이며, 모든 것을 보는

이니라."

　부처님의 이와 같은 자비를 '사홍서원'으로 정형화한 사람은 천태종의 개조인 천태지자(天台智者, 538~597)로서 『석선바라밀차제선문』이라는 책에서 위의 4가지 서원을 다음과 같이 정형화했습니다.

　①제도할 중생이 아무리 많더라도 다 건지겠습니다.(衆生無遍誓願度)
　②번뇌가 아무리 많더라도 모두 끊겠습니다.(煩惱無盡誓願斷)
　③법문이 한량없이 많더라도 모두 배우겠습니다.(法門無量誓願學)
　④불도가 한량없이 높더라도 모두 이루겠습니다.(佛道無上誓願成)

　이와 같은 출전은 모르더라도, 너무나 많이 들어 누구나 다 아는 내용입니다. 사홍서원은 표현만 다를 뿐 '여래십대발원문'과 같은 취지입니다. 여기서도 저는 적극적인 의미로 '～ 하겠습니다.'라는 해석을 하였습니다. 그래야 서원이 되기 때문입니다.

　불교는 복이나 비는 소극적인 종교가 아니라 스스로 중생구제의 대원大願을 세우고 자신은 물론 일체 중생이 다 같이 부처가 되고자 수행하는 적극적인 종교입니다. 따라서 원은 '～ 하길 원하옵니다'의 뜻으로 새기면 안 됩니다. 스스로 중생구제의 대원을 세우고 수행의 길을 가려는 사람이라면 당연히 '～ 하겠습니다.'라는 보다 적극적인 의지의 서원이 되어야 할 것입니다.

(1) 중생무변서원도衆生無邊誓願度
　제도할 중생이 아무리 많더라도 다 건지겠습니다.

수행의 궁극적인 지향점은 견성성불하여 부처가 되는 것입니다. 그러나 혼자만 부처가 되는 것이 아니라, 개공성불도皆共成佛道입니다. 즉 일체 중생이 다 같이 부처가 되어야 하는 것입니다. 그래서 아무리 제도할 중생이 많더라도 모두 구제하겠다는 서원을 세워 스스로 중생구제를 다짐하는 것입니다.

❀ 무변無邊: 끝 닿는 데가 없이 많음. 여기서는 '아무리 많아도'의 뜻으로 새기면 되겠습니다.

(2) 번뇌무진서원단煩惱無盡誓願斷
   번뇌가 아무리 많더라도 모두 끊겠습니다.

중생을 구제하겠다는 수행자는 스스로 번뇌 망상에서 벗어나겠다는 뜻입니다. 계정혜 삼학을 닦는 실참수행實參修行을 하여 스스로 깨달음을 얻겠다는 뜻입니다. 단순히 번뇌나 끊겠다는 마음만 먹는다면 너무나 소극적입니다. 번뇌 망상은 생각만 한다고 끊어지는 것이 아닙니다. 실참수행을 통해서만 끊어집니다. 저는 아직 참선을 흉내내고 있는 수준이지만 참선수행을 하라는 뜻으로 받아들입니다.

❀ 무진無盡: 다함이 없는, 무궁무진하게 많은 것을 말합니다.

(3) 법문무량서원학法門無量誓願學
   법문이 아무리 많더라도 모두 배우겠습니다.

여기서는 교教를 강조하고 있습니다. 교는 부처님의 가르침인 교리입니다. 앞에서 실참수행을 강조했습니다. 그러나 그 실참수행은 교학의 바탕 위에서 행해져야 하는 것입니다. 실참수행(禪)과 교학은 상호 보완적인 관계입니다. 교학이 지식의 축적이나 자랑을 위한 것이 아니지만 중생구제의 방편으로 사용되기 위해서는 한편으로는 지식이 되어야 하는 것입니다. 부처님의 말씀이 아무리 훌륭하다 하더라도 스스로 이해해서 남에게 전해줄 수 없다면 누가 믿겠습니까? 그래서 법문(불법)이 아무리 많더라도(無量) 반드시 다 배워야 하는 것입니다.

불법을 배우겠다는 다짐은 비단 '사홍서원'에서만 하는 것도 아닙니다. '삼귀의'에서 "일체의 번뇌 망상과 허망한 욕심을 떠난 청정한 불법에 귀의하겠다"는 귀의법이욕존歸依法離欲尊도 역시 불법을 배우겠다는 다짐입니다. 『천수경』에는 원아속지일체법願我速知一切法, 원아조득지혜안願我早得智慧眼 등등 불법을 배우겠다는 다짐이 여러 번 등장합니다. 따라서 올바른 불자라면 최소한 『천수경』이나 『반야심경』은 기본으로 알고 있어야 하는 것입니다. 더욱 바람직한 것은 『금강경』이나 『법화경』 중에 어느 하나를 골라 자신의 소의경전으로 삼아야 하는 것입니다.

그러나 대부분 경전공부에 관심이 없거나 교육을 받을 기회가 많지 않은 것 같습니다. 불법(경전)에 대한 공부 없이 단순히 절에 가서 예나 올리고 법회에 참석하는 것만으로는 올바른 불자라 할 수 없습니다. 일부에서는 불사佛事[79]에만 열을 올릴 뿐 신도들의 교육에는 별로 관심이 없는 것 같습니다. 악화(방편)가 양화를 구축한

꼴입니다.

❈ 무량無量: 한限 없이 많다는 뜻입니다.

(4) 불도무상서원성佛道無上誓願成

불도가 아무리 높더라도 모두 이루겠습니다.

중생들이 궁극적으로 가야 하는 곳은 부처님의 나라입니다. 중생구
제에 대한 서원을 세우고, 실참수행을 통해 번뇌 망상을 끊고, 무량한
법문을 배워 중생구제에 대한 방편까지 갖추었으니 이제는 열심히
중생구제를 하는 것입니다. 이렇게 번뇌를 끊고 법문을 다 배워 중생구
제를 하는 것이 수행이며, 바로 부처님의 나라에 가는 것이고, 부처가
되는 것이며, 불도佛道를 이루는 것입니다.

이러한 불도를 이루는 것이 아무리 험하고 힘들고 높더라도 기어코
이루어야 하는 것입니다. 즉 해도 되고 안 해도 되는 것이 아니라
반드시 해내고 말아야 하는 것입니다.

❈ 무상無上: 더 높은 데가 없음. 비교할 데가 없음, 최상最上.

---

79 부처님 법(경전)을 전하는 일, 즉 포교나 신도 교육이 최고의 불사입니다. 그러나
한국불교에서 불사의 의미가 절을 증·개축하고 불상이나 조성하는 의미로 변질
된 지 오래인 것 같습니다.

(5) 자성중생서원도自性衆生誓願度

　내 마음속의 중생을 다 건지겠습니다.

　앞서의 '제도할 중생이 아무리 많더라도 다 건지겠다'는 것은 '자기 마음속의 중생을 각기 자신의 성품으로 스스로 제도하겠다'는 것입니다. 자신의 마음속 중생을 먼저 제도함으로써 외부의 중생을 제도하는 것이 자연스러운 것입니다. 자신의 마음도 제도(정화)되지 못한 상태에서 남을 제도(정화)한다고 나서는 것은 어불성설입니다.

❀ 자성自性: 본래부터 스스로 가지고 있는 본래면목本來面目, 어리석음과 미망을 떨쳐버린 깨달음의 성품, 진성眞性을 말합니다. 중생들은 마음속에 불성을 가지고 있으나 동시에 중생심도 가지고 있습니다. 중생심이 번뇌 망상을 일으키고, 탐진치 삼독을 일으키는 마음입니다. 수행이란 바로 중생심을 제거하는 것을 말합니다. 중생심만 제거하면 바로 부처입니다. 이것이 본래의 마음(自性)으로 돌아가는 것입니다.

(6) 자성번뇌서원단自性煩惱誓願斷

　내 마음속의 번뇌를 다 끊겠습니다.

(7) 자성법문서원학自性法門誓願學

　내 마음속의 법문을 다 배우겠습니다.

(8) 자성불도서원성自性佛道誓願成

　내 마음속의 불도를 다 이루겠습니다.

☞ 불자의 올바른 서원

『천수경』 속에는 같은 뜻의 원이 말만 바꾸어 수없이 반복됩니다. 이렇게 반복하여 등장하는 원은 중생들의 이상이며, 희망이며, 기대이며, 포부이자 결심입니다. 원은 간절한 마음으로 희망하고 행동으로 옮길 때 비로소 생명력을 갖습니다.

어떤 소망이나 희망이 서원이 되기 위해서는 이기적인 것이 아니라 이기적이면서도 이타적인 것이어야 합니다. 따라서 '자리이타 중생구제'의 서원이야말로 불자의 생활에 힘찬 생명력을 불러일으키는 삶의 원동력일 것입니다. 그 생명력은 서원과 간절한 마음이 하나가 될 때 공덕으로 또는 기적으로 우리 앞에 나타날 것입니다. 지극한 마음으로 경을 읽는 것도, 염불을 하는 것도, 참선을 하는 것도 모두 서원의 생명력을 일깨우는 일입니다. "지옥중생을 다 구제하기 전에는 성불하지 않겠다."는 지장보살님의 서원이야말로 자리이타의 대표적인 서원이라 할 수 있습니다.

10. 총귀의總歸依

발원이 귀명례삼보發願己 歸命禮三寶
나무상주십방불南無常住十方佛
나무상주십방법南無常住十方法
나무상주십방승南無常住十方僧

이제 발원을 모두 마치고 불, 법, 승 삼보께 귀의하여 절하옵니다.

(1) 나무상주십방불南無常住十方佛

　　시방에 항상 계시는 부처님께 귀의하여 절하옵니다.

(2) 나무상주십방법南無常住十方法

　　시방에 항상 계시는 법보에 귀의하여 절하옵니다.

(3) 나무상주십방승南無常住十方僧

　　시방에 항상 계시는 승가에 귀의하여 절하옵니다.

❖ 발원이發願已: 발원을 마치고. 이已는 이미, 마치다, 그치다.

❖ 귀명歸命: 귀의와 같은 말이지만, 글자의 뜻만 본다면 '목숨을 바치다'의
　　뜻으로 귀의보다 더 강한 의미입니다.

❖ 상주常主: 특정한 곳에만, 또는 특정한 시간에만 있는 것이 아니라 우리의
　　마음속에, 일상생활 속에, 어느 때 어느 곳에나 항상 존재한다는 뜻입니다.

❖ 시방十方: 동서남북과 사유(四維: 乾坤艮巽) 그리고 상하, 이렇게 합하면
　　모두가 십방十方입니다. 이를 중국말로 읽어서 시방(Shi fang)입니다. 십방
　　十方이라 해서 꼭 십방위十方位가 아니라 모든 곳, 없는 곳이 없는 등의
　　의미로 무한한 우주의 입체적 공간 전체를 말하는 것입니다.

☞ **귀의 삼보歸依三寶** (『육조단경』에 나오는 혜능대사의 말씀입니다.)
귀의삼보는 불교신앙의 전부를 나타냅니다. 귀의는 어느 곳으로 돌아
가 전아적全我的으로, 즉 몸과 마음을 의탁, 의지한다는 뜻입니다.
불교신앙의 근본은 구제보다는 고苦에서 해탈하는 것입니다. 자귀의
自歸依 자등명自燈明과 법귀의法歸依 법등명法燈明은 그 해탈을 위해

자신과 진리(法)에 의지하여 수행하는 것이 곧 올바른 수행이자 올바른 삶이라는 뜻입니다.

삼귀의란 불법승佛法僧 삼보三寶에 돌아가 의지한다는 뜻입니다. 불佛이란 깨달음(覺)이요, 법法이란 바름(正)이며, 승僧이란 깨끗함(淨)입니다(歸依自性三寶. 佛者, 覺也; 法者, 正也; 僧者, 淨也).

① 귀의불 양족존歸依佛 兩足尊

자기의 마음이 깨달음에 귀의하여 삿되고 미혹이 나지 않고, 작은 것에도 만족할 줄을 알아, 재욕과 색욕을 떠나는 것을 양족존이라고 합니다(自心歸依覺, 邪迷不生, 少欲知足, 離財離色, 名兩足尊).

❖ 양족존兩足尊은 두 발(兩足)을 가진 존재, 즉 사람 중에 가장 존경을 받을 만한 사람이란 뜻으로 부처님을 말합니다.

② 귀의법 이욕존歸依法 離欲尊

자기의 마음이 반듯한 마음으로 돌아가 생각마다 삿되지 않은, 즉 삿된 것에 애착이나 욕심이 떠난 것을 이욕존이라 합니다(自心歸依正, 念念無邪故, 卽無愛著, 以無愛著, 名離欲尊).

❖ 이욕존離欲尊: 탐욕을 떠난 분이란 뜻으로 부처님을 나타냅니다.
❖ 욕欲: 욕欲은 욕慾입니다. 욕慾과 애착愛著은 '~하지 말라'는 뜻이 아니라 '지나치게 욕심내고, 집착하지 말라'는 경계의 뜻입니다. 남의 것을 탐하거나 능력 이상의 것을 탐하는 것이 삿된 마음이며, 그런 마음이 바로

지나친 욕심이자 도둑놈 심보입니다.

욕심은 결코 나쁜 것이 아닙니다. 욕심으로 수행도 하고, 중생제도도 하고, 성불도 하는 것입니다. 욕심이 없다면 아무것도 못하는 것입니다. 무소유는 아무것도 가지지 말라는 뜻이 아니라, 노력이나 능력 이상의 것을 가지거나 탐하지 말라는 뜻입니다. 나아가 남보다 나은 것이 있다면 나보다 못한 사람들과 나누라는 뜻입니다.

공자께서는 『중용, 20장』에서 "남이 한 번에 능하거든 나는 백 번을 하고, 남이 열 번에 능하거든 나는 천 번을 하라(人一能之己百之, 人十能之己千之)!"고 하였습니다. 이런 것이 진정한 욕심입니다. 불교에서의 수행(공부)도 이와 같이 끊임없이 욕심을 내어 실천해야 하는 것입니다.

③귀의승 중중존歸依僧 衆中尊

자기의 마음이 깨끗함으로 돌아가 일체의 번뇌와 망념이 비록 자성에 남아 있더라도, 자성이 그것에 물들지 않는 것을 중중존이라 합니다 (自心歸依淨, 一切塵勞妄念 雖在自性, 自性不染著, 名衆中尊).

이와 같이 자성삼보自性三寶에 귀의하여 스스로 성불하는 것을 목표로 하는 것이 불교의 근본입니다.

☞ 승보僧寶

승보는 상가(saṁgha, 僧伽)를 기원으로 합니다. 상가는 세존 당시의 육사외도를 포함한 사문(沙門: 출가자) 집단을 일컫는 말로 가나(gana) 라고도 합니다. 상가(saṁgha)는 본래 같은 목적을 위하여 조직된 단체나 집단을 일컫는 말로 승가僧伽, 의역하면 여러 사람의 무리를 뜻하는 중衆, 화합중和合衆의 의미를 갖습니다. 불교의 출가자 집단 역시 상가로 불렸기 때문에 불교에서 교단을 가리키는 말로 사용되었습니다. 불교에서의 교단(가나)은 대부분의 경우 중衆으로, 즉 상가 중衆의 여러 사람의 무리로 이해되었습니다.

불교 최초의 승가는 녹야원鹿野苑에서 교화한 다섯 비구와 세존을 포함한 6인의 아라한 집단으로 출발했습니다. 이어서 야사와 그의 친구 54명이 입단함으로서 61명으로 늘어났습니다.

『율장 대품』에 따르면, 오비구 중 제일 먼저 깨달은 교진여憍陳如가 세존에게 "저는 출가하여 구족계를 얻고자 합니다."라고 아뢰자, 세존은 "오라 비구여, 법은 잘 설해졌다. 바르게 고苦를 멸하기 위해서 범행梵行을 행하라."라고 대답하셨는데, 이것이 교진여에게는 구족계였다고 합니다. 나머지 네 비구도 교진여와 같이 "오라 비구여……"의 구족계를 받고 비구가 되었으며, 교진여의 경우는 최초로 깨달았다는 의미의 아야阿若를 붙여 아야교진여阿若憍陳如라고 부르게 되었습니다. 이렇게 세존으로부터 "오라 비구여……"의 구족계를 받고 비구가 되는 것을 『오분율五分律』에서는 선래비구수구善來比丘受具 또는 선래수구善來受具라고 합니다.

불교 최초기의 승가에서 제자들은 이 같은 선래수구, 즉 세존으로부터 직접 수구를 받았습니다. 수구의 방식으로는 지원자가 삭발하고 의발 등 비구에게 필요한 것을 갖춘 다음, 비구를 향하여 편단우견偏袒右肩으로 꿇어앉아 예의를 갖춰 삼귀의三歸依를 세 번 하도록 하였습니다. 삼귀의는 "①부처님께 귀의합니다, ②법에 귀의합니다, ③승가에 귀의합니다."라고 삼귀三歸 삼창三唱하는 것입니다.

반면에 야사 비구의 아버지가 최초의 우바새(재가신도)로서 삼귀의를 할 때는 "저는 이제 세존과 법法과 승가에 귀의합니다. 세존이시여, 저를 우바새로 받아주십시오. 저의 목숨이 다하도록 귀의하겠습니다."라고 하여 삼귀三歸 일창一唱이었습니다.[80]

---

80 사토우 미츠오 지음, 김호성 옮김, 『초기불교 교단과 계율』(민족사, 1991) 참조.

최세창

태백산맥 자락에서 태어나, 동국대와 연세대 경영대학원(국제경제)에서 공부하였다. 경희대 대학원에서 「풍수, 길흉 감응론의 철학적 배경」으로 박사학위를 받았다. 영국정부(NDC) 한국대표로 일했으며, 한국무역협회 무역연수원에서 「해외투자 및 기술수출」에 대한 강의를 하였다. 경기도 지정 유망중소기업(2000), 한국 최초로 UN 승인 하에 이라크 정부에 주사기플랜트를 수출(2001), 수출산업공로 국무총리 표창을 받았다(2002). 유엔(UNIDO)의 「HIV/AIDS 예방 프로젝트」 컨설턴트로 참여하였으며, 현재는 주로 해외에 체류하며, 플랜트수출, 해외투자 및 국제 프로젝트 파이낸싱(PF) 컨설턴트로 활동하고 있다. 어려서 부친에게 한학을, 유충엽 선생에게 주역 명리를, 김혁규 선생에게 육임, 기문둔갑, 풍수이기론 등을 사사하였다. 박사과정 이후 유가, 노장과 더불어 불교공부를 병행하여 다양한 경론과 선어록을 섭렵하였다.

지은 책으로 『청와대 풍수논쟁』, 『대승기신론 소·별기』가 있다.

천수경 제대로 공부하기

초판 1쇄 인쇄 2022년 1월 5일 | 초판 1쇄 발행 2022년 1월 10일
글쓴이 최세창 | 펴낸이 김시열
펴낸곳 도서출판 운주사

(02832) 서울시 성북구 동소문로 67-1 성심빌딩 3층
전화 (02) 926-8361 | 팩스 0505-115-8361
ISBN 978-89-5746-670-4 03220 값 14,800원
http://cafe.daum.net/unjubooks 〈다음카페: 도서출판 운주사〉